DAS STAR WARS™ BUCH

DAS STAR WARS™ BUCH

DK

Der DK Verlag dankt Chelsea Alon von Disney, Michael Siglain, Brett Rector und Robert Simpson von Lucasfilm Publishing, Simon Beecroft für seine Hilfe mit dem Vorschautext, Pamela Afram und David Fentiman für ihre redaktionelle Unterstützung, Megan Douglass fürs Korrekturlesen und Vanessa Bird für das Register.

Lektorat
Matt Jones, Emma Grange, Vicky Armstrong, Kathryn Hill, Sarah Harland, Julie Ferris, Mark Searle

Gestaltung und Bildredaktion
Jon Hall, Stefan Georgiou, David McDonald, Mark Penfound, Vicky Short, Lisa Lanzarini

Herstellung
Marc Staples, Louise Minihane

Für Lucasfilm
Lektorat Brett Rector
Creative Director of Publishing Michael Siglain
Art Director Troy Alders
Story Group James Waugh, Pablo Hidalgo, Leland Chee, Kelsey Sharpe, Matt Martin, Emily Shkoukani
Asset Management Shahana Alam, Chris Argyropoulos, Nicole LaCoursiere, Gabrielle Levenson, Bryce Pinkos, Erik Sanchez, Sarah Williams

Für die deutsche Ausgabe:
Programmleitung Monika Schlitzer
Projektbetreuung Christian Noß
Herstellungsleitung Dorothee Whittaker
Herstellungskoordination Bettina Bähnsch
Herstellung Evely Xie

Titel der englischen Originalausgabe:
The *Star Wars* Book

Übersetzung Marc Winter

ISBN 978-3-8310-4149-7

Druck und Bindung TBB, a.s., Slowakei

MIX
Papier aus verantwortungsvollen Quellen
FSC® C018179

www.dk-verlag.de

MITWIRKENDE

PABLO HIDALGO, AUTOR

Als langjähriger Fan und anerkannter Experte für die ganze Saga ist Pablo Hidalgo bei Lucasfilm seit über 20 Jahren eine Autorität in Sachen *Star Wars*. Er hat viele essenzielle *Star Wars*-Nachschlagewerke verfasst, u. a. Enzyklopädien zu den Filmen *Das Erwachen der Macht*, *Die letzten Jedi*, *Der Aufstieg Skywalkers* und *Rogue One* sowie das offizielle Buch zu *Solo: A Star Wars Story*. Derzeit ist er als Senior Creative Executive bei Lucasfilm an der Entwicklung neuer Kinofilme, TV-Serien, sonstiger Veröffentlichungen und Freizeitattraktionen beteiligt. Er lebt in San Francisco.

COLE HORTON, AUTOR

Cole Horton ist Autor respektive Co-Autor eines Dutzends von *Star Wars*-Büchern, darunter *Star Wars: Absolut alles, was du wissen musst* und *Star Wars: Das ultimative Buch*. Zudem hat er Beiträge für StarWars.com, Marvel.com und runDisney verfasst. Im den Bereichen Produktmanagement und Verbraucherforschung war er an einer Reihe von Videospielen wie *Star Wars: Galaxy of Heroes*, *Star Wars Battlefront II* und *Star Wars Jedi: Fallen Order* beteiligt.

DAN ZEHR, AUTOR

Dan Zehr ist Moderator und Brand Director des *Star Wars*-Podcasts »Coffee With Kenobi«. Er steuert Blogbeiträge für StarWars.com bei, schreibt auch für IGN und ist ein in der Fangemeinde bekannter *Star Wars*-Experte. Dan ist zudem profilierter Highschoollehrer, der Literatur und Textaufbau unterrichtet, und hat einen Master im Studiengang Lehren und Lernen. Seine Tätigkeit im Bereich *Star Wars* brachte ihm zusammen mit seiner Lehrtätigkeit eine Rolle in einem *Star Wars*-Werbespot der Warenhauskette Target ein. Dan lebt mit seiner Frau und drei Söhnen in Illinois.

INHALT

DIE SKYWALKERS

GALAKTISCHE REGIERUNGEN UND IHRE WIDERSACHER

BEWOHNER DER GALAXIS

EINLEIT

UNG

Als *Krieg der Sterne* am 25. Mai 1977 im Kino anlief, hätte niemand – auch nicht George Lucas – den unglaublichen Erfolg vorhersagen können, der damit einhergehen sollte. Mehr als 40 Jahre später ist *Star Wars* ein globales Phänomen geworden, das Generationen verbindet, Grenzen überschreitet und in vielen Medien präsent ist. Aus einem Film wurden drei ganze Trilogien. *Star Wars* gab es nach und nach nicht nur auf der Leinwand, sondern auch in Form von Comics, Romanen, Animations- und Realserien sowie Videospielen und Themenparks. Alle zusammen bilden sie eine große Galaxis mit immer neuen, eng verknüpften Geschichten und starken Figuren. Egal ob als Neueinsteiger oder als langjähriger Fan, mit diesem Buch kannst du in viele der Themen eintauchen, die *Star Wars* seit Langem so erfolgreich machen.

Jede Geschichte hat einen Anfang

Der erste Film – damals einfach als *Krieg der Sterne* bekannt – wurde später in *Star Wars*: Episode IV *Eine neue Hoffnung* umbenannt. Er präsentierte der Welt ein Abenteuer voll innerer und äußerer Konflikte – ebenso auf persönlicher wie auf galaktischer Ebene. Inspiriert von der Menschheitsgeschichte trat eine tapfere Rebellion gegen ein böses Imperium an. Dieser epische Kampf brachte ganz eigene Probleme und Sorgen für die kultigen Helden Luke Skywalker, Prinzessin Leia und Han Solo mit sich. Vereint nahmen sie es mit dem finsteren Darth Vader und seinen Sturmtruppen auf. Der Film versetzte das Publikum in eine weit entfernte Galaxis voll cooler Aliens, ausgefallener Technik und exotischer Planeten.

Der kalifornische Filmemacher George Lucas wollte das klassische Genre der Space Opera neu erfinden. Von Abenteuergeschichten und den *Flash Gordon*-Comics der 1930er beeinflusst, spickte Lucas sein Weltraummärchen mit Motiven aus Psychologie und Mythologie. Von Samurai- und Western-Filmen sowie Militärgeschichte inspiriert, schuf er etwas Einzigartiges, das sich damals von allem anderen abhob. Science-Fiction der 1970er war ein Spiegel der realen Welt. Die zynischen, ernsten Filme strotzten vor Antihelden und schrecklichen Katastrophen. Im Gegensatz dazu strahlte *Star Wars* Hoffnung aus und grenzte sich klar von vielen Filmen dieser Zeit ab. Das heitere Abenteuer zeigte, dass das Gute das Böse besiegen konnte und Einzelne die Macht haben, das Schicksal ihrer Galaxis zu ändern.

> »Ich wollte mich alter Motive aus der Mythologie bedienen und sie entstauben – mir schwebte etwas rundum Unbeschwertes vor, so wie ich Weltraum-Fantasy kannte.«
>
> **George Lucas**

Als *Krieg der Sterne* im Mai 1977 in 32 US-Kinos anlief, wurde der Film sofort zum Kassenschlager und einer der ersten Blockbuster. »Möge die Macht mir dir sein« wurde zur gängigen Wendung, und die Stars des Films – Mark Hamill, Carrie Fisher und Harrison Ford – waren jedem ein Begriff. Dass der erste *Star Wars*-Film damals zum finanziell erfolgreichsten Film aller Zeiten avancierte, sorgte zudem dafür, dass weitere folgen sollten.

Die Fortsetzung, *Star Wars*: Episode V *Das Imperium schlägt zurück* (1980), bescherte uns neue Welten – und die schockierende Erkenntnis, dass Darth Vader Luke Skywalkers Vater war. Sie bot auch neue Einblicke bezüglich der Macht, jener mysteriösen Energie, die die fiktionale Galaxis durchdringt. Um die Kontrolle über seine Schöpfung zu behalten, finanzierte Lucas die Fortsetzung aus eigener Tasche. Stärkerer kreativer Input von außen und fast doppelt so viele Sets wie beim Vorgänger sorgten dafür, dass *Das Imperium schlägt zurück* um einiges teurer wurde. Doch dieses Spiel auf Risiko zahlte sich aus – sowohl durch gute Kritiken als auch kommerziellen Erfolg. Drei Jahre später ging die Saga 1983 mit *Star Wars*: Episode VI *Die Rückkehr der Jedi-Ritter* weiter, wo es zum finalen Schlagabtausch zwischen Rebellion und Imperium kam. Ganze 16 Jahre musste das Publikum nach diesem letzten Kapitel der klassischen Trilogie auf den nächsten Film warten.

Die Magie des Kinos

Star Wars hat nicht nur ein Genre neu erfunden, es veränderte die Filmproduktion. Um seine Vision auf die Leinwand zu bringen, benötigte George Lucas nie da gewesene visuelle Effekte, für die man neue Technik erfinden musste. Dies fiel Industrial Light & Magic zu, seiner neuen Firma für Spezialeffekte.

Ein Team junger Technikfreaks sollte die revolutionären visuellen Effekte des Films erschaffen und entwickelte nicht zuletzt ein für die dynamischen Aufnahmen fliegender und kämpfender Raumschiffe wichtiges Motion-Control-Kamerasystem. Modellbauer bastelten Fahrzeuge und Raumstationen mit enormem Detailreichtum – mithilfe klassischer Techniken in riesigem Maßstab. Das Ergebnis war ein Film ohnegleichen, der das Publikum staunen ließ und die Basis für die Innovationen folgender Jahrzehnte legen sollte.

ILM war auch vorn mit dabei, die weiter fortschreitende Digitaltechnik für die Unterhaltungsindustrie zu nutzen. Als Pioniere im Bereich der Prävisualisierung verhalfen Lucas und sein Team Filmemachern dazu, ihre Filme zu gestalten, noch bevor nur eine Kamera läuft. Mithilfe der Computeranimation erweckten sie Figuren und Kreaturen zum Leben, die mit traditionellen Effekten allein nicht umsetzbar gewesen wären. Über 40 Jahre nach der Gründung verschiebt ILM weiter die Grenzen des technisch Machbaren, erschafft preisgekrönte visuelle Effekte und leistet Innovationen Vorschub, die das Publikum bis heute verblüffen.

» Ich hatte noch nie Spezialeffekte gesehen, die so echt wirkten. «

Steven Spielberg

Das Universum expandiert

Star Wars war ein bahnbrechender Film, beförderte daneben aber auch die Merchandisingindustrie, wie wir sie heute kennen. Das Publikum bekam nicht genug von *Star Wars*, und dank findiger Lizenzprodukte war es möglich, ein kleines Stück der berühmtesten Galaxis der Welt mit heimzunehmen. Actionfiguren gehörten zu den vielfältigen Artikeln und erlaubten es Kindern wie auch Erwachsenen, ihre Lieblingsszenen zu Hause nachzustellen. Der Erfolg dieser Lizenzprodukte half dabei, weitere neue *Star Wars*-Projekte umzusetzen, und gestattete »

George Lucas, unabhängig von den großen Hollywood-Studios zu bleiben.

Noch bevor der erste Film im Kino anlief, wurde Lucas' Drehbuch bereits als Roman adaptiert, und Marvel brachte eine Comicserie auf Basis der Filmhandlung heraus. Hunderte Romane und Comics folgten, dank denen die Fans noch weiter in die Galaxis eintauchen und dabei auf neue Figuren, Kreaturen, Schauplätze und Ereignisse stoßen konnten. Mit der Zeit war es sogar möglich, die Galaxis mit etlichen Video- und Gesellschaftsspielen auch aktiv zu erkunden. All diese Medien halfen den Fans, selbst dann den Kontakt zu jener Galaxis zu halten, wenn es gerade keine neuen Filme gab.

Die Rückkehr der Macht

Nach 16-jähriger Auszeit von den *Star Wars*-Filmen startete George Lucas 1999 mit den Prequels eine neue Trilogie. *Star Wars*: Episode I *Die dunkle Bedrohung* zeigte uns den jungen Obi-Wan Kenobi und die Anfänge, die dazu führten, dass die in *Eine neue Hoffnung* erwähnte Republik zum Imperium wurde. Anakin Skywalker war hier noch ein Podrennen fahrendes Wunderkind, dessen weiterer Weg zur dunklen Seite der Macht in den Episoden II und III, *Angriff der Klonkrieger* und *Die Rache der Sith*, zu verfolgen war, wo er am Ende zu Darth Vader wurde. Ein Großteil der Klonkriege blieb dabei jedoch unerzählt, was zur Entwicklung von *Star Wars: The Clone Wars* (2008–2020) führte. Mit ihrem hohen Produktionswert und der Absicht, vielfältige Themen zu

Zusammenhängende Geschichten

Star Wars wird für die durchgängige, übergreifende Handlung geschätzt. Für George Lucas stellten die Episoden I–VI und die Serie *The Clone Wars* stets den verbindlichen Teil dar. Das Erweiterte Universum aus Büchern, Comics und Spielen, das zwischen 1977 und 2013 entstand, wird nunmehr unter dem »Legends«-Banner geführt, um es von den Geschichten, die danach kamen, abzugrenzen. Während es weiter ein reicher Inspirationsquell ist, gelten die dort erzählten Ereignisse, seit man bei Lucasfilm eine neue Produktionsära einläutete, nicht mehr als verlässlicher Teil der Zeitlinie. Die ab 2014 in diversen Medien erzählten Geschichten hingegen sind nun alle Teil der offiziellen *Star Wars*-Mythologie und tragen zu einer miteinander verknüpften Gesamthandlung bei. Im Hause Lucasfilm wacht man darüber, dass die Filme, Serien, Bücher, Comics, Spiele und auch neue Medien wie Virtual-Reality-Inhalte oder Themenparks alle ein stimmiges Bild widerspiegeln.

erkunden, bot die Animationsserie dem Zuschauer mehr Einblick in die menschliche Seite des Krieges und neue Erkenntnisse darüber, was die Macht vermag.

Eine neue Generation

Nach über 40 Jahren an der Spitze der Firma, die er gegründet hatte, kündigte George Lucas 2012 an, dass er sich zurückziehen und *Star Wars* eine neue Heimat bei der Walt Disney Company finden werde. Mit Kathleen Kennedy übernahm eine erfahrene Produzentin das Ruder bei Lucasfilm, und *Star Wars* wurde größer denn je. So begann man mit der Produktion einer neuen Trilogie, den Episoden VII bis IX: Nach *Das Erwachen der Macht* (2015) folgten *Die letzten Jedi* (2017) und letztlich *Der Aufstieg Skywalkers* (2019). In diesen Sequels reichten klassische Figuren die Fackel an eine neue Generation von Helden weiter: Rey, Finn und Poe. Neue Schurken wie General Hux, Kylo Ren und der Oberste Anführer Snoke erhoben sich als ihre Gegenspieler.

Erstmals erweiterte Lucasfilm sein Portfolio auch um *Star Wars*-Filme abseits von Trilogien. *Rogue One* (2016) zeigte uns den 1977 in *Eine neue Hoffnung* erwähnten Diebstahl der Todessternpläne. In

> »Ich fand, dass es noch mehr *Star Wars*-Geschichten gab, die erzählt werden wollten. Einige wollte ich gern zuerst in Animationsform umsetzen.«
>
> **George Lucas**

Solo (2018) sahen wir einen jungen Han Solo, wie er seinen Co-Piloten Chewbacca kennenlernt und mit ihm den ebenfalls im ersten Film erwähnten Kossal-Flug macht. Die erste Realserie folgte 2019 mit *The Mandalorian*. Sie erzählt von einem mysteriösen Kopfgeldjäger und dessen Schützling, ein nur als »das Kind« bekanntes Baby, das Yodas Spezies angehört. Beide waren bei den Fans sofort hoch im Kurs.

Lucasfilm produzierte zudem weitere Animationsserien, die die Galaxis mit neuen Figuren noch mehr erweiterten. *Star Wars Rebels* (2014–2018) war nach dem Untergang des Jedi-Ordens angesiedelt und drehte sich um eine Gruppe, die ein Vorläufer der Rebellenallianz war. *Star Wars Resistance* (2018–2020) gewährte Einblick in die Ereignisse vor *Das Erwachen der Macht*, so auch das zunehmende Erstarken der Ersten Ordnung.

Über dieses Buch

Das Star Wars Buch bietet einen detaillierten Blick auf die wichtigsten Themen, die sich durch die ständig weiter wachsende *Star Wars*-Saga hindurchziehen. Im Buch finden sich Informationen zu den Hauptfiguren, ihren Beziehungen zueinander und ihren Motivationen, und es erläutert die vielen Fraktionen der Galaxis.

Um zu illustrieren, wie alles zusammenpasst, bieten Zeitleisten und Themenkästen nähere Details. Die Datierung der Zeitleisten zeigt an, wie viele Standardjahre vor (VSW4) respektive nach (NSW4) *Star Wars*: Episode IV *Eine neue Hoffnung* sich etwas in der Galaxis ereignet hat.

Dieses Buch erklärt neuen Fans die wichtigsten Themen und zeigt auf, wie Figuren und Ereignisse zusammenhängen. Langjährigen Fans bietet es eine neue Sicht auf das Franchise, das sie kennen und lieben, und einige Überraschungen, die sich sonst nirgends finden. ■

DIE GALAXIS

Die ebenso eindrucksvolle wie gefährliche Galaxis birgt Millionen Welten, auf denen sich zahllose fremdartige Spezies, erstaunliche Technologien und geheimnisvolle Kräfte finden. Hier erheben sich große Helden und finstere Schurken, um Kriege zu führen, die das Schicksal von Billionen entscheiden, die in den Weiten des Weltraums leben.

WEIT, WEIT ENTFERNT...

DIE GALAXIS

HOLOCRON-DATEN

BEZEICHNUNG
Die Galaxis

GRÖSSE
100 000 Lichtjahre Durchmesser

BEKANNT FÜR
Die Macht, ein mystisches Energiefeld, das alle lebenden Dinge erzeugen

Die Galaxis Die Rebellen verstecken sich am Rande der Galaxis, um weitere Schritte gegen das Imperium zu planen.

Für die meisten Wesen ist das Ausmaß der Galaxis schwer zu erfassen. Nach Schätzungen gibt es 400 Milliarden Sterne in ihr und über 3,2 Millionen Sternensysteme mit bewohnbaren Welten. Die Galaxis ist Heimat für Millionen einzigartige intelligente Spezies und eine Flora und Fauna von unsagbarer Vielfalt. In einem System kann es Dutzende Planeten und noch mehr Monde geben – und unzählige andere Himmelskörper.

Große Distanzen zurückzulegen, war dereinst durch die Lebensdauer eines Wesens beschränkt, aber mit der Möglichkeit, schneller als das Licht zu reisen, stand quasi jedem, der ein Raumschiff mit Hyperantrieb besaß, die gesamte Galaxis offen. Einst unüberwindbare Entfernungen ließen sich nun in kürzester Zeit zurücklegen, was zur interstellaren Ausweitung von Handel, Kultur und Politik führte.

Große Republiken und mächtige Imperien streben seit jeher Ordnung in der Galaxis an, doch keiner kann sie je ganz kontrollieren. Selbst die größten Regierungen aller Zeiten herrschten stets nur über einen Teil der zahllosen Sternensysteme. Eine jede Phase politischen Aufruhrs führt dabei zu neuen Entdeckungen, wenn Kundschafter ihr Leben riskieren, um Geheimnisse der Galaxis zu lüften.

Die bekannte Galaxis ist in verschiedene Regionen unterteilt, die ihren eigenen Charakter und eine individuelle Geschichte haben. Im Zentrum findet sich der Tiefkern, eine gefährliche Region mit einer dichten Ansammlung von Sternen, die um ein uraltes Schwarzes Loch kreisen. Vom Tiefkern breiten sich ringförmig weitere Regionen aus, darunter die reichen Kernwelten, die stabilen Kolonien, der ferne Äußere Rand und, großteils unkartografiert, die Unbekannten Regionen. In allen findet man Sternensysteme mit vielerlei Planeten. Gemeinhin bilden mehrere Systeme einen Sektor, eine kartografische Zuordnung, die nicht zwingend eine politische oder kulturelle Einheit bedeutet.

Jedem System sind Koordinaten zugewiesen, die es Navicomputern von Raumschiffen erlauben, Kurse zu berechnen. Das vollständigste ››

Karte des Galaxis Die zentraleren Regionen sind besser kartografiert und haben definierbare Grenzen. Unbekannte Regionen und Äußerer Rand sind von Wildem Raum gesäumt.

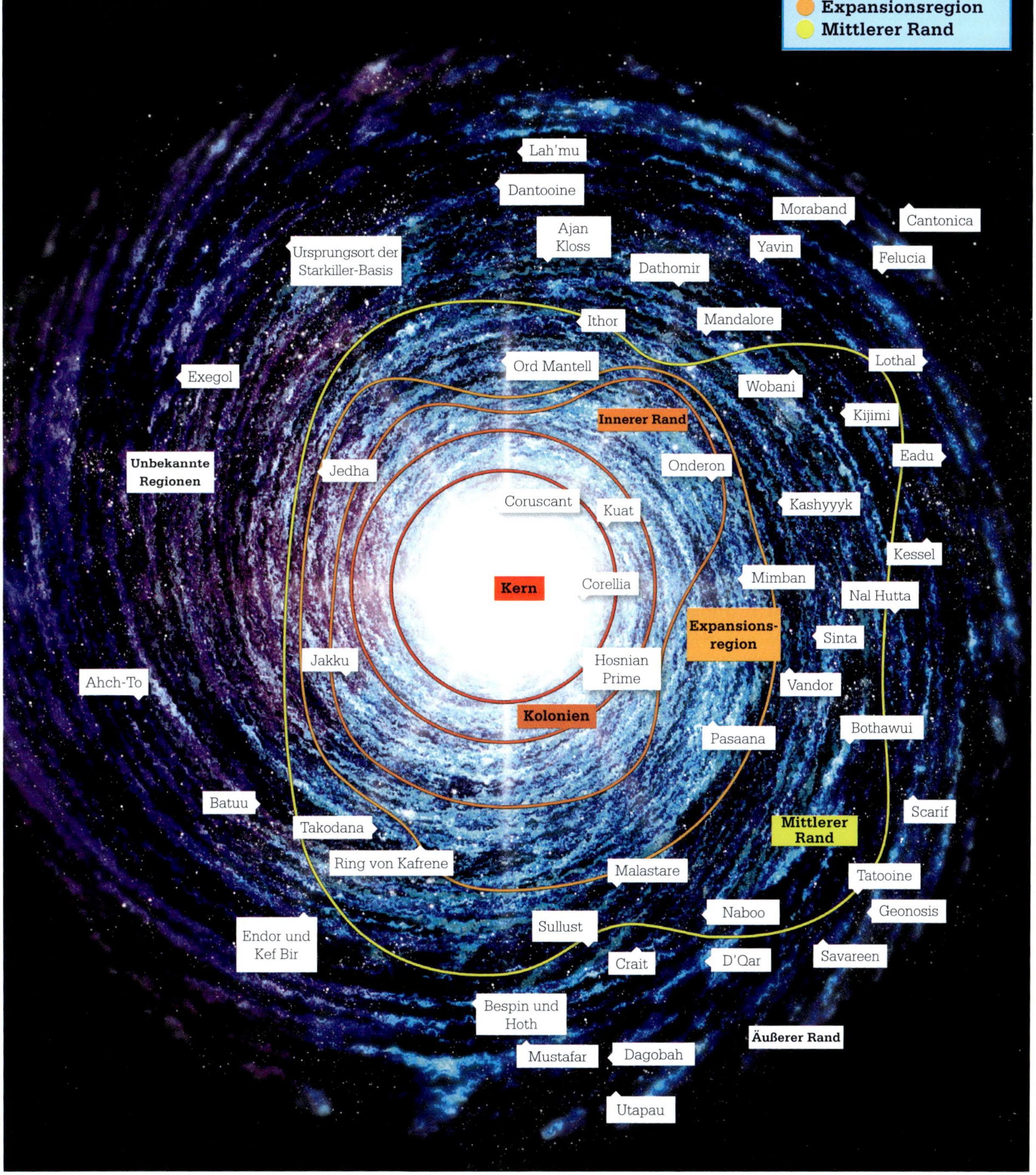

Senator Palpatine wird zum Obersten Kanzler gewählt, aber nur wenige wissen, dass er insgeheim der Sith-Lord Darth Sidious ist, der die Galaktische Republik von innen zerstören will.

DUNKLE BEDROHUNG
32 VSW4

22 VSW4
KLONKRIEGE

Unter Einfluss von Sidious ermutigt Count Dooku Tausende Sternensysteme, die Galaktische Republik zu verlassen. Diese Separatistenkrise entlädt sich in den Klonkriegen.

Palpatine erklärt sich selbst zum Imperator, löscht den Jedi-Orden aus und macht Anakin Skywalker zu seinem Schüler Darth Vader. Beide wissen nicht, dass man Anakins Kinder Luke und Leia in der Galaxis versteckt hält.

AUSRUF DES IMPERIUMS
19 VSW4

2 VSW4
REBELLENALLIANZ

Einzelne Rebellenzellen vereinen sich zur Allianz zur Wiederherstellung der Republik. Leia Organa, Prinzessin von Alderaan, gehört zu ihren Anführern.

Nachdem ein als »Rogue One« bekanntes Team die Pläne des Todessterns gestohlen hat, zerstört der angehende Jedi Luke Skywalker die Kampfstation.

SCHLACHT VON YAVIN
0 SW4

3 NSW4
SCHLACHT VON HOTH

Die Rebellenallianz entkommt knapp der Flotte des Imperiums.

Archiv dieser Daten findet sich in der Bibliothek des Jedi-Tempels auf Coruscant, wo Generationen von Jedi-Historikern darüber wachen.

Der Verkehr in der Galaxis ist entlang der vielen Handelsrouten am stärksten. Diese meist sicheren Wege durchs All wurden mühselig von Entdeckern kartografiert. Die Planeten an diesen Routen sind wirtschaftlich und politisch im Vorteil und nutzen dies, um in galaktischen Belangen mehr Einfluss zu nehmen. Handelsrouten können aber auch zu unerwünschter Aufmerksamkeit führen, wenn legale Unternehmen oder kriminelle Syndikate über diese wichtigen Raumstraßen die Kontrolle übernehmen wollen – speziell wo keine starken Zentralregierungen tangiert sind.

Die Kernwelten

In den nahe des Zentrums der Galaxis – und im Zentrum galaktischer Politik – befindlichen Kernwelten sind einige der angesehensten und reichsten Systeme angesiedelt. Verschiedene dieser Welten waren Regierungssitz von Galaktischer Republik, Galaktischem Imperium oder Neuer Republik, die stets Planeten im Kern bevorzugten.

Der Wohlstand derer im Kern führt zu Spannungen zwischen diesen und jenen, die weiter abseits in der Galaxis leben. Kernweltler genießen den Ruf, arrogant und selbstsüchtig zu sein, und werden jenseits des Kerns zunehmend als privilegiert betrachtet. Ein geläufiger Kritikpunkt an der Galaktischen Republik lautet, dass sie die Welten des Kerns übermäßig bevorzuge und ihre Politiker Sicherheit, Wohlergehen und Bedürfnisse jener in anderen Regionen ignorierten.

Ein Besuch auf Coruscant zeigt, wieso viele den Kern für privilegiert halten. Die Hauptwelt von Republik und später Imperium ist ein Planet, der eine einzige Stadt ist. Im Laufe der Äonen wurde hier Ebene um Ebene erbaut, sodass die höchsten Wolkenkratzer sich nun mehr als 5000 Ebenen über der natürlichen Oberfläche erheben. Wer dort lebt, erfreut sich großen Luxus, für den Coruscant weithin bekannt ist. Die prächtige Senatsrotunde und der hoch aufragende Große Tempel der Jedi finden sich auf den obersten Ebenen, wo man bequem in seinen bestens ausgestatteten Hauptsitzen

Palpatines Plan, dic Allianz in eine Falle zu locken, geht nach hinten los und führt offenbar zu seinem Tod in der Schlacht von Endor.

STURZ DES IMPERATORS
4 NSW4

Luke Skywalkers Versuch, eine neue Generation Jedi auszubilden, scheitert, als sein Neffe Ben der dunklen Seite anheimfällt und den Namen Kylo Ren annimmt.

GEFALLENER JEDI
28 NSW4

Die Erste Ordnung setzt ihre Starkiller-Superwaffe ein, um die Hauptwelt der Neuen Republik auszulöschen. Der Widerstand kann sie zerstören, sieht sich aber allein der Flotte der Ersten Ordnung gegenüber. An der Seite der aufstrebenden Jedi Rey erhebt sich eine neue Generation Helden gegen Kylo Ren.

STARKILLER-VORFALL
34 NSW4

5 NSW4
SCHLACHT VON JAKKU

Die Imperiale Flotte wird von der unlängst gegründeten Neuen Republik besiegt. Reste des Imperiums ziehen sich in die Unbekannten Regionen zurück.

29 NSW4
WIDERSTAND

Leia Organa erkennt die Gefahr durch die Erste Ordnung und gründet den Widerstand, um ihr – anders als die Neue Republik – etwas entgegenzusetzen.

35 NSW4
SCHLACHT VON EXEGOL

Palpatine entpuppt sich als Drahtzieher des Aufstiegs der Ersten Ordnung. Eine bunte Flotte eilt Rey und dem Widerstand zu Hilfe, um den Sith-Lord und sein Gefolge zu vernichten.

weilt – aber fern von jenen, denen man sich verpflichtete zu dienen.

Man muss nicht lange suchen, um die Ungleichheit zu erkennen, da dieser Reichtum seinen krassen Gegensatz im Elend der tieferen Ebenen findet. Mancher in der von kriminellen Umtrieben geprägten Unterwelt mag sein Leben lang kein Sonnenlicht sehen! Während andere Welten wie Nal Hutta und der Mond Nar Shaddaa legendäre Horte des Verbrechens sind, sieht man die Ungerechtigkeiten der Galaxis wohl am besten auf Coruscant, wo die Mächtigen sich über das Leid der unteren Ebenen erheben. ››

Stadtplanet Anders als die meisten Welten ist ganz Coruscant von einer Stadt bedeckt und leidet an belasteter Umwelt und Überbevölkerung.

Turbulente Welt Mustafar war einst ein Waldplanet, der vor Leben strotzte, bis ihn eine Tragödie verwüstete.

Auch Kernwelten wie Alderaan und Chandrila erfreuen sich großen Wohlstands, bewahren aber anders als Coruscant zudem ihre natürliche Schönheit. Diese Systeme tun sich in kulturellen Belangen hervor und sind prägend für die Kunst. In den letzten Tagen der Republik bringen sie viele führende Politiker hervor, starke Fürsprecher galaktischen Friedens, wie sie ihn seit jeher in ihrer sicheren Region der Galaxis genießen. Darüber hinaus ist das Produktionsvermögen des Kerns beachtlich. Die Schiffswerften von Corellia und Kuat gehören zu den Besten in der Galaxis.

Kolonien und Mittlerer Rand

An den Kern schließen sich die Kolonien an, ein Sektor, der vor langer Zeit von den Kernwelten aus besiedelt wurde, aber heute so sehr floriert, dass beide kaum zu trennen sind. An den Haupthandelsrouten liegende Welten wie Fondor sind bedeutende Produktionsstätten, Planeten wie Castell und Cato Neimoidia große Handelszentren. Letzterer ist der Hauptsitz der Handelsföderation, die von dieser zentralen Region aus über ihre gewaltigen Geschäftsinteressen wacht.

Auf die Kolonien folgen Innerer Rand und Expansionsregion, zwei Teile der Galaxis, die sich relativer Sicherheit und Wohlstands rühmen, obschon sie bereits ein Stück vom Kern entfernt sind. Weiter randwärts liegt der Mittlere Rand, Heimat von Planeten wie Naboo, Kashyyyk und Takodana. Auch wenn diese Welten einst als abgelegen galten, sind Naboo und Kashyyyk in den letzten Tagen der Republik wichtige Orte. Viele andere Welten des Mittleren Rands sind Kampfschauplätze im Galaktischen Bürgerkrieg, an denen Rebellen sich gegen die imperialen Streitkräfte auflehnen, die dort weniger stark sind als Flotten zum Schutz kernwärtiger Regionen.

Äußerer Rand

Fern von der Stabilität des Kerns stellt der Äußere Rand eine weite Region dar, die für viele gesetzlose, spärlich bevölkerte und primitive Grenzwelten, als größte Region aber auch für eine starke Vielfalt an Planeten und Völkern bekannt ist. Weit entfernt vom Blick mächtiger galaktischer Regierungen gehen Gesetzlose, Kopfgeldjäger, Söldner und Schmuggler relativ ungestört ihren Tätigkeiten nach, da Gesetze von Republik und Imperium hier draußen kaum Bedeutung haben. In dieses Machtvakuum treten lokale Gangster und Warlords mit ihren eigenen Regeln. An diesem Ort ist die Gefahr allgegenwärtig, aber er bietet auch viele Möglichkeiten.

Große Teile des Äußeren Rands werden von den Hutts beherrscht, mächtigen Gangstern, die durch die Kontrolle von Raumstraßen und die Ausbeutung der lokalen Wirtschaft Reichtümer anhäufen. Auch andere Verbrechersyndikate wie die Pykes, die Schwarze Sonne und Crimson Dawn führen vom »Outer Rim« ihre kriminellen Imperien und handeln nicht selten mit illegalem Spice.

Trotz seiner Abgeschiedenheit ist der Äußere Rand Schauplatz vieler Ereignisse von größter Bedeutung. Spannungen zwischen Systemen des Rands und des Kerns führen in den Zeiten der Republik zu einer Separatistenbewegung und in den entbrennenden Klonkriegen zu vielen Kämpfen. Weil die Republik die Kontrolle über die abtrünnigen Systeme wiedergewinnen will, unternimmt sie gegen Kriegsende einen finalen Vorstoß, um die Separatisten zur Kapitulation zu zwingen.

Während der Herrschaft des Imperiums halten viele Randwelten sich für zu unbedeutend, als dass sie Aufmerksamkeit auf sich ziehen könnten, stellen aber alsbald fest, dass das Streben des Imperators nach Macht und Ressourcen auch vor ihnen nicht Halt macht. Um das weitläufige Territorium zu befrieden, setzt der Imperator mit Großmoff Tarkin einen engen Vertrauten ein. Die Rebellenallianz wählt entlegene Randwelten als Standort für ihre

> »Ich bin von einem Ende dieser Galaxis zum anderen geflogen und hab allerhand seltsames Zeug gesehen …«
>
> **Han Solo**

geheimen Stützpunkte und setzt auf die dortige Unmenge an Planeten, um nicht entdeckt zu werden. Ihre Basen auf Yavin 4 und Hoth werden Zentrum folgenschwerer Schlachten des Galaktischen Bürgerkriegs. Das Imperium weiß ebenfalls um die geringen Chancen, im Äußeren Rand entdeckt zu werden, und baut dort heimlich seine Todessterne.

Nach dem Aufstieg der Ersten Ordnung gehören Randwelten zu den ersten, die die neuen Invasoren einnehmen. Wie die Rebellen vor ihnen verbirgt sich der Widerstand auf abgelegenen Welten wie D'Qar, Crait und Ajan Kloss.

Der Äußere Rand ist für seine vielen rauen Welten bekannt – wie die Vulkanplaneten Nevarro, Sullust und Mustafar. Letzterer strotzt vor Energien der dunklen Seite, was ihn zum idealen Standort für Darth Vaders Festung macht. Moraband und Dathomir, ebenfalls stark mit der Macht verbunden, werden eher selten besucht, teils weil sie so abgelegen sind, teils wegen ihrem Hang zur dunklen Seite. Zu solch wenig einladenden Orten zählt auch die für ihre brutal geführten Minen bekannte Welt Kessel.

Die Welt Batuu im Grenzbereich des Äußeren Rands ist ein beliebter Halt für jene, die weiter in Wilden Raum vordringen wollen. Reisende, Schmuggler, Spieler und Entdecker finden sich im Außenposten Black Spire ein, dem betriebsamsten Ort des Planeten. Chandrila Sternenreisen bietet in dieser Region Luxuskreuzfahrten an und bringt Reisende auf komfortablen wie abenteuerlichen Entdeckungsflügen zu den Rändern der Galaxis.

Unbekannte Regionen

Während der Äußere Rand für die meisten als entlegen gilt, so ist er doch zumindest gründlich erkundet. Die Unbekannten Regionen sind indes nur rudimentär kartografiert, und die meisten Sternensysteme dort bleiben ein Mysterium. Viele Legenden ranken sich um diese Region, darunter Geschichten von sagenhaften Weltraummonstern. Ob sie wirklich existieren, ist schwer zu sagen, da man beim Flug in die Unbekannten Regionen oft einen der vielen Nebel dort queren muss. Zyklone und Supergewitter reißen Schiffe entzwei, die ihnen zu nahe kommen. Als das Imperium zerfällt, ziehen sich Teile der Flotte dorthin zurück, und dank Anomalien wie dem Vulpinusnebel können sie sich jahrzehntelang dort verstecken. Auf Exegol nutzen Darth Sidious und seine Akolythen die uralte Sith-Hochburg, um ihm zu alter Stärke zu verhelfen und fern der Neuen Republik eine neue Flotte zu bauen.

Wilder Raum

Der Begriff Wilder Raum beschreibt passend eine unkartografierte, nicht einheitlich erkundete Region an den äußersten Grenzen der Galaxis. Wer behauptet, im Wilden Raum unterwegs gewesen zu sein, mag eine Lügengeschichte auftischen oder die Wahrheit erzählen, ist eine Reise in diesen Teil der Galaxis doch im besten Fall überflüssig und im schlechtesten reiner Selbstmord. Nur die Abenteuerlustigsten – oder Verzweifelten – begeben sich hier ins Unbekannte, in dem sich Planeten wie die mythische Lasat-Heimatwelt Lira San und das rätselhafte Mortis finden. Das Galaktische Imperium versucht, Teile des Wilden Raums zu erforschen, aber etwaige Erkenntnisse bleiben wie so vieles Palpatines Geheimnis. ■

Außergewöhnliche Orte

Planeten sind die am meisten besiedelten Himmelskörper, aber es gibt auch einige andere bewohnbare Orte wie Monde, vereinzelte Asteroidenkolonien und artifizielle Konstrukte in der Galaxis. Der Ring von Kafrene, ein Handelsposten im Thand-Sektor der Expansionsregion, ist zwischen zwei unförmigen Planetoiden inmitten eines Asteroidengürtels erbaut. Er hält die beiden Felsbrocken zusammen und ist geprägt von einem Labyrinth von Straßen und Gassen voller Händler, Reisender und Minenarbeiter.

Die Kolonie Polis Massa im Äußeren Rand, Geburtsort von Padmé Amidalas Kindern Luke und Leia, findet sich auf einem nach der mysteriösen Zerstörung des gleichnamigen Planeten verbliebenen Asteroiden. Die Haxion-Brut, ein von Sorc Tormo angeführtes Verbrechersyndikat, errichtet ihre Basis auf Ordo Eris, einem ebensolchen Planetoiden. Auf der Meereswelt Castilon dient die *Colossus* im Ozean als Betankungs- und Handelsstation. Das stadtgroße Raumschiff ermöglicht so zivilisiertes Leben, wo es sonst keines gäbe.

WISSEN-
SCHAFT
TECHNIK

UND

Hinter jedem großen Abenteuer steckt fabelhafte Technik, die Helden wie Schurken gleichermaßen hilft. Einige Innovationen wie interstellare Raumschiffe mit Hyperantrieb können die galaktische Kultur voranbringen, andere bewirken im endlosen Wettlauf, sich unvorstellbare Kräfte nutzbar zu machen, das Gegenteil. Ob gut oder schlecht, der Fortschritt ist unaufhaltbar.

SCHNELLER ALS DAS LICHT

HYPERRAUM

HOLOCRON-DATEN

BEZEICHNUNG
Hyperraumflug

BESCHREIBUNG
Durch den Hyperraum, eine alternative Dimension, ferne Teile des Alls erreichen

BESONDERE TECHNIK
Hyperantrieb, Navicomputer, Hypertreibstoff

Anschnallen! Faszinierendes blaues Licht erfüllt das Cockpit des *Millennium Falken,* der durch den Hyperraum fliegt.

Die Galaxis birgt Milliarden bewohnbare Systeme und allerlei wundersame Dinge. Mit all ihren Regionen, Territorien und Handelsrouten würde es länger als ein ganzes Leben dauern, die Galaxis zu durchqueren, wäre es nicht möglich, schneller als das Licht zu reisen. Zum Glück lassen sich mit Hyperantrieb unfassbare Distanzen in wenigen Augenblicken, Stunden oder Tagen überwinden.

Schiffe mit Hyperantrieb treten dank ihrer mit einer Coaxiumschicht umgebenen Reaktionskammer bei Energiezufuhr in eine alternative Dimension ein. Im Galaktischen Bürgerkrieg führt die Expansion der Imperialen Flotte und ihr Streben, den freien Zugang zu Coaxium zu beschränken, dazu, dass dieser Hypertreibstoff überaus selten wird.

Nach Eintritt in den Hyperraum sieht man die Galaxis in fesselnden Lichtschlieren um sich herumwirbeln. Der Sprung auf Lichtgeschwindigkeit kann turbulent sein, aber Flüge durch den Hyperraum verlaufen meist so ruhig, dass der Pilot sich entspannt zurücklehnen kann und nur kritische Systeme im Blick behalten muss.

Im Krieg dienen Hyperraumflüge dazu, Kampforte zu erreichen und zu verlassen, aber selten werden Sprünge auch offensiv eingesetzt. Ein Schiff beim Start auf ein Ziel zu richten, ist reiner Selbstmord, und einige denken, dass dafür ebenso viel Glück wie Können nötig ist. Nachdem Vizeadmiral Holdo diese Taktik gegen den Megazerstörer *Supremacy* einsetzt, wird sie auch das »Holdo-Manöver« genannt.

Lästige Purrgils

Zwar gerieten die Ursprünge des Hyperraumflugs in Vergessenheit, doch die Existenz der durchs All ziehenden Purrgils mag einen Hinweis auf die Inspiration für die ersten Raumreisenden geben. Die walartigen Kreaturen nehmen so viel vom Gas Clouzon-36 auf, dass sie in den Hyperraum springen können. In Schwärmen springen sie von System zu System, wobei sie oft andere Raumreisende in Gefahr bringen. Bei Piloten sind Purrgils daher regelrecht verhasst.

Gefahren des Hyperraums

Selbst mit modernster Technik ist der Flug durch den Hyperraum ein komplexes Unterfangen. Es braucht eine sorgsam berechnete Route mit präzisen Koordinaten. In manchen Schiffen liefern Droiden Daten für einige vorprogrammierte Sprünge, während modernere Navicomputer fast unbegrenzte Möglichkeiten bieten, indem sie jede potenzielle Route individuell berechnen. Nicht kartografierte Sprünge sind extrem riskant, strotzt die Galaxis doch vor Gefahren. Bei falscher Berechnung mag das Schiff in Asteroidengürteln, Schwarzen Löchern, Staubwolken, Supernovas, Gravitationsbrunnen, elektrischen Feldern, implodierten Sternen, Purrgilschwärmen oder gar dem von Schmugglern Friedhof von Alderaan genannten Trümmerfeld landen. Die »Geschwindigkeit« von Schiffen wird so oft in Parsec, einer Entfernungseinheit, angegeben. Han Solo rühmt sich, dass der *Falke* den Kossal-Flug in weniger als 12 Parsec machte. Schnelle Schiffe haben neben starken Triebwerken Navicomputer, die effizient die kürzeste Strecke rund um all die Hindernisse im All berechnen.

Purrgils Diese rätselhaften Kreaturen ziehen durch die Galaxis, aber ihre Absichten bleiben ein Geheimnis.

> »Wenn Sie gestatten, Sir, mir ist bereits vorhin aufgefallen, dass der Hyperantriebsmotivator beschädigt ist.«
>
> **C-3PO**

Erfassen von Raumstraßen

Zuvor erkundete, sichere Routen werden Hyperraumstraßen genannt. Sie verbinden Welten entlang exakt erfasster Strecken und sind in Krieg wie Frieden von strategisch großer Bedeutung. In den Klonkriegen wird oftmals um die Kontrolle über sie gekämpft. Mit der Etablierung neuer Raumstraßen sieht manche Welt an älteren Strecken weniger Betrieb. Batuu ist ein solcher Ort, der mit der Erfassung von Hyperraumrouten an Bedeutung für den Alltagsverkehr verliert, woraufhin der Planet eine Anlaufstelle für all jene wird, die sich lieber bedeckt halten.

Hyperraumrouten bringen eine neue Ära des Wohlstands mit sich, erlauben sie doch den Handel mit fernen Welten und die Besiedlung von Planeten, weit entfernt von den jeweiligen Heimatsystemen. Sichere Hyperraumflüge fördern auch eine Politik für die weite Galaxis und die Bildung von Zentralregierungen. ■

Sublichtantrieb

Um unter Lichtgeschwindigkeit zu fliegen, haben die meisten Schiffe einen Sublichtantrieb, der die von Reaktoren oder Solarkollektoren zugeführte Energie in Schubkraft umsetzt. Viele Triebwerke verfügen über Schubringe, um das Schiff noch stärker zu beschleunigen und den Schub umzulenken.

Ionentriebwerke werden für Raumschiffe oft verwendet, da sie recht effizient und kompakt sind. Dieser Antriebstyp ist so bedeutend, dass der TIE-Jäger der »Turbo-Ionen-Energie« seines Zwillingsionenantriebs sogar seinen Namen verdankt.

Sublichttriebwerke benötigen Treibstoff, den es in vielfältiger Form gibt. Rhydonium ist eine besonders flüchtige Substanz, deren Explosionsfähigkeit sie sehr effektiv für den Antrieb von Raumschiffen macht. Einige exotische Designs erlauben gar Raumflüge ohne traditionelle Triebwerke, darunter Count Dookus Yacht der *Punworcca 116*-Klasse, die mithilfe eines Solarenergie sammelnden Segels ohne Treibstoff fliegt.

BEACHTLICHE AUTOMATEN

DROIDEN

HOLOCRON-DATEN

BEZEICHNUNG
Droiden

BESCHREIBUNG
Mechanische Wesen mit künstlicher Intelligenz

HERSTELLER
Droidenschmiede und Droidenfabriken

Man kann Droiden leicht als einfache mechanische Diener abtun, nicht zuletzt, da die meisten ohne Aufhebens ihrer Arbeit nachgehen. Doch ein Droide kann das Leben seines Herrn verbessern und Millionen von ihnen können gar den Lauf der Geschichte verändern. Ihre Intelligenz mag künstlich sein, aber ihr Einfluss ist allzu real. Von den Arbeitsdroiden der galaktischen Industrie bis hin zu Kampfdroiden, die an Machtverhältnissen rühren, es gibt Droiden für jeden Zweck.

Technikdroiden

Droiden eignen sich besonders für monotone, physisch anstrengende oder hochtechnische Aufgaben. Sie können organische Wesen nicht völlig ersetzen, aber Astromechs sind wohl am ehesten etwas wie Allzweckdroiden. In ihrem Rumpf finden sich Werkzeuge für eine Vielzahl an Tätigkeiten, von der Reparatur von Sternenjägern bis zur Interaktion mit Computern. Droiden der R-Serie sind beliebt und haben viele auswechselbare Elemente, die der Besitzer je nach Bedarf anpassen kann. Auf Farmen im Äußeren Rand sind sie ebenso hilfreich wie im Droidensockel eines Jägers.

Modelle der R-Serie sind zur Zeit der Neuen Republik noch weit verbreitet, doch Einheiten der BB-Serie stehen in Sachen Astromechs nun für moderne Technik. Statt Beinen haben sie

Astromechdroide Techniker von Rebellen und Widerstand setzen auf jahrzehntealte, aber robuste Astromechs, die sie mit bunt gemixten Bauteilen instand halten.

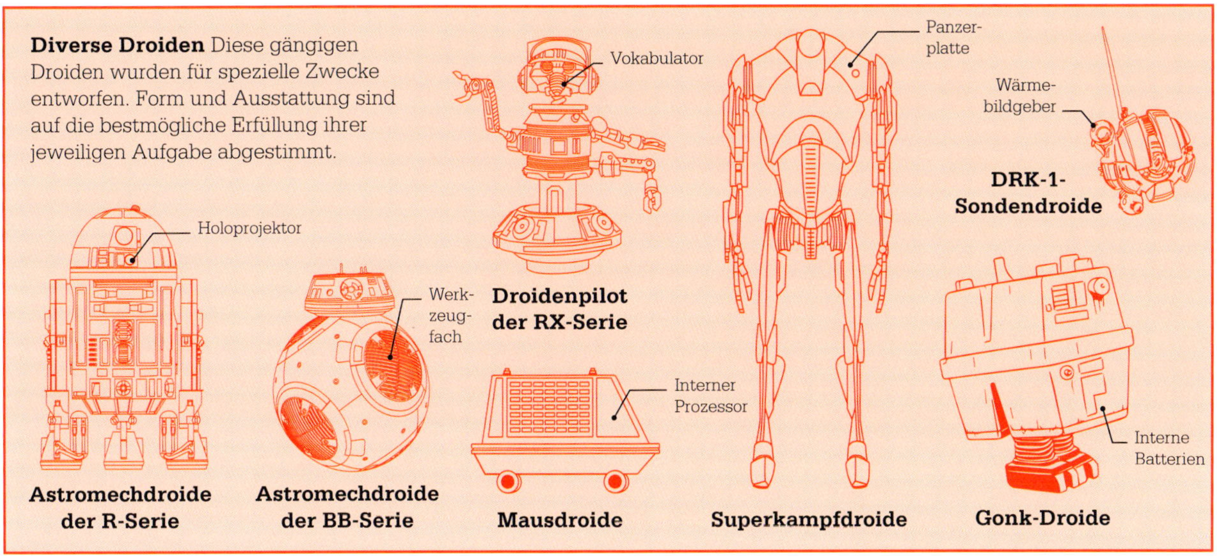

Diverse Droiden Diese gängigen Droiden wurden für spezielle Zwecke entworfen. Form und Ausstattung sind auf die bestmögliche Erfüllung ihrer jeweiligen Aufgabe abgestimmt.

einen kugelförmigen Rumpf und ein ausgeklügeltes gyroskopisches Antriebssystem. Zudem lassen sich ihre runden Werkzeugfächer schnell auswechseln. Abgesehen von all ihren technischen Fähigkeiten sind Astromechs geschätzte Gefährten, die eine individuelle Persönlichkeit ausbilden, wenn man den Speicher nicht regelmäßig löscht – wie es in der Galaxis leider allzu gängig ist.

Andere Droiden dienen sehr spezifischen Zwecken. Droiden der EG-Serie (»Gonk-Droiden«) sind quasi wandelnde Batterien. Sie versorgen andere Gerätschaften mit Energie und sind oft in Hangars und auf Baustellen zu sehen, wo sie mit WED-Raupendroiden arbeiten. Die vielen Arme dieser stängelförmigen Droiden ermöglichen akkurates Schallschweißen und andere Reparaturtätigkeiten. Unten haben sie eine breite Basis und langsame Laufketten, die stabilen Stand bei Präzisionsarbeiten gewähren.

Bei den vielen zu versorgenden Personen in der Galaxis sind auch Medidroiden keine Seltenheit. Ihre Speicherbanken gewähren ihnen Kenntnisse über die Physiologie verschiedenster Patienten, und ihre mechanische Präzision ist bei OPs sehr von Vorteil. Medidroiden retten Darth Vader nach seinem Duell mit Obi-Wan Kenobi auf Mustafar das Leben. Die Droiden der FX- und der 2-1B-Serie kümmern sich um seine Verbrennungen und passen ihm kybernetische Gliedmaßen an.

Assistenzdroiden

Während für andere Droiden ihre Funktion wichtiger als Kultiviertheit ist, gelten Protokolldroiden als Bezugspersonen für ihre Herren. Sie imitieren meist eine humanoide Gestalt, und ihre Vokabulatoren erlauben freies Sprechen. In ihrem »

»Ich bin ein Droide.
Ich habe immer recht.«

TX-20

Erkundungsdroide BD-1, ein alter Gefährte des Jedi Eno Cordova, begleitet Cal Kestis bei seiner Mission.

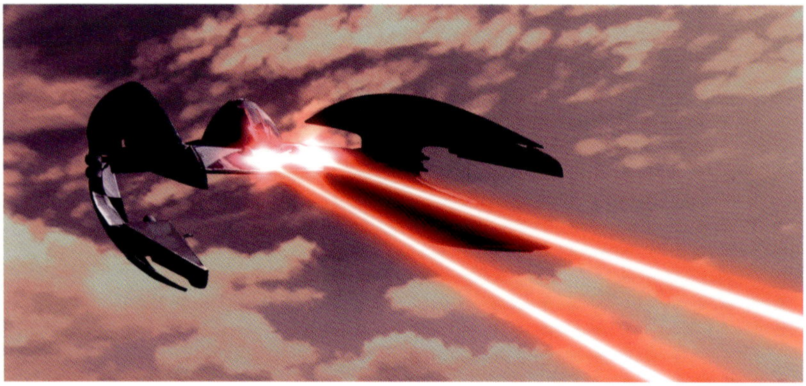

Geierdroide Die Sternenjäger der Handelsföderation verfügen über ein integriertes Droidenhirn und fliegen ohne lebenden Piloten. Am Boden verwandeln sie sich in kleine Läufer.

Speicher haben sie Zugriff auf Millionen Gebräuche und fremde Sprachen, was sie zu idealen Assistenten von Personen in Politik und Dienstleistungssektor macht.

Droidenpiloten helfen Kapitänen mit der komplizierten Aufgabe, ein Schiff zu steuern, und machen teils gar den Einsatz eines biologischen Piloten überflüssig. Die Fähigkeit, sich direkt mit dem Raumschiff zu verbinden, erlaubt Droidenpiloten, auch gefährlichere Routen ruhiger als ein lebender Pilot zu fliegen.

Kriegsdroiden

Viele verbinden Kriegsdroiden mit den in den Klonkriegen kämpfenden Einheiten. Schon vor dem Konflikt setzt die Handelsföderation ganze Bataillone von Droiden ein, um Handelsdispute zu klären und wertvolle Fracht zu schützen. So wie auch lebende Soldaten lernen, sich anzupassen, führt auch die Kampferfahrung dieser Droiden zu Verbesserungen. Frühe Modelle sind von einem Zentralcomputer abhängig, doch als dieses System sich in der Schlacht von Naboo als Schwäche erweist, installiert die Handelsföderation in Folgemodellen unabhängige Prozessoreinheiten. Diese B1-Kampfdroiden bilden das Rückgrat der Separatistenarmee – verstärkt durch noch bedrohlichere Varianten. Die Separatisten bauen Droiden für jeden Kriegsschauplatz, auch Aquadroiden mit integrierten Propellern. Droidensternenjäger wie die der *Geier*-Klasse fliegen durchs All und können Diskordanzraketen mit kleinen Buzz-Droiden abfeuern. Kann der Sternenjäger den Gegner nicht mit den Kanonen anvisieren, zerlegen Buzz-Droiden diesen Stück für Stück.

> »Droiden sind nicht gut oder schlecht. Sie sind neutrale Projektionen jener, die sie programmiert haben.«
>
> **Kuiil**

Das Imperium setzt vor allem auf lebende Soldaten, behält aber auch einige Droiden für Spezialeinsätze. So bewachen Sicherheitsdroiden der KX-Serie wichtige imperiale Anlagen. Kurierdroiden, nicht selten Astromechs der R-Serie, bergen Informationen, die zu sensibel sind, um sie elektronisch zu übermitteln. Da imperiale Gebäude und Schiffe oft enorme Ausmaße haben, führen MSE-Droiden (»Mausdroiden«) Truppen durch das Labyrinth von Gängen. Nach dem Sturz des Imperiums führt die Entmilitarisierung innerhalb der Neuen Republik dazu, dass Sicherheitsdroiden Aufgaben einst lebender Wachen übernehmen. Einige Schiffe wie interstellare Gefängnisschiffe werden von der Regierung sogar voll automatisiert.

Kopfgeldjägerdroiden

Droiden für die Kopfgeldjagd gehen ihrem Gewerbe mit maschineller Effizienz nach und bieten bei der Verfolgung von Hochrisikozielen eine potenziell lebensrettende Alternative zu lebenden Jägern. Jahrzehntelang dienen Modelle der IG-Familie als private Wachdroiden und freischaffende Mitglieder der Kopfgeldjägergilde, ihres Zeichens Kontrollorgan dieser Profession. Es

ME-8D9 Dieser loyale Protokolldroide, der für Maz Kanata arbeitet, ist mehrere Tausend Jahre alt. Einige glauben, dass ME-8D9 einst dem Jedi-Orden diente.

gibt unterschiedliche Modelle, aber an den zylindrischen, mit Sensoren gespickten Köpfen sind sie leicht zu erkennen. Dank ihrer Beweglichkeit nehmen sie es im Gefecht mit den meisten organischen Wesen auf.

Kopfgeldjägerdroiden sind ideale Geschäftspartner, kann man sie doch mit heilenden Bacta-Sprays ausstatten und sie schwere Objekte heben lassen. Wie viele Droiden haben sie jedoch Probleme mit Mehrdeutigkeiten und halten sich zudem sklavisch an Regeln. Dies kann sie für komplexere Aufträge ungeeignet erscheinen lassen. Ihre Programmierung verbietet ihnen zudem, sich gefangen nehmen zu lassen, was bis zur Einleitung der Selbstzerstörung führen kann.

Droidenfeindlichkeit

Obwohl Droiden das Leben von Milliarden angenehmer machen, haben einige weiterhin Vorbehalte. Die Gründe dafür sind vielfältig, und etliche geben Droiden die Schuld für all die Zerstörung und das Leid der Klonkriege. Erinnerungen an Droideninvasionen setzen sich in den Köpfen Überlebender fest, die dem Einsatz von Droiden gänzlich entsagen. Weil General Grievous über Ralakilis Heimatwelt herfiel, richtet dieser auf Vandor einen Droidenkampfring ein und ergötzt sich daran, wie die Droiden sich gegenseitig zerlegen. Mit der Zeit heilen die emotionalen Wunden und die Galaxis wird toleranter, doch Droiden erfahren selten denselben Respekt wie Lebewesen.

Umprogrammierung

Zwar führen Droiden unzweifelhaft ihre Hauptfunktionen aus, doch ihre Loyalität ist nicht in Stein gemeißelt. Nach penibler Umprogrammierung hilft der imperiale Droide K-2SO der Allianz, und der Ex-Kopfgeldjäger IG-11 entsagt seinem gnadenlosen Gewerbe, um als Pflegedroide zu dienen. Diese beiden unerwarteten Verbündeten opfern sich selbst, um ihre neuen Herren zu beschützen. ■

Im Kampfring Über ihren einstigen Zweck hinaus modifizierte Gladiatordroiden haben kein Wahl und müssen zum Vergnügen anderer kämpfen.

Droidenrechte

In weiten Teilen der Galaxis sieht man Droiden – wie jedes andere technische Gerät – als Besitz an. Als solcher haben sie kaum Rechte und sind davon abhängig, wie ihre Herren sie behandeln. Unbillige Härte im Umgang wirft verstärkt Fragen von Droidenrechten auf, denen sich ebenso einige Droiden wie Organische widmen. Sie stellen eine Minderheit dar, treten aber dafür ein, Speicherlöschungen und Haltebolzen zu ächten, und missbilligen physische Folter und Droidenkampfringe zu Unterhaltungszwecken.

Eine lautstarke Verfechterin der Droidenrechtsbewegung ist L3–37, die Co-Pilotin von Lando Calrissians *Millennium Falken*. Dass sie ihre Meinung vertritt, beschert beiden oft Probleme, bei ihrer Mission auf Kessel erweist es sich jedoch als L3s Niedergang. Sie zettelt einen Aufstand der Arbeitsdroiden in der Mine an und wird im Kampf für ihre Überzeugungen zerstört.

HANDFEUER-WAFFEN

BLASTER

HOLOCRON-DATEN

BEZEICHNUNG
Blaster

BESCHREIBUNG
Tragbare Energiewaffen

HERSTELLER
BlasTech Industries, Merr-Sonn Waffensysteme, WESTAR (und andere)

Die verbreitetste Waffe in der Galaxis ist der Blaster. Beliebt bei Militärs ebenso wie Gangstern und Adligen, bieten Blaster verlässliche Schusskraft in nahezu jeder Lage. Das Abfeuern physischer Projektile ist seit grauer Vorzeit bekannt und wird immer noch von mancher Gruppe genutzt. Jahrtausende vor dem Galaktischen Bürgerkrieg kamen jedoch bereits effektivere Energiewaffen auf, die nicht zuletzt leichter nachzuladen sind. Egal welchem speziellen Zweck sie dienen sollen, in ihrer Grundfunktion sind sie weitgehend identisch. Unter Rückgriff auf eine Energiequelle, oft ein Magazin mit aufgeladenem Gas, gibt ein Blaster mit hoher Geschwindigkeit einen leuchtenden Partikelstrahl ab. Je nach Gas und Blasteraufbau sind verschiedene Farben möglich. Rot ist am verbreitetsten, aber auch grüne, blaue und gelbe Strahlen gibt es. Die Einschlagwirkung von Blastern ist anders als bei Lasern begrenzt. Letztere emittieren einen beständigen Energiestrahl, der länger auf ein Ziel gerichtet werden kann. Laserwaffen finden so eher für stationäre, von Crews bemannte Geschützstellungen und Fahrzeuge Verwendung.

Blaster gibt es in fast jeder Form, um Einsatzprofilen und individueller Physiologie ihrer Nutzer gerecht zu werden. Kompakte Blasterpistolen warten mit weniger Feuerkraft und Kapazität auf, sind aber praktisch mitzuführen. In Halftern an der Hüfte sind sie leicht zugänglich – wie Han Solo bestätigen kann, hat er doch stets eine stark modifizierte DL-44 dabei. Mancher bevorzugt Pistolen, die sich gut verbergen lassen, so wie Königin Amidalas kurzläufige, in der Armlehne ihres Throns versteckte ELG-3A.

Energiestrahlen Der Hauptunterschied zwischen portablem Blaster und Kanone liegt in Schlagkraft und Reichweite.

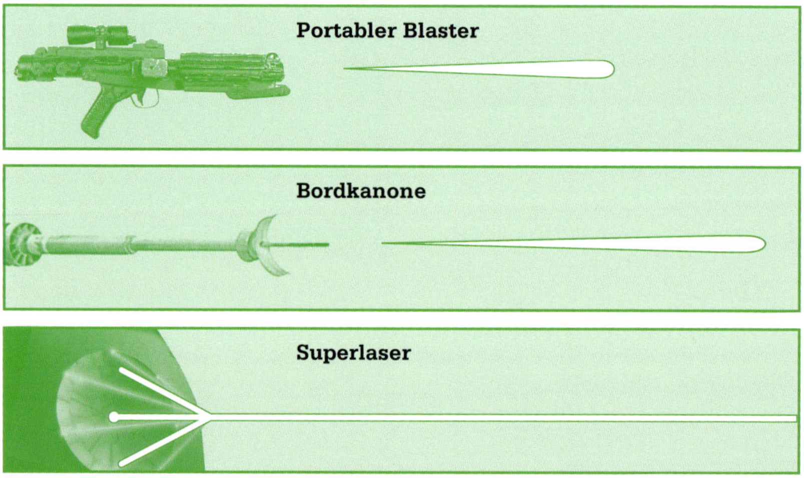

Auf Betäuben

Für Fälle, wo tödliche Gewalt nicht vonnöten ist, bieten viele Blaster eine Einstellung für Betäubungsschüsse, durch die die Leistung reduziert wird. Von traditionellen Blasterschüssen sind sie durch den Klang und die Energieabgabe als blauer Ring leicht zu unterscheiden. Die Wirkung ist stark genug, um die meisten Humanoiden eine Weile bewusstlos werden zu lassen, ohne dass bleibender physischer Schaden entsteht. Dies ist nützlich, um Gefangene zu nehmen, da der Effekt meist nur wenige Minuten anhält – lange genug, um der Zielperson Fesseln anzulegen.

Leia Organa weiß aus beiden Perspektiven um die Wirkung von Betäubungsschüssen: Dereinst wurde sie an Bord der *Tantive IV* von Sturmtrupplern gefangen genommen, um von Darth Vader verhört zu werden. Als Anführerin des Widerstands betäubt sie später selbst Captain Dameron nach seiner Meuterei gegen Vizeadmiral Holdo.

» Antiquierte Waffen und Religionen können es nicht mit einer guten Laserkanone aufnehmen. «

Han Solo

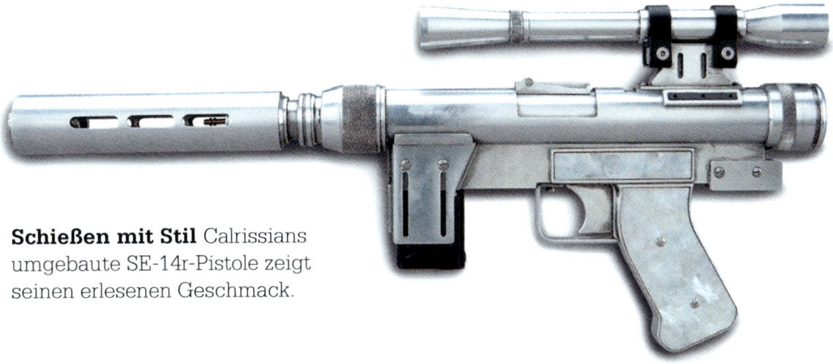

Schießen mit Stil Calrissians umgebaute SE-14r-Pistole zeigt seinen erlesenen Geschmack.

Schwere Waffen

Mit längerem Lauf und schwererem Korpus sind Blastergewehre nicht ganz so portabel, bieten dafür aber mehr Schlagkraft als eine Pistole. In den Klonkriegen führen Soldaten der Republik zumeist Blaster der DC-15-Familie mit sich – kürzere Karabiner wie auch langläufige Gewehre – und stellen sich ebenso B1-Kampfdroiden mit E-5-Blastern wie den B2-Superkampfdroiden und Droidekas mit ihren integrierten Waffensystemen. Zusätzlich zu ihren Blastern verfügen B2-Droiden über Raketenwerfer an den Armen, mit denen sie in den Reihen der Klontruppen geradezu berüchtigte Geschosse abfeuern.

Schwere Blaster bieten Soldaten mit ihrer vergleichsweise höheren Schussfrequenz enorme Feuerkraft. Die oft von speziell ausgebildeten Sturmtrupplern des Imperiums verwendeten Modelle DLT-19 und RT-97C sind nur zwei von vielen in den imperialen Waffenkammern. Cara Dune, eine Stoßtruppsoldatin der Rebellen, bevorzugt solche schlagkräftigen Blaster ebenfalls. Zu den stärksten zählt die schwere E-Netz-Repetierblasterkanone, mit der man Personen wie Ausrüstung gleichermaßen niedermähen kann.

Waffenherstellung

Welches Modell und für welchen Krieg auch immer, die Produktion von Blastern ist ein einträgliches Geschäft. BlasTech Industries versorgt das imperiale Militär im Galaktischen Bürgerkrieg mit der erfolgreichsten Handfeuerwaffe in ihrer Firmengeschichte, das E-11-Blastergewehr, und errichtet, um die Nachfrage zu befriedigen, neue Fabriken auf Welten wie Lothal.

Nach Untergang des Imperiums hindern Abkommen die Hersteller daran, Waffen an die Erste Ordnung zu liefern. Dies führt dazu, dass die Konkurrenten BlasTech und Merr-Sonn ein Joint Venture gründen, die Sonn-Blas-Gesellschaft. Das in den Unbekannten Regionen agierende Unternehmen sorgt dafür, dass beide Firmen vom Aufstieg der Ersten Ordnung profitieren, indem es die meisten ihrer Waffen fertigt. ■

ELEGANTE WAFFE

LICHTSCHWERT

HOLOCRON-DATEN

BEZEICHNUNG
Lichtschwert

BESCHREIBUNG
Nahkampf-Energiewaffe

VORNEHMLICHE NUTZER
Jedi und Sith

» Diese Waffe ist dein Leben. «

Obi-Wan Kenobi

Ein Lichtschwert ist kein normales Schwert – es spiegelt den Machtnutzer wider, der es benutzt. Dieses wohl langlebigste Symbol der Jedi und ihrer ewigen Feinde, der Sith, ist eine einzigartige Waffe, mit der man angreifen, aber ebenso Gefahren abwehren kann. In der Geschichte hat man mit Laserschwertern Kriege gewonnen, Republiken gestürzt und Imperien zu Fall gebracht. Sie sind überraschend einfach im Aufbau, doch eine komplexe Historie und mysteriöse Rituale begleiten sie.

Ihre Klinge aus reiner Energie durchdringt fast jedes Material und lässt sich am besten mit einem anderen Lichtschwert abwehren. Der Elektrostab, eine elektrifizierte Stangenwaffe, ist eine der wenigen anderen resistenten Waffen. Lichtschwerter sind auch unter Wasser und im All einsetzbar und müssen, anders als Blaster, nicht in der Hitze des Gefechts aufgeladen werden. Prinzipiell kann jeder sie benutzen, doch nur in der Hand eines Machtnutzers entfalten sie ihr volles Potenzial.

Lichtschwerter gibt es in vielen Farben, Formen und Stilen. Der Kyberkristall im Innern sorgt dafür, dass die meisten Klingen grün oder

Purpur-Power Jedi-Meister Mace Windus Lichtschwert hat eine seltene lila Klinge.

Kyberkristalle

Der Kyberkristall im Herzen des Lichtschwerts, ein im Einklang mit der Macht befindlicher, natürlicher Stein, fokussiert und verstärkt Energie. Es heißt, der Kristall wähle seinen Nutzer, wobei eine enge Verbindung zwischen ihm und dem Finder entsteht. Erst dabei nimmt er auch seine Farbe an.

Zur Zeit des Jedi-Ordens begeben sich Jünglinge zum Planeten Ilum, um ihren ersten Kyberkristall zu suchen. Beim Betreten der dortigen Eishöhlen stellt sich jeder Jüngling einer persönlichen Prüfung, nach deren Bestehen sich ihm sein einzigartiger Kristall offenbart. Nach dem Untergang des Ordens müssen angehende Jedi ihre Kristalle an anderen heiligen Orten finden oder Schwerter früherer Jedi benutzen.

In diesen dunklen Zeiten schätzen jene, die weiter an die Macht glauben, den spirituellen Wert von Kyberkristallen. Das Imperium seinerseits entweiht heilige Stätten und beutet die Kybervorkommen auf Ilum für eigene finstere Zwecke aus.

blau sind, doch in seltenen Fällen sind sie auch lila. Gelb erstrahlen zudem in der Regel die Schwerter der Jedi-Tempelwächter, und vereinzelt gibt es auch andere Farben. Die Klingen dunkler Machtnutzer sind zumeist rot, ein Nebeneffekt des »Blutens«, wenn ein Kyberkristall von der dunklen Seite verdorben wird. Nach ihrer Heilung erstrahlen solche Kristalle in brillantem Weiß – so wie bei den Schwertern der ehemaligen Jedi Ahsoka Tano.

Gestaltung und Aufbau

Lichtschwertklingen sind meist etwa 91 cm lang. Meister Yodas Schwert ist, passend zu seiner Körpergröße, kürzer als normal. Der Griff eines Lichtschwerts ist die einzigartige Kreation seines Besitzers und kann aus vielerlei Materialien bestehen. Der grobe Aufbau ist der gleiche: eine Knaufkappe, ein Handgriff, ein Schalter zum Zünden der Klinge und ein Emitter für deren Projektion. Das finale Design ist oft Spiegel des Erbauers. Count Dookus Schwert ist besonders raffiniert und soll ihm mit seinem gebogenen Griff eine präzise Schwertführung gestatten, die zu seinem flüssigen Kampfstil passt. Mace Windus Schwert mit seiner lila Klinge ist ebenso elegant wie exakt – die klaren Linien sind mit Elektrum-Finish ausbalanciert. Die meisten nutzen nur ein Schwert, aber einige wie Ahsoka Tano oder Asajj Ventress verwenden zwei. Wieder andere, wie Darth Maul, Jaro Tapal oder Pong Krell, setzen auf stabartige Schwerter mit Klingen an beiden Enden. Kylo Rens Waffe geht zurück auf ein uraltes Design: Die Hauptklinge ist um zwei kleinere Klingen aus Parierstangen ergänzt und wirkt durch den gesprungenen Kyberkristall unheilvoll und instabil.

Lichtschwertnutzer trainieren unzählige Stunden mit ihrer Waffe. Für einen Jedi beginnt dies schon als Jüngling. Um die Grundlagen zu erlernen, werden Übungsschwerter benutzt, bis die Schüler bei einem Ritual, der Versammlung, die heilige Kristallhöhle auf Ilum betreten, um auf ihre Machtpräsenz abgestimmte Kyberkristalle zu finden. Über viele Generationen hat der uralte Droide Huyang den Bau fast jedes Jedi-Schwerts angeleitet und Schülern geholfen, die richtigen Bauteile zu wählen und zusammenzusetzen. ■

Grundaufbau Es gibt quasi unendliche Möglichkeiten, ein Lichtschwert zu bauen, doch diese Elemente stellen die Grundbestandteile dar.

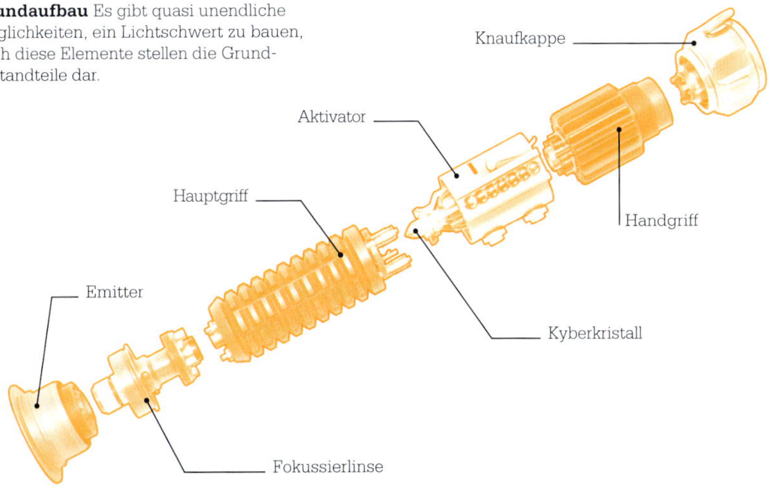

SCHUTZ UND ABWEHR

SCHILDE

HOLOCRON-DATEN

BEZEICHNUNG
Schilde

BESCHREIBUNG
Energiefelder zum Schutz von Wesen und Dingen

ARTEN
Deflektorschilde, Plasmaschilde, Strahlenschilde, Partikelschilde

Energietechnologie wird nicht nur im Waffenbau genutzt. Tatsächlich ist mitunter das Gegenteil der Fall, wenn in Form von Schilden mit ihrer Hilfe Leben geschützt wird. Kämpfer wie auch Pazifisten vertrauen auf Energieschilde, um dem Beschuss durch Offensivwaffen zu entgehen, sei es, indem sie Energieladungen ablenken oder ganz absorbieren. Einige bilden fast undurchdringliche Barrieren, andere sind im richtigen Winkel und mit passendem Tempo von Objekten passierbar.

Im Kleinformat bieten Schilde Personenschutz für humanoide Nutzer. Manch ein Mandalorianer besitzt in seine Armschienen integrierte Energieschilde mit einem Umfang von nicht mehr als 50 cm, die vor Blasterschüssen schützen.

Droidekas genießen dank ihrer schweren Bewaffnung und starken Schildgeneratoren, die eine Sphäre um den ganzen Droiden projizieren, einen Ruf als harte Gegner. In den Klonkriegen stellt sich heraus, dass sich langsam bewegende Objekte die Energieschilde durchdringen können. So kann ein platziert gerollter Thermaldetonator in die Sphäre eindringen und zu Füßen des Zerstörerdroiden explodieren.

Vielgestaltige Schilde finden sich auf Naboo, wo heimisches Plasma für diverse Gungan-Technik genutzt wird. Ihre Große Armee setzt für die Infanterie Personenschutzschilde und große, von Tieren getragene Generatoren ein, deren Schilde die ganze Bodeneinheit umhüllen. Der bevorzugte Einsatz von Schilden ist kein Zufall, sondern spiegelt wider, dass sich die Gungans lange vor Fremden abschirmen mussten.

»Bleib auf Abstand und fahr den Hilfsdeflektor aus!«

Han Solo

Raumschiffsschilde

Die größte Verwendung findet Schildtechnik bei Raumschiffen. Großkampfschiffe haben starke Schildgeneratoren, um diese ganz zu umhüllen, sodass das Schiff Breitseiten von Schlachtschiffen des Feindes besser standhält und bis auf tollkühnste Sternenjägerangriffe alles abwehrt. Sternenzerstörer des Imperiums haben oben auf ihren Kommandotürmen zwei auffällige Deflektorschildgeneratoren. Bei der Pilotenausbildung werden Rebellen ermutigt, ihr Feuer auf diese Stellen zu konzentrieren. Sind die Kuppeln erst zerstört, ist das ganze Schiff ungeschützt. Die tapfersten ihrer Jägerpiloten finden heraus, dass kleine Schiffe die schützende Barriere durchdringen und so nahe genug herankommen können, um die Schilde ganz auszuschalten. Das Flaggschiff des Widerstands,

Kriegsbestien Fambaas tragen die Energieschildgeneratoren der Gungans auf die Große Grasebene von Naboo.

die *Raddus*, besitzt experimentelle Deflektorschilde, die bei korrekter Ausrichtung massivstem Beschuss standhalten. Andernfalls hätte der Widerstand wohl auch nicht vor der Ersten Ordnung fliehen können.

Der *Millennium Falke* besitzt Schildgeneratoren von militärischer Güte, darunter einen für den Bug und einen weiteren für das Heck. Diese verstärken den Schutz durch die Panzerplatten, die an kritischen Stellen des Rumpfs aufgebracht wurden, sodass Han Solo mehr als einmal aus heikler Lage entkommen konnte. Seine Rebellenfreunde setzen auf Schildtechnik in ihren Jägern, die Schiffen und Piloten den Schutz bietet, den das Imperium seinen eigenen Jägerpiloten nicht gewährt.

Stationäre und planetare Schilde

Stationäre Schildgeneratoren variieren je nach Verwendung in der Größe. Einige projizieren Schilde von wenigen Metern Durchmesser, andere schützen ganze Sektoren von Planeten.

Wenn Kanzler Palpatine in den Klonkriegen öffentlich auftritt, wird ein Schild projiziert, um ihn vor Attentaten zu schützen. Auch die Separatisten nutzen Schilde und schützen ihre Droidentruppen unter anderem auf Christophsis und in der Zweiten Schlacht von Geonosis mit riesigen Generatoren.

Im Galaktischen Bürgerkrieg hüllt das Imperium den ganzen Planeten Scarif in einen planetaren Schild, um zu verhindern, dass Unbefugte dort in den Archivturm eindringen.

Auch wenn ihr Schild nicht den gesamten Planeten schützt, setzen die Rebellen imperiale Schildgeneratortechnik gegen ein orbitales Bombardement ihrer Basis auf Hoth ein.

Personenschutz In der Infanterie der Gungans schützen tragbare Energieschilde vor Feindbeschuss.

Einsatz auf Endor

Da der im Geheimen gebaute erste Todesstern entdeckt und zerstört wird, beschließt das Imperium, den Nachfolger besser zu schützen. Gebaut wird die neue Kampfstation über dem Waldmond Endor, knapp außerhalb der oberen Atmosphäre. In ihrem tiefen Orbit ist sie in Reichweite eines Schildgenerators, der sich in einem Bunker am Boden findet. Der planetare Schildgenerator SLD-26 hüllt die ganze Station mit einem leistungsstarken Schild ein und verhindert so während ihres Baus jegliche Angriffe von Rebellen.

Wenn die Allianz die Kampfstation zerstören will, muss sie daher zuerst den Schild sabotieren. Dabei ist ihr Plan, gegen das mechanische Wunderwerk anzukommen, technisch geradezu primitiv: Sie wollen schlicht in den Generatorbunker eindringen und Sprengstoff platzieren. Mit der Hilfe der Ewoks wird der Schild deaktiviert und die Station daraufhin zerstört.

Später setzt die Erste Ordnung einen planetaren Schild ein, um die Starkiller-Basis abzuschirmen. Doch auch mit Schilden, die einen ganzen Planeten umhüllen: Keine Barriere ist je völlig undurchdringlich. Fast immer findet der Gegner mit etwas Geschick Wege, sie zu umgehen, zu deaktivieren oder zu zerstören. ■

GEGEN DIE SCHWERKRAFT

TRAKTORSTRAHLEN UND REPULSOREN

HOLOCRON-DATEN

BEZEICHNUNG
Traktorstrahlen und Repulsoren

BESCHREIBUNG
Technische Manipulation der Schwerkraft

HERSTELLER
Aratech Repulsorenwerke, SoroSuub-Gesellschaft, Rothana-Schwermaschinenbau (und andere)

Gravitation ist eine starke Naturkraft, aber technischer Fortschritt ermöglicht es, ihr zu trotzen oder sie sich nutzbar zu machen. Traktorstrahlprojektoren und Repulsorlifts sind unabhängige, aber verwandte Technologien, da beide auf ihre Art die Schwerkraft überwinden. Repulsoren wirken ihr dabei entgegen, Traktorstrahlen ziehen ein Objekt näher heran. Beides findet in Militär, Handel, Verkehr und Alltag Verwendung.

Repulsoren

Mit Repulsorlifts können Gleiter, Raumschiffe und auch kleinere Objekte wie Schlitten oder Sessel schweben und fliegen. Moderne Repulsorlifttechnik ist sehr effizient und findet in relativ kleinen Chassis Platz. Objekte wie Transportkisten und Karbonitblöcke haben teils integrierte Repulsoren, mithilfe derer sie nicht hoch über dem Boden schwebend leicht geschoben werden können. Objekte, die nicht allein schweben können, lassen sich mit Repulsorschlitten befördern, wie sie häufig in Hangars und Fabriken zu sehen sind, wo schwere Ausrüstungsteile bewegt werden müssen. Im Haushalt bieten Repulsorliftsessel Personen mit körperlichen Gebrechen größere Mobilität. Mit Repulsoren versehene Kinderwiegen dienen dem ruhigen Transport von Babys, die Eltern so stets nah bei sich haben können.

Während die Bauart von Luft- und Landgleitern, Düsenschlitten und Swoops variieren kann, so bedienen sie sich doch alle der gleichen Technik. Modellspezifisch angeordnete Repulsoreinheiten halten das Fahrzeug fast pausenlos in der Luft. Bei hohem Tempo produzieren Repulsorlifts viel Hitze und benötigen Kühlung oder einen

Kinderpflege Kopfgeldjäger Din Djarin findet in einer Repulsorwiege eine machtsensitive Überraschung.

» Wir sind in einen magnetischen Fangstrahl geraten! «

Han Solo

Jetpacks

Wer auch ohne Gleiter absolute Mobilität wünscht, kann es mit einem Jetpack versuchen, das jedem, der mutig genug ist, die Fähigkeit verleiht zu fliegen. Die Republik bildet für den Einsatz gegen Kampfdroiden spezielle Jettruppler aus, und imperiale Sprungtruppler setzen diese Tradition im Galaktischen Bürgerkrieg fort. Die auf dem Rücken getragenen Jetpacks enthalten begrenzten Treibstoff, um die Soldaten in die Lüfte zu erheben. So können sie Feuer auf Ziele herabregnen lassen oder Hindernisse überwinden.

Mandalorianische Krieger sind bekannt dafür, Jetpacks zu nutzen – was sie die Kunst des Aufsteigenden Phönix nennen. Unzählige Trainingsstunden sind nötig, um den Umgang mit solchen Raketenrucksäcken voll zu beherrschen – wonach ein mandalorianischer Soldat dank gewonnener Schnelligkeit und Mobilität noch tödlicher ist.

Wärmeabzug, damit die Einheit nicht überhitzt. Viele Gleiter haben Statikentladungsrippen, damit sich, während die Fahrzeuge durch die Gegend flitzen, keine gefährliche Ladung aufbaut.

Traktorstrahlen

Mithilfe künstlicher Schwerkraft sind Traktorstrahlen in der Lage, Objekte zu halten und zu kontrollieren. Meist werden sie von Raumschiffen aus eingesetzt, wo man sie auf andere Schiffe richten kann. Um ein Objekt richtig zu erfassen, bedarf es teils mehrerer Traktorstrahlprojektoren, woraufhin man es je nach Wunsch fortstoßen oder heranziehen kann. Bei ausreichender Energiezufuhr sind die unsichtbaren Fangstrahlen so stark, dass ein Objekt sich nicht aus eigener Kraft losreißen kann.

Piloten und Fabrikarbeiter nutzen oft Traktorstrahlen, um Fracht zu bewegen oder Material aus relativ sicherer Entfernung einzusammeln. Auch die militärische Verwendung ist verbreitet: Ein anderes Schiff so aufzubringen, kann vorteilhafter sein, als es zu zerstören.

Das Galaktische Imperium greift sinnbildlich nach der Galaxis, doch mit Traktorstrahlen wird dieser Griff real. Sternenzerstörer haben starke Traktorstrahlgruppen am Bug, die bei der Verfolgung von Schiffen zum Einsatz kommen. Prinzessin Leia Organas *Tantive IV* wird auf diese Weise aufgebracht, als sie kurz vor der Schlacht von Yavin mit den Plänen des ersten Todessterns flieht. Als der Reaktor des Schiffs abgeschaltet ist, wird es in den Haupthangar gezogen, bevor die imperialen Truppen es entern. In Sternensystemen, für die Piraterie ein Problem ist, setzt die Imperiale Flotte Kreuzer der *Cantwell*-Klasse ein, deren Erscheinungsbild drei starke Traktorstrahlprojektoren prägen. Verdächtige Schiffe, die nicht den imperialen Regularien entsprechen, werden zur näheren Inspektion in den Hangar gezogen. Geradezu gespickt mit Fangstrahlen sind die Todessterne. Schiffe, die der Kampfstation zu nahe kommen, werden hineingezogen und können selten aus eigener Kraft fliehen, wenn die Traktorstrahlgeneratoren im Innern nicht deaktiviert wurden. ■

Flitzende Schrottsammler Reys Gleiter ist ein individueller Eigenbau aus gesammelten Einzelteilen.

REISEN IM ALL

RAUMSCHIFFE

HOLOCRON-DATEN

BEZEICHNUNG
Raumschiffe

BESCHREIBUNG
Raumtaugliche Fahrzeuge

HERSTELLER
Corellianische Ingenieursgesellschaft, Kuat-Triebwerkswerften, Incom-Gesellschaft, Sienar Flottensysteme, Koensayr-Produktionsgesellschaft (und andere)

Der explosionsartige Anstieg interplanetarer Reisen führt zu einem steigenden Bedarf an raumtauglichen Fahrzeugen aller Art. Der Handel benötigt Frachter und zivile Transporter vielfältiger Größe. Deren Schutz und der ihrer Heimatwelten fällt Militärschiffen zu, von Sternenjägern für einen Piloten bis hin zu Großkampfschiffen mit Platz für über 40 000 Passagiere und Crewmitglieder.

Frachter

Während man mit Militärschiffen die Herrschaft über die Sterne anstrebt, ist der Raumverkehr überwiegend von harmloseren zivilen Schiffen geprägt. Transporterpiloten und Schmuggler befördern Güter in zahllosen Frachtern, und keiner ist berühmter als der *Millennium Falke*. Der leichte corellianische YT-1300-Frachter wechselt oft den Besitzer und macht einige Veränderungen mit, besonders als er von Lando Calrissian an Han Solo übergeht, da Calrissian im Gegensatz zu Solo auf Stil ebenso viel Wert wie auf Leistung legt. Hans zahlreiche (und oft illegale) Extras reizen die Möglichkeiten des *Falken* voll aus, was ihn zum idealen Fluchtschiff bei vielen riskanten Schmuggeljobs macht. Solo verwandelt das eh schnelle Schiff in eins der schnellsten der Galaxis und erarbeitet sich so bei etlichen Missionen für die Rebellenallianz einen beachtlichen Ruf.

Schiffe mit größerer Besatzung haben oft Rettungskapseln an Bord. Die kleinsten bieten Platz für eine

Millennium Falke Das ramponierte Äußere von Han Solos Schiff ist die Folge häufigen Ärgers.

Flucht von Jakku Der *Falke* ist besser bewaffnet als die meisten Frachter und entkommt einmal mehr TIE-Jägern.

Person, doch die meisten fassen zwei oder mehr Passagiere. Einmal gestartet, befördert die Kapsel diese zur nächsten bewohnbaren Welt. Ist eine solche nicht erreichbar, bietet sie Lebenserhaltungsfunktionen, die ein Warten auf die Bergung durch ein anderes Schiff erlauben.

Fertigung und Fortschritt

Raumschiffe werden galaxisweit in Werften und Fabriken gebaut, wobei einige Hersteller größeren Erfolg als andere genießen. Kuat-Entralla Ingenieurstechnik wird gegründet, um heimlich für die Erste Ordnung Sternenzerstörer und Belagerungsschlachtschiffe zu bauen – sowie Sternenzerstörer der *Xyston*-Klasse für die ebenso heimlich mit Ressourcen versorgten Sith-Ewigen auf Exegol.

Der Planet Corellia ist für seine Schiffswerften und für die widrigen Lebensbedingungen jener, die dort schuften, berühmt und berüchtigt. Der Schiffsbau ist für die Arbeiter in den Docks ein beschwerliches Handwerk. Vielleicht ist das mit ein Grund, weshalb einige der besten Piloten der Galaxis von Corellia stammen – sie sind nicht nur früh bereits mit Raumschiffen vertraut, sondern auch hinreichend motiviert, den Planeten zu verlassen.

»Haben Sie noch nie vom *Falken* gehört? Das Schiff machte den Kossal-Flug in weniger als 12 Parsec!«

Han Solo

Orbitale Schiffswerften wie die der Kuat-Triebwerkswerften sind teils so groß, dass sie einen Ring um den ganzen Planeten bilden. Kolonisten zieht die Arbeitssuche zu Orten wie den Nadiri-Raumdocks im Bormea-Sektor, was mitunter zu Spannungen mit Heimatweltlern führt. Obwohl sich beim Bau selbst nicht viel ändert, entwickeln sich die Schiffe mit jedem neuen Modell und moderner Technik durchaus weiter.

Zur Zeit der Republik sind für Käufer von Raumschiffen Stil und Eleganz wichtig, aber während der Herrschaft des Imperiums ändern sich die Prioritäten. Erlesene Handwerkskunst tritt hinter Praktikabilität zurück, und statt schnittiger Formen ist zunehmend Gleichförmigkeit gefragt. Das Imperium schert sich nicht um Ästhetik und technischen Fortschritt, wenn es mit schierer Größe und Massenproduktion das Gleiche erreicht. In den Jahrzehnten nach Ende des Imperiums baut die Erste Ordnung darauf auf, wobei die Technik sich stark verbessert. »

Vaders Flaggschiff In der Schlacht von Scarif bekommt es die Rebellenflotte mit dem Sternenzerstörer *Devastator* zu tun.

»Zehntausend? Dafür können wir das Schiff ja kaufen!«

Luke Skywalker

Die meisten Schlachten werden weniger durch die Admiräle in den Flaggschiffen gewonnen als durch den Mut der Sternenjägerpiloten unter ihrem Kommando. Diese sitzen, oftmals ganz allein, in ihren kleinen Jägern, die im Vergleich zu größeren Schiffen geradezu fragil wirken. Das Schicksal dieser Piloten liegt in ihren eigenen Händen, denn über Leben und Tod entscheiden allein ihre Flug- und Schießkünste.

Imperiale Piloten leisten ihren Dienst unter prekären Umständen. Die TIE-Jäger, die sie fliegen, sind sehr schnell und haben ansehnliche Feuerkraft, aber keine schützenden Schilde! Sie werden millionenfach von Sienar Flottensysteme gebaut, wo man zahlreiche Varianten für nahezu jeden militärischen Zweck entwickelt. Vom schlaggewaltigen Bomber bis hin zum vielsagenden »Rabiator« mit seinen schweren Geschützen – die TIE-Serie entwickelt sich laufend weiter.

Da es der Rebellenallianz an solchen Produktionsmöglichkeiten mangelt, beschafft sie sich Jäger aus allen erdenklichen Quellen. Der bereits in den Klonkriegen genutzte Y-Flügler ist sogar lange nach Sturz des Imperiums noch im Einsatz. Bei den Rebellen besonders verbreitet ist der X-Flügler, ein Nachfolger des alten Z-95 und echter Alleskönner.

Der X-Flügler des Typs T-65B ist das Rückgrat der Rebellenflotte und Luke Skywalkers Lieblingsjäger. Der Jedi fliegt sein Schiff, *Rot Fünf*, noch lang nach dem Krieg. Spätere Modelle wie der T-70 und T-85, die in der Verteidigungsflotte der Neuen Republik genutzt werden, bauen auf seinem enormen Potenzial auf. Bei Gründung des Widerstands gilt der T-70 schon als veraltet und wird der Standardjäger von Leia Organas kleiner Flotte. Rund 30 Jahre nach Ende des letzten Kriegs treten so in einem neuen Konflikt wieder tapfere Piloten in X-Flüglern gegen TIE-Jäger an und werden zu Helden.

Großkampfschiffe

Großkampfschiffe sind die meist eindrucksvollsten und wichtigsten Schiffe einer militärischen Flotte. Das wohl repräsentativste Beispiel ist der Sternenzerstörer, der seine modernen Wurzeln in Schiffen der *Venator*-Klasse aus der Zeit der Republik hat. Zwar machte dieses potente Kriegsschiff viele Offiziere zu Helden, doch vom Imperium wurde es alsbald durch größere Sternenzerstörer der *Imperium*-Klasse ersetzt, die besser dessen Macht ausstrahlen. Ein jeder bietet Platz für über 40 000 Passagiere, und schwere Geschütze erlauben orbitale Bombardements von Zielen am Boden. Einen Sternenzerstörer anzugreifen, gilt als Selbstmord. So genügt oft ein einziger im Orbit, um Planeten auf Spur zu halten. Quasi jedes andere zeitgenössische Schiff verblasst daneben, auch die Mon-Calamari-Kreuzer der Allianz.

Schwere Geschütze Das Schlachtschiff *Fulminatrix* hat mehr Feuerkraft als ein Dutzend Sternenzerstörer.

Große Schiffe dieser Art haben interne Hangars zum Start kleinerer Raumfahrzeuge wie Dutzender Sternenjäger. Die Erste Ordnung führt das Erbe der Sternenzerstörer mit Schiffen der *Resurgenz*-Klasse fort – in quasi jeder Hinsicht eine beeindruckende Weiterentwicklung. Selbst diese verblassen aber neben Belagerungsschlachtschiffen der *Mandator IV*-Klasse, die Städte und Flotten in Schutt und Asche legen. ■

Wendige Jäger Der Widerstand nutzt gegen moderne TIE-Jäger der Ersten Ordnung ausgemusterte T-70-X-Flügler.

Raumhäfen

Ob am Rande kleiner Städte oder hoch aufragend in riesigen Metropolen, Raumhäfen leisten Kapitänen auf der Suche nach einem Landeplatz wertvolle Dienste. Hier können sie mit ihrem Raumschiff andocken, um Reparaturen durchzuführen, zu tanken oder einfach an einem geschützten Ort zu verweilen. In bevölkerungsreichen Städten weisen Lotsen Landeplattformen zu, abgelegenere Häfen sind weitgehend autonom geführt. Unter dem Imperium gibt es auf strategisch wichtigen Welten wie dem Fabrikationszentrum Corellia strenge Kontrollen, wer kommt und geht.

Die örtliche Cantina, Vertreter der Kopfgeldjägergilde und anheuerbare Piloten finden sich nie weit entfernt von Raumhäfen, die Lebensmittelpunkt vieler Bürger und Unternehmer sind, die sich durch die Nähe zum Hafen profitable Geschäfte erhoffen.

TRANSPORT AUF PLANETEN

LUFT- UND BODENFAHRZEUGE

HOLOCRON-DATEN

BEZEICHNUNG
Gleiter und Läufer

BESCHREIBUNG
Transportmittel für Boden- und Lufteinsatz

GEFAHREN
Zusammenstöße, Diebstahl, Kapern, Repulsorfehlfunktion mitten in der Luft

Um die großen Weiten eines Planeten zu durchqueren oder in den geschäftigen Städten der Galaxis zu verkehren, bedarf es eines auch »Speeder« oder »Flitzer« genannten Gleiters.

Weit verbreitete Landgleiter sind ein ökonomisches Transportmittel für Land- wie Stadtbewohner. Luke Skywalker genießt in seiner Jugend am Steuer eines X-34-Landgleiters ein gewisses Gefühl von Freiheit. Selbst in diesem älteren Modell kann er mit bis zu 250 km/h durch Tatooines Wüsten flitzen.

Wer rasantes Tempo und auch ein wenig die Gefahr sucht, dem bieten Düsenschlitten und Swoops starke Leistung und Wendigkeit, allerdings geringere Ladekapazität. Der Aratech 74-Z ist ein populäres Modell in den Klonkriegen und darüber hinaus. Imperiale Truppen greifen oft für Aufklärungseinsätze von Scouttrupplern darauf zurück. Die Blasterkanone des 74-Z ist dabei eine recht effektive Waffe für Blitzangriffe auf feindliche Bodentruppen. Die hohe Geschwindigkeit und der geringe Schutz sind für den Fahrer allerdings risikoreich. Eine falsche Bewegung kann zu schweren Verletzungen oder sehr wahrscheinlich sogar zum Tod führen.

Die von Enfys Nest angeführten Himmelhunde fahren leistungsstärkere und noch gefährlichere Swoops, eine Art Gleiter, die besonders unter Gesetzlosen beliebt ist. Mit ihren Repulsorlifts erreichen sie größere Flughöhen als Landgleiter, weshalb sie in gebirgigem Terrain praktisch sind.

Luftgleiter dienen speziell für Flüge in großer Höhe. Sie füllen den Himmel des Stadtplaneten Coruscant, wo reiche Besitzer in einem Wirrwarr von Luftstraßen durch die Lüfte sausen.

Flinke Läufer
Für ihren AT-ST setzt die Erste Ordnung auf modernste Panzerung.

Tiere als Transportmittel

In einigen rauen Umgebungen und auf abgelegenen Welten beweisen lebende Kreaturen, dass sie zuverlässiger und wirtschaftlicher als Maschinen sein können. Einige Tiere mögen dabei sogar mehr als Technik leisten. Allein auf Tatooine gehören Taurücken, Bantha, Eopie, Ronto, Jerba und Etobi zu den als Last- und Reittieren genutzten Kreaturen.

Mit der nötigen Abrichtung können auch Blurrgs *(Bild)* als solche dienen. Sie werden auf Welten wie Ryloth für ihre Gelassenheit im Kampfgetümmel geschätzt. Die Twi'lek-Freiheitskämpfer sind stolz auf ihre Tiere und halten sie Allterrain-Recon-Transportern (AT-RT) der Republik für überlegen. Weitere im Kampf eingesetzte Tiere sind die pferdeartigen Orbaks, von Jannah und ihrem Stamm gezähmte Vierbeiner vom Mond Kef Bir. Sie nehmen an der Schlacht von Exegol teil, wo sie tapfer auf Rüstung tragende Sith-Truppler losgehen.

Dort, wo die meisten Bürger nie die obersten Ebenen sehen, ist der Besitz eines Privatgleiters ein Statussymbol, von dem der Großteil der Bevölkerung nur träumen kann.

Panzerfahrzeuge

Kampfläufer und Panzer bieten mit schweren Geschützen und starker Panzerung den Infanterietruppen Verstärkung und gehen rigoros gegen verschanzte Feinde vor. Die Konföderation Unabhängiger Systeme setzt einige Droidenpanzer wie den Armierten Angriffstank (AAT) der Handelsföderation ein.

Die Standardbewaffnung des AAT ist furchterregend, mischt er feindliche Bodentruppen doch mit einer schweren Kanone, Personenabwehrlasern und Projektilwerfern auf. Er nimmt es auch mit allen Kampfläufern der Republik wie dem sechsbeinigen Allterrain-Taktikerzwinger (AT-TE) auf. Dieser ist Vorgänger von Modellen des Imperiums, das später noch größere Ungetüme hervorbringt.

Der Allterrain-Angriffstransporter (AT-AT) hat vier hoch aufragende Beine und feuert mit diversen Kanonen auf den Feind hinab. Er dient auch als Truppentransporter und bringt in seinem gepanzerten Rumpf Infanteriesoldaten ins Einsatzgebiet. Zweibeinige Läufer bieten noch mehr Flexibilität. Der Allterrain-Scouttransporter (AT-ST) beispielsweise benötigt nur zwei Mann Besatzung, kann aber ganze Kompanien auslöschen.

Die Erste Ordnung setzt diese Tradition fort und baut eigene AT-ST-, AT-AT- und noch imposantere Allterrain-MegaKaliber-6-Läufer (AT-M6). Ihre Kampfläufer sind mit der neuesten Technik aufgerüstet, basieren aber ebenso auf den Läufern, die die Republik rund 50 Jahre früher eingesetzt hat. ■

Luxusflitzer Bewohner der Casinowelt Canto Bight stellen ihren Reichtum mit einigen der teuersten Gleiter zur Schau, die man mit Credits kaufen kann.

» Seit die XP-38 auf dem Markt ist, will keiner mehr diesen Flitzer. «

Luke Skywalker
nach Verkauf seines XP-34

ABSOLUTE MACHT

SUPERWAFFEN

HOLOCRON-DATEN

BEZEICHNUNG
Superwaffen

BESCHREIBUNG
Waffen zur Massenvernichtung

ZIEL
Militärischer Sieg durch beispiellose Macht

Im ewig währenden Wettrüsten zum Erlangen der Herrschaft über die Galaxis entwickeln einige Superwaffen, die alles Übrige in den Schatten stellen. All diese technologischen Schreckgespenster stellen große Visionen, Macht und oftmals Überheblichkeit zur Schau. Sie sind Ergebnis des Glaubens, große Macht bringe grenzenlose Kontrolle mit sich. Doch in fast allen Fällen erweisen sie sich als großer Fehlschlag. Ironischerweise setzen ihnen nicht andere technische Wunderwerke ein Ende, sondern einige findige Einzelpersonen. Gerüchte über vielerlei schreckliche Erfindungen vergangener Zeiten halten sich ehern – von interstellaren Gefrierstrahlen bis zu chemischen Waffen, die Organische in Stein verwandeln.

Sicher ist, dass einige Megawaffen in der Tat real sind. Zu den frühsten bekannten Beispielen zählt die vom Sith-Lord Darth Momin entwickelte Maschine, die eine ganze Stadt zerstören kann – eine zu jener Zeit bedeutende Leistung. Sie ist Teil der Sith-Tradition, Superwaffen zu erschaffen, wie sich über tausend Jahre später auch an Darth Sidious' eigenen furchtbaren Plänen zeigt.

Die Orbitale Kampfstation TS-1, der Todesstern, soll das absolute Machtinstrument des Imperiums sein. Die Entwicklung beginnt vor den Klonkriegen, als Geonosianer Baupläne für eine Kampfstation von der Größe eines Mondes entwerfen.

Extragroß
Mit 160 km Durchmesser ist der Todesstern so groß wie ein kleiner Mond.

» Diese Station ist jetzt das absolute Machtinstrument im Universum. Machen wir davon Gebrauch! «

Admiral Motti

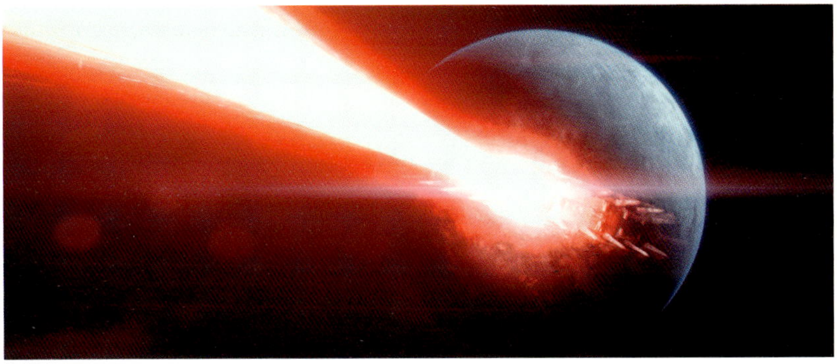

Finstere Maschine Die Starkiller-Basis feuert ihre kyberverstärkte Waffe quer durch die Galaxis ab.

Damals noch reine Theorie, werden die Pläne Darth Tyranus anvertraut, damit sein Meister nach Untergang der Republik mit dem Bau beginnen kann. Dies bedarf einer gewaltigen Bereitstellung von Ressourcen, aber der Bau der Station selbst geht relativ zügig voran. Verzögerungen bringt vor allem das Hauptgeschütz mit sich, das sich als Albtraum für Forschung und Entwicklung erweist.

Unter der Führung von Direktor Orson Krennic wollen imperiale Wissenschaftler Kyberkristalle zur Energieverstärkung nutzen, um einen Laser zu erzeugen, der stark genug ist, Planeten auszulöschen. Die praktische Anwendung dieser Theorie führt zu jahrelangem Verzug, bis es Galen Erso gelingt, die technischen Probleme zu lösen. Die fertige Waffe des Todessterns erfüllt alle Erwartungen und zerstört bei ihrem verheerendsten Test den gesamten Planeten Alderaan.

Tief im Innern der Station findet sich aber eine fatale Schwachstelle, wie die Rebellenallianz erfährt. Sie zerstört die Kampfstation mit einem zielgerichteten Sternenjägerangriff. Einige Imperiale sehen darin einen Grund, die Strategie zu ändern, aber der Imperator hält weiter daran fest. Unbeirrt und zum Verdruss einiger im Oberkommando beginnt er den Bau eines zweiten Todessterns.

Um diesen besser zu schützen als seinen Vorgänger, trifft das Imperium diverse Vorkehrungen. Die Schwachstelle des Reaktors wird behoben und die ganze Station während des raschen Baus in einen Schutzschild gehüllt. Noch vor der Fertigstellung will Palpatine die Rebellen mit seiner Kampfstation in die Falle locken, doch sein Plan schlägt fehl. Die zweite Station ereilt dasselbe Schicksal wie die erste.

Starkiller-Basis

Die wissenschaftlichen Prinzipien, die die Todessterne ermöglichten, führen in noch erschreckenderem Maße zum Bau der Starkiller-Basis. Die Erste Ordnung verwandelt den Planeten Ilum in eine Superwaffe und nutzt den kyberhaltigen Kern zur Entwicklung einer Waffe, die quer durch die Galaxis feuern kann. Zum Aufladen ist die Energie eines benachbarten Sterns vonnöten, der dafür verschlungen wird. Die Erste Ordnung löscht das ganze Hosnian-System (mit der Flotte der Neuen Republik) aus, ehe der Widerstand die Station zerstören kann.

Imperator Palpatines Rückkehr auf die galaktische Bühne sorgt für neue Gefahr. Die Sith-Flotte von Sternenzerstörern der *Xyston*-Klasse droht in die Galaxis auszuziehen – bewaffnet mit Superlasergeschützen. Diese hätten Tausende Planeten vernichten können, wäre die vom Widerstand angeführte Flotte nicht rechtzeitig eingetroffen. ■

Megaschiffe

Die Flottenkriegsführung entwickelt sich mit dem Bau immer eindrucksvollerer Großkampfschiffe weiter, die mit beispielloser Größe und Feuerkraft Raumschlachten dominieren. Die Separatisten bauen mit der *Malevolence* ein Kriegsschiff, das mit zwei Megaionenkanonen spielend ganze Kampfverbände der Republik lahmlegen kann. Das Imperium mit seinen eh großen Sternenzerstörern legt in Sachen Größe weiter zu: Sternenschlachtschiffe der *Executor*-Klasse sind 12-mal länger als Standardschiffe der *Imperium*-Klasse und dienen hochrangigsten Imperialen als Flaggschiff. Darth Vader und Imperator Palpatine nutzen beide einen dieser riesigen Supersternenzerstörer *(Bild)* als Kommandoschiff. Der Oberste Anführer Snoke führt die Erste Ordnung von einem Megazerstörer aus an, der *Supremacy*. Dieses Schiff ist so groß, dass es nicht nur als Schlachtschiff und Kommandozentrale dient, es stellt auch eine mobile Produktionsstätte dar, mit der die Erste Ordnung für ihre Expansion weiter aufrüstet.

MASSEN-PRODUKTION

KLONEN

HOLOCRON-DATEN

BEZEICHNUNG
Klonen

BESCHREIBUNG
Genetische Duplizierung eines Organismus zum Erhalt identischer Kopien

BEISPIEL
Klonarmee der Republik

Das Feld der Genetik führt im Laufe der Zeit zu vielen großen Entdeckungen, aber kaum eine ist bedeutender als das Klonen. Es wird auch anderswo praktiziert, aber niemand macht derart große Geschäfte damit wie die Kaminoaner. Mit der DNS des Kopfgeldjägers Jango Fett züchten sie Millionen Klonsoldaten für die Republik. Jeder Klon gleicht seinem Genspender physisch, doch Teile der DNS werden verändert, um sie fügsamer zu machen.

Obschon die Kaminoaner diese Kunst nahezu perfektioniert haben, ist das Klonen von Menschen keine exakte Wissenschaft. Teils kommt es zu genetischen und physischen Defekten mit nicht immer gewollten, aber auch nützlichen Ergebnissen. Eine Genprobe kann die Basis für Millionen Kopien sein, hält aber nicht endlos vor. Der Spender muss daher für weitere Proben verfügbar bleiben oder andernfalls ein neuer gesucht werden.

In den Klonkriegen gilt der DNS-Satz von Jango Fett als militärisch von höchster Bedeutung. Um die Klonproduktion zu stoppen, starten die Separatisten einen ausgefeilten Angriff auf Kamino. Die Zerstörung der Klon-DNS-Kammer würde alles zum Erliegen bringen, doch für die Soldaten der Republik ist Kamino ihre Heimat, und sie geben alles, um sie zu verteidigen. Ihr tapferer Einsatz sorgt dafür, dass fürs Erste weiter dort geklont werden kann.

» Klone können kreativ denken. Ihr werdet feststellen, dass sie den Droiden immens überlegen sind. «

Premierminister Lama Su

Babyboom Der Kaminoaner Lama Su zeigt Obi-Wan Kenobi die wachsenden Klone.

Nach dem Ende der Republik füllen statt Klonen neue Rekruten die Ränge der Imperialen Armee, aber Imperator Palpatine bleibt aus eigenen finsteren Gründen an der Klontechnik interessiert. Gerüchten zufolge versucht das Imperium, einzigartige Spezies zu klonen. Als Palpatines Körper auf dem zweiten Todesstern vernichtet wird, transferiert er sein Bewusstsein in einen Klon seiner selbst, der auf der verborgenen Sith-Welt Exegol wartet. ■

VERBESSERTE FÄHIGKEITEN

KYBERNETIK

HOLOCRON-DATEN

BEZEICHNUNG
Kybernetik

BESCHREIBUNG
Organische Lebensformen mit elektronischen Komponenten verbessern

ANWENDUNG
Höhere und niedere Wesen

BEISPIELE
General Grievous, Tseebo, Lobot, Luggabiester

»Ich füge mich niemandem. Das war meine Entscheidung.«

General Grievous

Organische Wesen haben lange neue Wege gesucht, ihre Leistung zu steigern. Mit kybernetischen Verbesserungen lassen sich die eigenen Fähigkeiten fast grenzenlos erweitern. Während einfache kybernetische Gliedmaßen häufig nach Unfällen Verwendung finden, gehen einige noch sehr viel weiter und verändern ihren Körper teils auf extreme Weise.

General Grievous, gebürtiger Kaleesh und Oberbefehlshaber der Droidenarmee, ist beispielhaft für ein Wesen, das fast seinen ganzen Körper durch kybernetische Teile ersetzt. Seine Verwandlung geht über längere Zeit vonstatten, wobei jede Erweiterung auf der vorigen aufbaut, bis nur die lebenswichtigen Organe noch übrig sind. Grievous sieht seine neuen kybernetischen Körperteile als Verbesserungen, um sein finales Ziel zu erreichen: der größte Krieger der Galaxis zu sein. Im Kampf wird er oft beschädigt und hat daher ein Versteck mit vielerlei Ersatzteilen, um seinen neuen Körper instand zu halten.

Während Grievous physische Verbesserungen anstrebt, geht es andern um die Steigerung kognitiver Leistung. Mitarbeiter der Imperialen Informationsbehörde nutzen für die effizientere Arbeit Kopfapparaturen von BioTech. Die leistungsstarken Einheiten führen jedoch mitunter zu Gedächtnisverlust und Fehlverhalten. In einigen Fällen übernimmt der Computer gar die Kontrolle über den Verstand des Trägers, der fortan quasi keine Emotionen mehr zeigt.

Kybernetisch verbesserte Wesen willigen nicht immer in ihre Extras ein. Der flüchtige Dr. Cornelius Evazan ist in zwölf Systemen zum Tode verurteilt, teils wegen illegaler kybernetischer Eingriffe. Er erschafft sogenannte Entschädelte, Cybersklaven, deren Gehirne und Schädeldecken völlig durch kybernetische Komponenten ersetzt werden. Diese gefügigen Cyborgs arbeiten als Diener für solch skrupellose und wohlhabende Herren wie Anführer des Verbrechersyndikats Crimson Dawn. ■

Luggabiest Kybernetische Lasttiere dienen zum Aufspüren und Transport von Schrott auf Jakku.

DIE MACHT

Das als die Macht bekannte mystische Energiefeld umgibt alle lebenden Dinge und hält die Galaxis zusammen. Manchen erscheint es rätselhaft, andere sind fasziniert davon, und für viele in der Galaxis ist es Stoff von Mythen und Sagen. Die größten Geheimnisse der Macht werfen für ihre Schüler noch immer Fragen auf, egal ob sie der hellen oder dunklen Seite anhängen.

DIE MACHT IST MIT DIR

DIE MACHT

HOLOCRON-DATEN

BEZEICHNUNG
Die Macht

PSEUDONYME
Das Ashla, das Bogan, der Lebensstrom, die Voraussicht, der Leuchtende Nebel, der Lebenswind

Die Macht ist ein mystisches und ebenso mysteriöses Energiefeld, das es seit Milliarden von Jahren gibt und das von allen Lebewesen erzeugt wird. Das Leben erschafft es, lässt es wachsen, und es hält die Galaxis zusammen. Alles Leben existiert in der Macht wie durch sie und ist von ihr durchdrungen. Sie ist sowohl organischer wie spiritueller Natur und ein Paradoxon für Gelehrte, Mystiker und selbst die Jedi. Die Macht hat ihren eigenen Willen, ein Nutzer kann sie aber lenken.

Niemand weiß genau, wann die Galaxis der Macht gewahr wurde, und vieles ist zwar bekannt, doch es gibt noch mehr über sie zu entdecken. Diese Geheimnisse hat man seit Jahrtausenden studiert und manche Hypothese aufgestellt. Wer stark in der Macht ist, kann ihre spirituelle Energie nutzen, um übernatürliche Kräfte zu entwickeln. Die Macht ist dabei ein starker Verbündeter, auf den sich neben Jedi und Sith auch andere Machtnutzer berufen. Doch sie gehört keiner dieser Gruppen, auch wenn einige von ihnen eine stärkere Verbindung zu ihr haben als andere.

Midi-Chlorian-Test Die Jedi können ermitteln, wie viele Midi-Chlorianer eine Testperson besitzt. Anakin Skywalkers Wert von 20 000 geht über die Skala.

Die Kosmische und die Lebendige Macht

Die Macht zeigt sich auf zweierlei Weise – als Kosmische und als Lebendige Macht. Beide Aspekte

Vergenzen der Macht
In der Galaxis gibt es viele Welten, auf denen sich eine Vergenz der Macht zeigt. An diesen Orten sind Machtsensitive verstärkt in der Lage, mit der Macht zu interagieren.

Ahch-To
Standort des ersten Jedi-Tempels

Dagobah
Standort der Höhle des Bösen

Dathomir
Heimat der Nachtschwestern

Exegol
Sith-Welt aus grauer Vorzeit

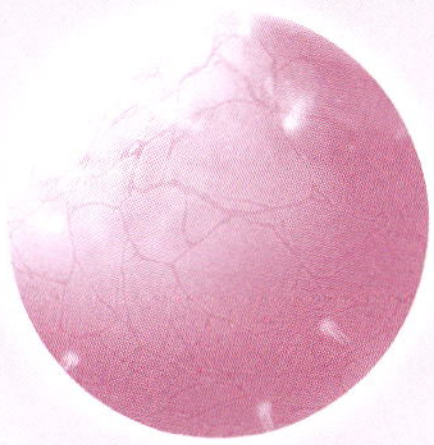

Machtplanet
Heimatwelt der Midi-Chlorianer

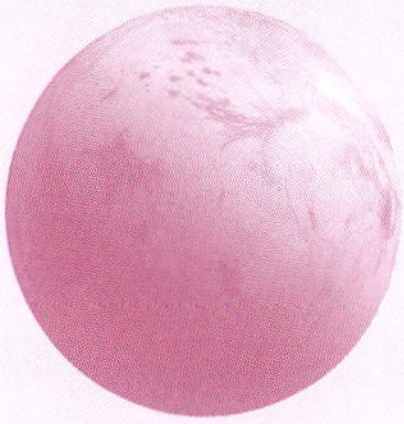

Ilum
Eine heilige Welt der Jedi, die viele Kyberkristalle birgt

Lothal
Eine Randwelt, auf der sich ein alter Jedi-Tempel befindet

Malachor
Standort eines Sith-Tempels und einer mächtigen Waffe

Moraband
Heimatwelt der alten Sith

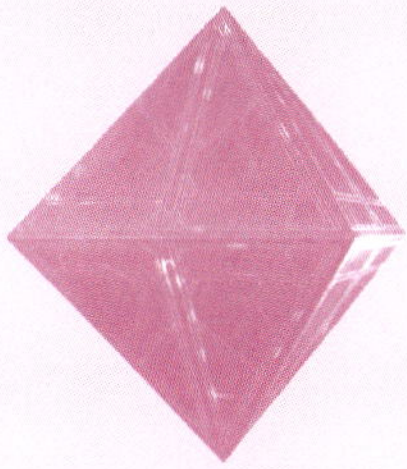

Mortis
Himmlische Gefilde, in denen starke Machtnutzer weilen

Mustafar
Lavaplanet, auf dem die dunkle Seite stark ist

»Erleuchtete Wesen sind wir, nicht diese rohe Materie.«

Yoda

greifen harmonisch ineinander und erzeugen ein wundervolles, empfindliches Gleichgewicht des Organischen und des Spirituellen. Lebewesen erzeugen dabei die Lebendige Macht, die ihrerseits den Quell speist, den die Kosmische Macht darstellt. Diese hat einen eigenen Willen, verbindet Machtsensitive mit Midi-Chlorianern und hält alles zusammen.

Der Glaube an diesen Aspekt der Macht war unter den Jedi nicht weit verbreitet, doch der Jedi-Meister »

Eins mit der Macht Qui-Gon Jinn ist der erste bekannte Jedi, der nach dem Tod in der Macht die Identität bewahrt. Auf Dagobah spricht er mit Yoda.

Heiliger Baum Unetibäume sind äußerst selten in der Galaxis. Dieses Exemplar des Jedi-Tempels ist über Generationen gewachsen.

Qui-Gon Jinn lernt mehr darüber und schafft es mit Übung als Erster, nach dem Tod sein Bewusstsein als Machtgeist zu bewahren. Er gibt dieses Wissen auf Dagobah an Yoda und später auf Tatooine an Obi-Wan Kenobi weiter. Ein Jedi, der darin bewandert ist, löst sich schlicht auf, wenn der Tod naht, und geht in die Macht über, ohne einen Leichnam zu hinterlassen.

Machtsensitive

Ein für die Macht empfängliches Wesen kann diese nutzen und von ihrem Willen erfahren – dank Midi-Chlorianern, mikroskopisch kleinen, intelligenten Lebensformen, die den Willen der Macht übermitteln. Sie leben in den Zellen aller lebenden Organismen, mit denen sie eine Symbiose bilden. Ohne diese Midi-Chlorianer gäbe es kein Leben, und das Universum hätte kein Wissen von der Macht. Sie sind ein Tor zum Wissen über die Macht und können mittels organischer Marker, die durch die spirituelle Verbindung zu ihrem Wirt erzeugt werden, in einer Blutprobe nachgewiesen werden. Durch kontemplative Meditation kann ein starker Machtnutzer sie in der Macht hören. Je höher der Midi-Chlorian-Wert eines Machtnutzers ist, desto ausgeprägter sind seine außerordentlichen Fähigkeiten.

Auch einige Kreaturen, Pflanzen und Mineralien in der Natur sind stark in der Macht. Die Waffe eines Jedi, das Lichtschwert, enthält einen Kyberkristall, der im Einklang mit der Macht ist und eine äußerst intensive Verbindung zu seinem Nutzer aufbaut. Er erweitert das Machtbewusstsein eines Jedi und hilft ihm, in Kampf und Meditation seine Mitte zu finden. Kyberkristalle haben keine spezifische Farbe, bis sie sich mit einem Jedi verbunden haben, worauf sie, bis auf seltene Ausnahmen, meist blau oder grün sind. Der auf Ahch-To heimische Unetibaum hat ebenfalls eine starke Verbindung zur Macht. Der Große Baum in Coruscants Jedi-Tempel, das bekannteste Exemplar, ist besonders stark in der Macht.

> »Furcht ist der Pfad zur dunklen Seite.«
>
> **Yoda**

Helle Seite gegen dunkle Seite

Zwei Hauptgruppen, die sich dem Studium der Macht verschrieben haben, sind die Jedi und die Sith. Beide schreiben ihr zwei Seiten zu: die helle und die dunkle Seite der Macht. Die Jedi streben nach dem Willen der Macht und widmen sich der hellen Seite, indem sie ihre Gaben selbstlos nutzen. Sie sind galaktische Friedenshüter, die die Macht zum Wissenserwerb und zur Verteidigung einsetzen, niemals zum Angriff. Einem Jedi sind enge Bindungen verboten, da dies zu Gier

Am Boden Der von Obi-Wan Kenobi schwer verwundete Darth Vader wird von seinem Meister gerettet, der ihn in einen Cyborg verwandelt.

führen kann. Wenn er in Ruhe verweilt, hält ein Jedi Zwiesprache mit der Macht und findet durch Meditation Frieden und Stabilität.

Die Sith hängen der dunklen Seite an und scheren sich nicht um den Willen der Macht. Sie wollen Stärke und Kontrolle und nutzen die Macht für das Böse. Wut, Furcht und Aggression sind die Werkzeuge dunkler Machtnutzer und führen zu großem Leid. Ein wahrer Sith kann nie Erfüllung finden, da er immer noch mehr Macht anstrebt. In einem finalen Akt der Manipulation von Universum und Willen der Macht wollen speziell Darth Plagueis und Darth Sidious den Tod besiegen und die natürliche Ordnung untergraben.

Der Auserwählte

Die Jedi reden seit Langem vom Gleichgewicht der Macht, aber was dies für die Galaxis bedeutet, bleibt ungewiss. Einige denken dabei an ebenso starkes Licht wie Dunkel. Für andere ist die helle Seite der Naturzustand der Macht, wobei die dunkle Seite für Ungleichgewicht sorgt. Einer uralten Prophezeiung der Jedi zufolge, gibt es einen, der der Macht das Gleichgewicht bringt. Jedi-Meister Qui-Gon Jinn hält Anakin Skywalker, bei dem er eine Vergenz der Macht erkennt, für den Auserwählten, aber andere haben Zweifel. Wie so oft in Bezug auf die Macht gibt es noch viel zu lernen. ■

Welt zwischen den Welten

In Lothals Jedi-Tempel gibt es hinter einem alten Gemälde der sagenumwobenen Götter von Mortis ein mystisches Tor zur Welt zwischen den Welten. In dieser finden sich Portale, die einem ermöglichen, jeden Ort und Zeitpunkt in der Geschichte zu sehen und zu beeinflussen. Imperator Palpatine begehrt diese Fähigkeit, kann sich aber nicht über die Lebendige Macht Zugang zu dieser Dimension verschaffen.

Jedi-Padawan Ezra Bridger, ein Bewohner von Lothal, der stark mit der Lebendigen Macht verbunden ist, betritt diese Welt und sieht durch ein Portal die tot geglaubte Ahsoka Tano im Duell mit Darth Vader auf Malachor. Auf wundersame Weise greift Ezra durchs Portal und rettet ihr das Leben, indem er sie quasi aus der Geschichte zieht. Als beide Palpatine am Zugang gehindert haben, kehrt Ahsoka nach Vaders Weggang in ihre Zeit zurück, und Ezra verschließt das Tor, damit niemand mehr die Realität verändern kann. Mithilfe der Macht ist alles möglich.

DIE MACHT IST MEIN VERBÜNDETER

MACHTFÄHIGKEITEN

HOLOCRON-DATEN

BEZEICHNUNG
Die Macht

BESONDERE FÄHIGKEITEN
Telekinese, gesteigerte Sinne, Machtvisionen, Gedankentricks, Gedanken lesen, Tiere zähmen, Machtblitze, Machtwürgen, Psychometrie, Machtband

In Machtkräften manifestiert sich auf außergewöhnliche Weise die Fähigkeit eines Nutzers, sich mit jener mystischen Energie zu verbinden. Jeder Machtsensitive kann sie nutzen, aber einige sind instinktiver Natur, andere erfordern mehr Fokus und Übung, und wieder andere liegen womöglich außerhalb des eigenen Vermögens.

Die Macht verstärkt auch natürliche Fähigkeiten ihres Nutzers. Jedi und Sith verfügen über gesteigerte Schnelligkeit, Ausdauer, Athletik und Wendigkeit und bauen dies durch jahrelange Übung weiter aus. Oft greifen Machtsensitive auch unbewusst auf die Macht zu und sehen kleinere Ereignisse vorher, ehe sie geschehen. Dies alles bringt Vorteile im Kampf. Meister Yoda vermag selbst mit rund 900 Jahren noch Unglaubliches im Lichtschwertduell.

Eine weitere Fähigkeit, die einige haben, ist es, durch Machtvisionen kurz Einblick in Vergangenheit, Gegenwart oder eine mögliche Zukunft zu erhaschen. Diese oft allzu real wirkenden und vereinnahmenden Erscheinungen sorgten für manch alte Jedi-Prophezeiung. In jüngerer Zeit zweifeln viele Jedi aber daran, wie verlässlich diese Visionen sind. Der Jedi-Orden billigt den Einsatz von Meditation, um empfänglicher für Veränderungen in der Macht zu sein, aber unerhörte Ereignisse wie die Vernichtung Alderaans kann man ohne Konzentration spüren.

Machtsensitive können sogar die Umwelt beeinflussen. Telekinese, die verbreitete Fähigkeit, Objekte mit der Macht zu bewegen, dient im Kampf zum Wegstoßen von Waffen und Gegnern. Andere verändern telekinetisch die Umgebung – wie Meister Yoda, als er auf Dagobah Luke Skywalkers X-Flügler aus dem Sumpf hebt. Mithilfe der Macht kann man auch die Umgebungsluft beeinflussen und eine Blase bilden, die vor schädlichen Einflüssen schützt.

Andere abschirmen Mithilfe der Macht drängen die Jedi schädliches Gas zurück, um sich und Senatorin Amidala zu schützen.

Andere beeinflussen

Machtsensitive können Einfluss auf andere Personen nehmen. Die Jedi nutzen mitunter Gedankentricks, um schwache Geister dazu zu bringen, etwas zu tun, zu sagen oder zu vergessen, ohne ihnen dabei Leid oder Unbehagen zu bereiten. Zwar würden Jedi selten diese Grenze überschreiten, aber andere, meist der dunklen Seite zugewandte Machtnutzer zwingen andere teils, ihnen zu folgen, oder verändern sogar ihre Erinnerungen. Mancher dringt auch gewaltsam in den Verstand eines anderen ein, um Infor-

»Die Fähigkeit, einen ganzen Planeten zu vernichten, ist nichts gegen die Stärke, die die Macht verleiht.«

Darth Vader

mationen zu erlangen oder Geheimnisse zu offenbaren.

Jedi sind gemeinhin bereit, wilde Kreaturen stärker zu beeinflussen als höher entwickelte Wesen. Tiere können zeitweise gezähmt werden, um im Kampf auf ihnen zu reiten. Jedi-Padawan Ezra Bridger zeigt ein beachtliches Naturtalent dafür und ruft gar einen Purrgilschwarm herbei, damit dieser ihm hilft, die Schlacht von Lothal zu gewinnen.

Die Sith nutzen die dunkle Seite der Macht, um anderen zu schaden, und würgen jene, die sie verärgern. Die mächtigsten Sith-Lords können zudem Machtblitze entfesseln, um unsäglichen Schaden anzurichten.

Seltenere Fähigkeiten

Einige Machtfähigkeiten erfordern jahrelange Übung, eine instinktive Neigung oder eine sehr starke Verbindung zur Macht. Eine kleine Zahl an Machtnutzern, darunter Rey und Cal Kestis, haben die seltene Gabe der Psychometrie, mit der sie mehr über Personen und Ereignisse erfahren können, indem sie damit verbundene Objekte berühren.

Ben Solo und Rey bilden eine Dyade. Ein solcher Zweiklang in der Macht ward seit Generationen nicht mehr gesehen. Die beiden teilen eine Machtverbindung, die es ihnen erlaubt, zu sehen und zu fühlen, was der andere erlebt. Sie können sogar über große Entfernungen hinweg Gegenstände austauschen.

Die beiden Individuen der Dyade besitzen noch eine ungewöhnliche Fähigkeit: Sie können mit der Macht verletzte Personen oder Kreaturen heilen, wenn der Heilende einen Teil seiner Machtenergie überträgt, was ihn temporär schwächen kann. Nach dem Kampf mit Darth Sidious opfert Ben Solo sein Leben und all seine Machtenergie, um Rey von den Toten zurückzuholen.

Die größten Jedi können die Macht auf gewaltige Weise nutzen. Großmeister Yoda kann enorme Mengen Energie absorbieren oder auf Angreifer zurückwerfen. Luke Skywalker kann ein täuschendes Abbild seiner selbst quer durch die Galaxis projizieren, aber je größer die Entfernung und je realistischer die Projektion, desto höher die Last.

Helle und dunkle Seite bieten Fähigkeiten, die eine Wirkung auf das Leben selbst haben. Gewisse Sith-Lords können Midi-Chlorianer beeinflussen, um den Tod hinauszuschieben oder zu betrügen. Einige behaupten gar, dass Darth Plagueis fähig war, Leben zu erschaffen. Dank der Übungen der geheimnisvollen Machtpriesterinnen können einige Jedi nach dem Tod sogar ihr Bewusstsein in der Macht bewahren und mit der physischen Welt interagieren. Qui-Gon Jinn tritt dabei nur in Form seiner Stimme in Erscheinung, Luke Skywalker und Yoda können die Galaxis nach dem Tod auch physisch beeinflussen. ■

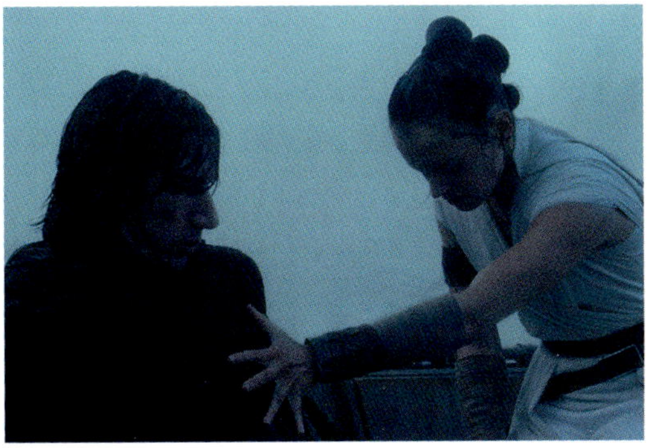

Wunden heilen Nachdem sie Kylo Ren im Duell auf Kef Bir schwer verwundet hat, heilt Rey ihn mit ihrer Machtenergie.

Loth-Wölfe

Einige Kreaturen der Galaxis haben Machtkräfte, die ihnen mythische Züge verleihen. Ein solches Tier ist der Loth-Wolf, ein legendäres Wesen, das man lang nur von alten Höhlenmalereien kannte.

Zwar ist alles Organische mit der Macht verbunden, die Loth-Wölfe handeln jedoch bewusst und wachen über die helle Seite der Macht auf Lothal. Diese majestätischen Kreaturen können Basic sprechen, tun es aber selten. Loth-Wölfe haben beachtliche Machtkräfte und überwinden auf mystische Weise auch größte Distanzen auf ihrer Heimatwelt. Der aufstrebende Jedi-Schüler Ezra Bridger schmiedet ein starkes Band mit den Loth-Wölfen, die ihm gegen das Imperium helfen.

HÜTER VON FRIEDEN UND GERECHTIGKEIT

DER JEDI-ORDEN

HOLOCRON-DATEN

BEZEICHNUNG
Der Jedi-Orden

WICHTIGE TEMPELSTÄTTEN
Ahch-To, Coruscant, Ilum, Lothal

AUSGEWÄHLTE VERTRETER
Yoda, Obi-Wan Kenobi, Anakin Skywalker, Luke Skywalker, Rey Skywalker, Mace Windu, Ahsoka Tano, Leia Organa, Count Dooku, Qui-Gon Jinn, Avar Kriss

ZIELE
Frieden, Gerechtigkeit, Gleichgewicht der Macht

STATUS
Im Wiederaufbau

Die Jedi, ein Orden von Hütern, der so alt ist wie die Republik, deren Schutz er sich verschrieben hat, sind die führenden Anhänger der Macht, ein mystisches Energiefeld, das alles Leben verbindet. Jahrtausendelang haben sie die Ideale der Republik hochgehalten, und ihre Philosophie gründet sich auf Gleichgewicht und Harmonie. Mithilfe der Macht sind sie äußerst agil und aufnahmefähig und beherrschen Telepathie und Telekinese. Wahres Merkmal eines Jedi ist es, Zusammenhänge in der Umwelt zu spüren und Störungen des Gleichgewichts zu beheben. Trotzdem werden sie von finsteren Mächten, denen ihre Philosophie zuwider ist, nahezu ausgelöscht.

Die Jedi widmen ihr Leben dem Studium der Macht. Traditionell beginnen sie als Anwärter, die in sehr jungen Jahren in den Orden gebracht werden – meist schon als Säugling oder Kleinkind und nur in seltenen Fällen als älteres Kind. Die Jedi wollen, dass sie früh lernen, sich nicht Furcht, Hass und anderen dunklen Gefühlen hinzugeben. Für die meisten in der Republik ist es zwar herzzerreißend, aber eine unglaubliche Ehre, dem Orden ein machtsensitives Kind zu schenken. Gemäß der Jedi-Lehre lässt das Kind seine Geburtsfamilie gänzlich hinter sich. Familiäre Bande treten hinter dem Dienst am Orden zurück.

Die Hohe Republik Die Galaxis setzte im Goldenen Zeitalter der Hohen Republik auf die Jedi, um friedlich Streit beizulegen und Hilfe zu leisten.

Kreis des Lebens

Heranwachsende Jedi-Jünglinge bilden Ausbildungsgruppen. In

Aufstieg des Jedi-Ordens

UM 25 000 VSW4
Historischer Ursprung
Der Jedi-Orden wird, vermutlich auf Ahch-To, gegründet.

UM 1032 VSW4
Aufstieg der Republik
Nach »Vernichtung« der Sith durch die Jedi wird die Republik reformiert.

UM 300–100 VSW4
Ruhmreiche Jedi
Die Hohe Republik und die Jedi erfreuen sich einer heroischen Ära.

42 VSW4
Schockierender Abgang
Dooku kehrt den Jedi den Rücken.

24 VSW4
Beginn der Separatistenkrise
Dooku führt die Separatistenbewegung an.

22 VSW4
Galaxis im Krieg
Die Klonkriege beginnen.

19 VSW4
Jedi im Exil
Die Order 66 führt zum Tod der meisten Jedi, und dunkle Zeiten brechen an.

3 VSW4
Ausbildung auf Dagobah
Luke Skywalker wird von Jedi-Meister Yoda unterwiesen.

15 NSW4
Neuer Orden
Luke beginnt, seinen Neffen Ben Solo auszubilden.

34 NSW4
Die letzten Jedi?
Luke beginnt, Rey zu unterweisen.

ihrem sogenannten Clan lernen sie unter Anleitung eines Jedi-Meisters. In der Mitte ihrer Jugendjahre (bei anderen Spezies als Menschen können biologische Äquivalente variieren) werden Jünglinge einem individuellen Meister zugewiesen, der sie weiter ausbildet. Padawane begleiten ihre Meister auf Einsätze. Durch unmittelbare Erfahrung lernen sie mehr über die weite Galaxis.

Nach etwa zehn Jahren ist ein Padawan in der Regel bereit für die Prüfungen. Diese sind individuelle Herausforderungen, die je nach Schwächen des Padawans für jeden anders aussehen können. Nach Bestehen wird er vom Jedi-Rat in den Ritterstand erhoben. Eine der größten Ehren für einen Jedi-Ritter ist es, selbst einen Schüler anzunehmen und den Kreislauf von Ausbildung und Lehre fortzuführen. Der Rat der Jedi teilt Padawan und Meister oftmals so einander zu, dass im Idealfall beide gleichermaßen voneinander lernen.

Die nächste Stufe auf dem Weg eines Jedi-Ritters ist es, den Rang eines Meisters zu erreichen, was nur noch von einem Sitz im Rat der »

» Über tausend Generationen lang sind die Jedi-Ritter in der Alten Republik die Hüter des Friedens und der Gerechtigkeit gewesen. Bevor es dunkel wurde in der Welt, vor dem Imperium. «

Obi-Wan Kenobi

Jedi-Tempel Der Jedi-Tempel auf Coruscant ist ein uraltes Gebäude, das bis weit in die tiefen Ebenen der Stadt hinunterreicht.

Der Bären-Clan Ein Jünglingsclan wird von Meister Yoda unterrichtet.

Jedi gekrönt wird. Zwölf Jedi-Meister dienen in diesem erlauchten Kreis, und selbst sie ergründen weiter die Geheimnisse der Macht und streben nach neuem Wissen und Erkenntnis.

Das Erkennungssymbol eines Jedi – und einziger Besitz in einem Leben ohne Bindungen – ist das Lichtschwert. Obwohl die Jedi sich nicht als Krieger betrachten, ist es eine Waffe – mit einer Klinge aus leuchtendem Plasma, die fast alles durchdringt außer einer anderen Lichtschwertklinge. Lichtschwerter sind recht selten, da nur jemand mit Verbindung zur Macht eines bauen kann. An sich kann jeder sie nutzen, aber nur geschulte Machtnutzer erlangen Meisterschaft im Umgang mit der schwer zu führenden Klinge.

Den Jedi-Orden gibt es so lange, dass seine genauen Ursprünge in Vergessenheit gerieten. Der erste Jedi-Tempel – ein Ort der Übung und Einkehr – findet sich auf einer Insel auf Ahch-To. Weitere Tempel werden mit der Zeit errichtet, oft an Vergenzen – natürlich auftretenden Konzentrationen von Machtenergie.

Politprominenz

Als die Republik sich festigt und den Großteil der Galaxis einnimmt, richten die Jedi ihren Sitz zentral auf der Hauptwelt Coruscant ein. Der Jedi-Orden wird verlängerter Arm der Justiz der Republik und untersteht dem Senat. Besonders problematische Konflikte, die lokale Gesetzeshüter überfordern oder räumliche Grenzen sprengen und zu interplanetaren Angelegenheiten werden, führen zur Entsendung von Jedi, die Verhandlungen führen. Der Jedi-Rat und die meisten im Orden operieren dabei vom Tempel auf Coruscant aus – ein imposantes, von Türmen gekröntes Gebäude, das alles ringsum überragt.

» Ich werde nicht der letzte Jedi sein. «

Luke Skywalker

Vor Jahrtausenden kämpften Jedi-Ritter und Sith-Lords um das Schicksal der Galaxis. Diese Ära ist Quell vieler Legenden der Jedi, und Orte wie Malachor zeigen immer noch Spuren der epischen Kriege. Rund tausend Jahre vor ihrem letztlichen Untergang ging es für die Republik in einem Konflikt, der zur Vernichtung der Sith führte, ums nackte Überleben. Tausend Jahre

Tempel auf Lothal Auf fernen Welten finden sich noch immer alte, vergessene Jedi-Tempel.

des Friedens folgten, und doch erweist sich am Ende alles als List.

Die Jedi ahnen nicht, dass die Sith in Wirklichkeit überlebt haben und in den Schatten geduldig ihre Rache planen. Der Jedi-Orden wird selbstgefällig und genügt sich in seiner herausgehobenen Stellung im Machtgefüge der Republik. Einige Jedi sind desillusioniert angesichts all der Korruption. Der bekannteste dieser Abtrünnigen, Meister Dooku, verlässt den Orden und facht eine Separatistenkrise an, die die Jedi in die Defensive drängt.

Jedi-Dämmerung

Die wachsende Bedrohung durch die Separatisten führt die Galaxis an den Rand eines Krieges. Der Jedi-Orden entdeckt, dass einer von ihnen, der die Gefahr vorhersah, heimlich eine Klonarmee in Auftrag gegeben hat. Ohne große Wahl übernehmen die Jedi den Befehl über diese Armee, um die Republik zu verteidigen, als die Klonkriege schließlich ausbrechen. Es ist der erste galaxisweite Krieg seit einem Jahrtausend, und die Jedi – die sich lange als Friedenshüter betrachtet haben – dienen nun als Generäle.

All dies ist Teil eines komplexen Plans des Obersten Kanzlers Sheev Palpatine, um seine Herrschaft über die Galaxis zu festigen. In Wahrheit ist er der Sith-Lord Darth Sidious. Dank eines Kontrollchips im Gehirn der Klone wenden sie sich auf sein Signal hin gegen ihre Befehlshaber und sehen sie als Verräter an der Republik an. Tausende Jedi werden so von ihren Klonsoldaten getötet. Nach dem Sieg über seine größten Widersacher ruft Palpatine sich zum Imperator aus und erklärt jegliche überlebende Jedi zu Geächteten.

In den dunklen Zeiten, die folgen, gibt es nur noch wenige Jedi, die von Häschern des Imperators wie Darth Vader und den Inquisitoren gejagt werden. Die Jedi-Meister Obi-Wan Kenobi und Yoda können entkommen und bilden den jungen Luke Skywalker aus, der als Jedi-Ritter dazu beiträgt, den Sith und dem Imperium ein Ende zu setzen. Luke Skywalker bildet eine neue Generation Jedi aus, führt aber den Orden nicht zu alter Größe zurück. ■

Weg der Jedi

Rangfolge Der Jedi-Kodex gibt einen klaren Weg vor, innerhalb des Ordens aufzusteigen.

Anwärter
Als Kleinkind wird geprüft, wie viel Potenzial man hat.

Jüngling
Als Kind lernen Jedi in Gruppen, ihrem »Clan«.

Padawan
Jugendliche werden einem Meister oder Ritter zugeteilt.

Ritter
Erwachsener Jedi, der die Prüfungen bestanden hat

Meister
Ritter, der einen Padawan angenommen und erfolgreich ausgebildet hat

Großmeister
Der Weiseste aus dem Kreis der Jedi-Meister

Der Jedi-Kodex

Der Jedi-Kodex besteht aus einer Reihe Handlungs- und Verhaltensregeln sowie Ideale postulierenden Leitsätzen, die über Jahrhunderte entstanden sind. Teile des erweiterten Kodex behandeln praktische Fragen der Ausbildung wie die Regel, dass ein Jedi-Meister nie zwei Schüler zur gleichen Zeit haben darf. An anderer Stelle geht es um persönliche Beziehungen: Jedi werden zu Mitgefühl gegenüber anderen ermutigt, doch romantische Liebe ist ihnen verboten, da sie einen Jedi zu anfällig für gefährliche Bindungen und Gier macht. Eine Sentenz des Kodex wird wie folgt rezitiert:

Es gibt keine Gefühle,
es gibt Frieden.
Es gibt keine Unwissenheit,
es gibt Wissen.
Es gibt keine Leidenschaft,
es gibt Gelassenheit.
Es gibt kein Chaos,
es gibt Harmonie.
Es gibt keinen Tod,
es gibt nur die Macht.

LEHRER UND LERNENDER

YODA

HOLOCRON-DATEN

NAME
Yoda

SPEZIES
Unbekannt

HEIMATWELT
Unbekannt

ZUGEHÖRIGKEIT
Jedi

STÄRKEN
Gesteigerte Jedi-Reflexe, Gewandtheit, Kampftalent, Telekinese, Blick in die Zukunft

ZIELE
Lehren, lernen und schützen

STATUS
Eins mit der Macht

Der legendäre Jedi-Meister Yoda ist einer der wohl einflussreichsten Lehrer in der Geschichte des Jedi-Ordens. Sein kleiner Wuchs steht in großem Kontrast zu seiner Stärke, Weisheit und dem Einfluss, den er auf seine Schüler, die Jedi und die Republik hat. Er gilt auch weithin als größter Duellant der Jedi, obwohl er dieses Talent selten zur Schau stellt. Yoda zieht stets diplomatische Lösungen vor und lässt andere mit der ihm eigenen Sprechweise an seinen Einsichten teilhaben.

Achthundert Jahre lang gibt Yoda sein Wissen an zahllose Jedi weiter und nimmt viele Padawane an, darunter im Alter Count Dooku und Luke Skywalker. Mit seinem adaptiven Lehrstil dringt Yoda auch zu schwierigen Schülern durch und fördert mit dem rechten Maß an Ermutigung und Kritik das Beste in ihnen zutage. Er teilt gern seine Gedanken, hat aber auch einen verspielten Sinn für Humor und ist ein hervorragender Zuhörer. Dies gereicht ihm als Großmeister des Jedi-Ordens durchaus zum Vorteil.

Als die Handelsföderation ihre Blockade um Naboo errichtet, wird Yodas Führungskraft auf die Probe gestellt. Er entsendet Qui-Gon Jinn und dessen Padawan Obi-Wan Kenobi, um den Disput beizulegen. Während der Krise erfährt er, dass bei einem Kind namens Anakin Skywalker eine Vergenz der Macht entdeckt wurde und die Sith, die Feinde des Ordens, wieder zurück sind. Yoda willigt ein, dass der frisch zum Ritter geschlagene Kenobi Anakin ausnahmsweise ausbilden darf, obwohl dieser viel älter als ein typischer Anwärter ist.

Die von Yodas Ex-Padawan, und nun Sith-Lord, Dooku angezettelten Klonkriege stellen ihn und den Rat vor Herausforderungen. Zu Posten in der Großen Armee der Republik gezwungen, kommt der Übergang vom Friedenshüter zum Krieger für die Jedi etwas zu selbstverständlich, doch da viele Systeme in Not sind, bleibt keine Zeit für Diskussionen. Trotzdem ist Yodas gütige Art im Umgang mit den Klonen, anderen Jedi und Hilfsbedürftigen offenbar. Er verbringt ebenso viel Zeit auf dem Schlachtfeld wie damit, anderen mit Rat und Tat zur Seite zu stehen.

» Nach meiner Größe beurteilst du mich? «

Yoda

Viel zu lernen er noch hat

Selbst als Großmeister hört Yoda nie auf zu lernen. Gegen Ende der Klonkriege hört er die Stimme von Qui-Gon Jinn und fürchtet, dass der galaxisweite Konflikt seiner Psyche schadet. Als eine Reihe medizinischer Tests ihm bestätigen, dass er kerngesund ist, hört er Qui-Gon erneut. Dieser schickt ihn nach Dagobah, wo Yoda lernt, dass sich die Macht auf zwei Arten betrachten lässt: als Lebendige und als Kosmische Macht.

Qui-Gon hat gelernt, nach dem Tod sein Bewusstsein zu bewahren, und weiht Yoda in dieses Geheimnis ein. Dieser stellt sich auf Dagobah einer dunklen Version seiner selbst und bereist die Galaxis, wo er sich spirituellen Prüfungen stellt. Yoda erkennt, dass Stolz ihn den Fehler begehen ließ, die Jedi zu Kriegern zu machen, und lernt, in der Macht unsterblich zu werden. Später gibt er sein Wissen auch an Obi-Wan Kenobi weiter.

Eine letzte Lektion Auf Ahch-To erscheint Yoda seinem letzten Schüler, Luke, um ihm den Weg zu weisen.

Doch selbst mit seiner starken Verbindung zur Macht erkennt Yoda nicht, dass der Oberste Kanzler Palpatine an sich ein Sith-Lord ist und Anakin sich der dunklen Seite zuwendet und zu Darth Vader wird. Auf Kashyyyk spürt Yoda den Tod vieler Jedi, als die Order 66 erteilt wird, und tötet eilends die Klone, die ihn angreifen. Er stellt sich Palpatine, der nun Imperator ist, kommt aber nur knapp mit dem Leben davon. Yoda erkennt, dass die Sith derzeit nicht besiegt werden können, und geht auf Dagobah ins Exil. Dort will er warten, bis Anakins Kinder, von deren Existenz kaum jemand weiß, zu Jedi ausgebildet werden können.

Es sind dunkle Zeiten, in denen es nur noch wenige Jedi gibt. Doch Yoda inspiriert weitere Machtnutzer wie Ezra Bridger und die ehemalige Jedi Ahsoka Tano und lernt, mehr denn je in den Willen der Macht und auf den natürlichen Lauf der Dinge zu vertrauen. Zwar sind die Jedi fast alle tot, aber Yoda hat den Glauben daran nicht verloren, dass das Gute stets obsiegen wird.

Als Anakins Sohn Luke Dagobah aufsucht, unterweist Yoda den aufstrebenden Jedi im Umgang mit der Macht, mahnt ihn zu Vorsicht und Geduld und konfrontiert ihn mit seinen Ängsten. Er ist enttäuscht, als Luke vorzeitig aufbrechen will, hilft ihm aber, seinen Sternenjäger zu bergen, indem er ihn mithilfe der Macht aus dem Sumpf hebt.

Am Ende seines Lebens erhält Yoda nochmals Besuch von Luke, bestätigt dem jungen Skywalker seine Familiengeschichte und sagt ihm, dass es noch einen Skywalker gibt – Prinzessin Leia Organa. Yoda geht in die Macht über und bewahrt nach dem Tod sein Bewusstsein. Als Machtgeist sieht er auf Endor, wie die Rebellen ihren Sieg feiern.

Luke kann weiterhin etwas von seinem Meister lernen. 30 Jahre später auf Ahch-To erscheint Yoda ihm, beobachtet, wie Luke im selbst auferlegten Exil die verbliebenen heiligen Jedi-Schriften verbrennen will, und führt letztlich sogar selbst den Blitzschlag herbei. Ob Yoda weiß, dass Lukes letzte Schülerin Rey die Bücher mitgenommen hat, oder nicht – er will Luke eine letzte Lektion erteilen. Yoda hat gelernt, völlig der Macht zu vertrauen, im Moment zu leben und sich nicht sklavisch an die Lehren zu halten, die 53 Jahre zuvor mit zum Untergang der Jedi beigetragen haben mögen. ■

REGELTREUER JEDI

MACE WINDU

HOLOCRON-DATEN

NAME
Mace Windu

SPEZIES
Mensch

HEIMATWELT
Haruun Kal

ZUGEHÖRIGKEIT
Jedi

STÄRKEN
Machtreflexe, -gewandtheit, -prophezeiung, überlegene Lichtschwertkampfkünste

ZIELE
Den Jedi-Lehren folgen und die Sith besiegen

STATUS
Verstorben

Jedi-Meister Mace Windu ist diszipliniert, standhaft und steht treu zum Jedi-Orden. Was Weisheit, Respekt unter den anderen Jedi und den Umgang mit dem Lichtschwert angeht, steht nur Yoda noch über ihm. Die Macht ist stark in ihm, aber er ist misstrauisch gegenüber jedem, den er als Gefahr für die unantastbaren Lehren und Traditionen der Jedi ansieht. Als der Querdenker Qui-Gon Jinn dem Rat der Jedi Anakin Skywalker vorstellt, hält er den Jungen für zu alt, um in den Orden einzutreten, und zweifelt an Qui-Gons Behauptung, dass die Sith zurückgekehrt seien.

Der Ausbruch der Klonkriege überschattet seine Vorbehalte. Als Stratege und General in dem in der Galaxis tobenden Konflikt erweist Mace sich als Kämpfer, der es dank eines einmaligen Stils mit mehreren Gegnern zugleich aufnimmt. Sein lila Lichtschwert wirkt dabei wie eine natürliche Verlängerung des Arms, und er nimmt eine wichtige Stellung im Militär der Republik ein. Mace ist manchmal ungeduldig in Sachen Politik und schreitet lieber schnell zur Tat, erweist sich aber als fähiger Unterhändler, als er auf Ryloth den Twi'lek Cham Syndulla unterstützt.

In den Klonkriegen hält Mace an den rigiden Regeln des Jedi-Ordens fest, erkennt aber auch mögliche Schwachpunkte. Als der Oberste Kanzler Palpatine Anakin als seinen Vertreter im Jedi-Rat einsetzen will, hat Mace große Bedenken. Zwar respektiert er Anakins Fähigkeiten, hält ihn aber für zu emotional und will nicht recht glauben, dass er der prophezeite Auserwählte sein soll, der die Macht ins Gleichgewicht bringen kann.

Wie der Rest des Rats erkennt Mace nicht die wahre Bedrohung, die sich ihnen darbietet: Kanzler Palpatine ist der Sith-Lord Darth Sidious! Als der Moment gekommen ist, führt Mace, obwohl er denkt, die Jedi sollten sich nicht in die Politik einmischen, ein Jedi-Team an, um Palpatine zu verhaften. Die dunklen Kräfte, die der insgeheime Sith entfesselt, schockieren ihn, aber da ist es schon zu spät und er findet durch Sidious' Hand sein Ende. ■

Vereitelte Verhaftung Mace wird zweifach hintergangen: Erst stellt Anakin sich auf die Seite Palpatines, dann schleudert der Sith ihn aus dem Fenster.

ERLEUCHTETER QUERDENKER

QUI-GON JINN

HOLOCRON-DATEN

NAME
Qui-Gon Jinn

SPEZIES
Mensch

HEIMATWELT
Coruscant

ZUGEHÖRIGKEIT
Jedi

STÄRKEN
Machtgewandtheit, -reflexe und -geschwindigkeit; schaffte es, eins mit der Lebendigen Macht zu werden

ZIEL
Mehr über die Geheimnisse der Lebendigen Macht lernen

STATUS
Eins mit der Macht

Als womöglich einziger Jedi-Meister, der je einen Sitz im Hohen Rat ablehnte, genießt der angesehene Qui-Gon Jinn den Ruf, regelmäßig gegen die Bitten seiner Mitstreiter in der Macht zu handeln. Doch er widersetzt sich ihnen nicht aus Prinzip. Vielmehr ist er vom Willen der Lebendigen Macht überzeugt, weniger von den strengen Lehren der Jedi, die diese in seinen Augen von ihrem höheren Ziel ablenken können. Als Padawan von Count Dooku lernt Qui-Gon, unkonventionell zu denken und seinem Instinkt zu vertrauen. Dies führt mitunter zu Spannungen bei der Ausbildung seines eigenen Padawans Obi-Wan Kenobi.

Die philosophischen Differenzen erreichen ihren Höhepunkt, als Qui-Gon einen Jungen namens Anakin Skywalker trifft, der ungewöhnlich stark in der Macht ist. Qui-Gon hält Anakin für jenen, der der Macht das Gleichgewicht bringen kann, und nimmt ihn entgegen der Wünsche des Jedi-Rats unter seine Fittiche.

Seite an Seite Qui-Gon und Obi-Wan mögen unterschiedliche Charaktere sein, kämpfen aber gut zusammen.

Er kann Anakin jedoch nur kurz als Mentor dienen, da er auf Naboo von Darth Maul getötet wird. Der letzte Wunsch des Jedi ist es, dass Obi-Wan den Jungen ausbildet, und der Rat willigt trotz seiner Bedenken zu Anfang aus Respekt für Obi-Wans Loyalität zu seinem Meister ein.

Unerwartet kehrt Qui-Gon, der nach dem Tod sein Bewusstsein in der Macht bewahren konnte, wieder zurück. Er überzeugt Yoda, dass er noch viel zu lernen hat, und schickt ihn nach Dagobah, da der Planet äußerst stark in der Macht ist. Dort erzählt er dem Großmeister von vielen unentdeckten Geheimnissen der Macht. Später gibt er dieses Wissen auch an Obi-Wan weiter, als dieser auf Tatooine über den jungen Luke Skywalker wacht. ■

» Fühlen, nicht denken! Nutze deinen Instinkt. «

Qui-Gon Jinn

HÜTER DES FRIEDENS

OBI-WAN KENOBI

HOLOCRON-DATEN

NAME
Obi-Wan Kenobi

SPEZIES
Mensch

HEIMATWELT
Stewjon

ZUGEHÖRIGKEIT
Jedi

STÄRKEN
Gesteigerte Jedi-Reflexe, Telekinese, talentierter Lichtschwertkämpfer

ZIEL
Luke Skywalker beschützen und ausbilden, um die Macht ins Gleichgewicht zu bringen

STATUS
Eins mit der Macht

Obi-Wan Kenobi ist ein vielversprechender Jedi-Padawan und stark in der Macht, der sich seinem Meister und dem Jedi-Rat beweisen will. Schon früh erweist er sich als geborener Anführer und spricht offen aus, was er denkt, jedoch stets mit Respekt. Seine Treue zur Philosophie des Ordens und seine Integrität bringen ihn oft auf Konfrontationskurs mit seinem Meister Qui-Gon Jinn, der den Rat und etablierte Jedi-Lehren mitunter infrage stellt. Doch beide verbindet ein starkes Band, wie sich bei ihrer Mission zum Schutz der Prinzessin des Planeten Pijal zeigt.

Bei ihrer Mission, der Blockade um Naboo ein Ende zu bereiten und Königin Amidala zu beschützen, begegnen Obi-Wan und Qui-Gon dem jungen Anakin Skywalker, der besonders stark in der Macht ist. Für Qui-Gon ist er der Auserwählte, der einer alten Prophezeiung nach der Macht das Gleichgewicht bringt. Obi-Wan ist skeptischer und denkt, der Junge sei mit 10 Jahren zu alt, um ein Jedi zu werden. Als sich Meister und Schüler später in einem verhängnisvollen Duell dem Sith-Lord Darth Maul stellen, wird Qui-Gon getötet, doch Obi-Wan fertigt den Sith ab. Wegen dieser Leistung wird er zum Ritter geschlagen.

Ironischerweise hat Qui-Gons Trotz wohl auf Obi-Wan abgefärbt. Ungeachtet der Vorbehalte des Rats ist ihm der Wunsch seines gefallenen Meisters heilig, Anakin auszubilden. Zehn Jahre unterweist er Anakin, und die beiden sind nicht immer einer Meinung. Als die nun als Senatorin dienende, ehemalige Königin Padmé Amidala in Gefahr schwebt, soll Anakin sie beschützen, während Obi-Wan einer Spur folgt, wer hinter dem Attentat steckt.

Obi-Wans Ermittlungen führen zur Aufdeckung eines geheimen Plans, auf dem Planeten Kamino eine Klonarmee zu erschaffen, und dann zur Konfrontation

Duell auf Mustafar Beim epischen Schlagabtausch auf Mustafar gehen Anakin und Obi-Wan aufs Ganze.

Feinde fürs Leben

Einer von Kenobis Erzfeinden ist Darth Maul, der nach ihrem Duell auf Naboo lange Zeit tot geglaubt worden war. Maul hat jedoch überlebt und erscheint in den Klonkriegen wieder auf der Bildfläche. Unermüdlich jagt er Obi-Wan und sinnt auf Rache wegen seiner körperlichen und seelischen Verluste. Die beiden kämpfen in den Klonkriegen diverse Male gegeneinander, ohne dass einer den anderen besiegen kann. Maul ist wie im Blutrausch, was ihn schließlich dazu bringt, Obi-Wans frühere Liebe, Herzogin Satine Kryze, zu töten. Kenobi ist erschüttert, aber anders als sein finsterer Widersacher gibt er sich nicht Wut und Hass hin und festigt so nur noch mehr seinen Ruf als Mann von Anstand und Ehre.

Als Obi-Wan auf Tatooine über Luke wacht, spürt Maul ihn auf und hofft, den gealterten Jedi nun töten zu können. Aber Kenobi erhebt sein Lichtschwert zum tödlichen Streich und hat für den gescheiterten Attentäter bei seinem letzten Atemzug nichts als Mitgefühl übrig.

mit dem Ex-Jedi Count Dooku, dem Anführer der Separatisten. Dooku hält Obi-Wan fest und versucht, ihm erfolglos die Republik abspenstig zu machen. Anakin und Padmé wollen Obi-Wan befreien, doch auch sie geraten in Gefangenschaft. Die drei sollen hingerichtet werden, aber dann startet die Republik einen Rettungseinsatz. Bei den folgenden Kampfhandlungen stürzt Padmé aus einem Kanonenboot. Anakin will ihr hinterherspringen, Obi-Wan besteht jedoch darauf, dass sie Dooku weiter verfolgen, da dessen Ergreifung den Konflikt beenden könnte. Leider gelingt es beiden nicht, den Count aufzuhalten, und die Klonkriege brechen aus.

Drei Jahre lang führt Obi-Wan als General der Republik manchen Einsatz in der Galaxis an. Sein Ruf als militärischer Befehlshaber und Unterhändler wächst rasch – wie auch seine Freundschaft zu Anakin.

Doch die Galaxis ist in Aufruhr, und Obi-Wan erkennt das ganze Ausmaß der Manipulationen der Sith erst, als es zu spät ist. Er ist einer der wenigen Jedi, die die Order 66 überleben, nach der die Klonsoldaten sich gegen ihre Jedi-Generäle wenden. Als ihm klar wird, dass Anakin, der ihm wie ein Bruder ist, sich den Sith angeschlossen hat, trifft es ihn wie ein Schlag.

Obi-Wan ist gezwungen, sich seinem einstigen Schüler auf der Lavawelt Mustafar zu stellen. Er ist untröstlich, aber verwundet Anakin schwer. Scheinbar unfähig, Anakin und der Galaxis Frieden zu bringen, lässt der am Boden zerstörte Jedi-Meister ihn tödlich verletzt zurück und bedauert den Albtraum, zu dem die Galaxis mit dem Ende der Jedi und dem Aufstieg des Imperiums geworden ist. Doch für Trauer ist keine Zeit, da Yoda, der ebenfalls überleben konnte, ihn bittet, Luke Skywalker, eines von Anakins tot geglaubten Kindern, nach Tatooine zu bringen, damit der Junge bei Tante und Onkel aufwachsen kann. Die Jedi glauben, Luke könnte ihre letzte Hoffnung sein, der Galaxis Frieden zu bringen. Auf Tatooine nimmt Obi-Wan den Namen Ben Kenobi an. 19 Jahre später rettet er Luke vor Tusken-Räubern und sagt ihm, dass er sich mit der Macht vertraut machen muss, um ein Jedi wie sein Vater zu werden.

Schließlich treffen Darth Vader und Obi-Wan wieder aufeinander, wobei der Jedi sich der Macht ergibt, als Vader ihn niederstreckt. Er wird eins mit der Macht, und nur sein Mantel fällt zu Boden. Als Machtgeist hält Obi-Wan nun Luke für den Auserwählten und bittet den aufstrebenden Jedi, sich zu Yoda nach Dagobah zu begeben. Luke ist ähnlich dickköpfig wie sein Vater, aber dank der Unterweisung durch Obi-Wan und Yoda gelingt es ihm, seinen Vater zu erlösen, und die Macht ist letzten Endes wieder im Gleichgewicht. Zusammen mit den Machtgeistern von Anakin und Yoda sieht Obi-Wan auf Endor mit an, wie die Rebellen ihren Sieg über das Imperium feiern, dankbar, dass die Galaxis und die Familie Skywalker wieder Frieden gefunden haben. ■

» Die Macht wird mit dir sein – immer. «

Obi-Wan Kenobi

UNABHÄNGIGE KÄMPFERIN

AHSOKA TANO

HOLOCRON-DATEN

NAME
Ahsoka Tano

SPEZIES
Togruta

HEIMATWELT
Coruscant (aufgewachsen)

ZUGEHÖRIGKEIT
Jedi (früher), Rebellen (früher)

STÄRKEN
Jedi-Ausbildung, Flugtalent, mechanische Begabung

ZIEL
Die dunkle Seite bekämpfen

STATUS
Letzte Sichtung beim Aufbruch in die Unbekannten Regionen

Ahsoka Tano verbringt ihre prägenden Jahre im Jedi-Tempel, in den Meister Plo Koon sie gebracht hat. Der Rat der Jedi weist sie Anakin Skywalker als Schülerin zu und erhofft sich davon einen beiderseitigen Vorteil. Wegen ihres Padawanstatus dient sie in den Klonkriegen als Commander, ihr Meister Anakin als General.

Im Laufe der Zeit reift Ahsoka zur beachtlichen Kriegerin heran. Auch in ihr zeigen sich viele von Anakins Eigenarten, wie etwas eigensinnig und impulsiv Gefahren und Konflikte anzugehen. Als sie Ermittlungen zu einem Bombenanschlag auf den Jedi-Tempel anstellen, stoßen sie auf Beweise, die Ahsoka belasten.

Anakin weigert sich, an Ahsokas Schuld zu glauben, aber die Jedi schließen sie aus dem Orden aus. Fast wird sie für das Verbrechen sogar zum Tode verurteilt, doch Anakin kann ihren Namen dank seines detektivischen Gespürs und Hilfe aus unerwarteter Ecke wieder reinwaschen. Nichtsdestotrotz ist Ahsokas Vertrauen in den Jedi-Rat nachhaltig erschüttert. Sie lässt den Orden und das einzige Leben, das sie bis dahin kannte, hinter sich. In den unteren Ebenen Coruscants baut sie sich ein neues Leben auf.

Die Klonkriege führen dazu, dass sie eine letzte Mission für die Jedi übernimmt, um den einstigen Sith-Lord Maul zu ergreifen, der auf Mandalore für Chaos sorgt. Als sich Palpatine schließlich zum Imperator ausruft, weiß Ahsoka, dass ihre Vergangenheit als Jedi und ihre Machtkräfte sie zum Ziel machen, und geht in den Untergrund.

Im Äußeren Rand will Ahsoka sich dem expandierenden Imperium und dessen Inquisitoren entziehen. Sie nimmt manche Tarnidentität an, ist stets mobil und oft allein. Mit einer Widerstandsgruppe auf Raada, die sie anführt, wird Bail Organa, Senator von Alderaan, auf sie aufmerksam und bittet sie, der aufkeimenden Rebellion zu helfen.

»Genau wenn du denkst, dass du die Macht verstanden hast, findest du heraus, wie wenig du eigentlich weißt.«

Ahsoka Tano

Ahsoka stellt undercover Kontakt zwischen verstreuten Rebellenzellen her und gewinnt neue Mitstreiter für die Rebellion. Dabei nutzt sie den alten Codenamen »Fulcrum« aus der

Morai, die Wächterin

In den Klonkriegen betreten Ahsoka, Anakin und Obi-Wan Kenobi eine Vergenz der Macht, die sich in einem im All schwebenden Monolithen im Chrelythiumn-System findet. Dieses übernatürliche Portal befördert die drei ins Reich von Mortis, einem Nexus wie auch Verstärker der Macht. Dort begegnen sie drei götterartigen Wesen, die Aspekte der Macht verkörpern: die Tochter steht für das Licht, der Sohn für die Dunkelheit und ihr Vater für das Gleichgewicht. Ahsoka kann einen Blick auf ihr zukünftiges Ich erhaschen, wird vom Sohn getötet und durch Übertragung von Machtenergie der Tochter ins Leben zurückgeholt.

Ob all diese Ereignisse real waren, ist nicht bekannt, aber seitdem ist oftmals ein Convor namens Morai in Ahsokas Nähe zu sehen, der als Manifestation oder Repräsentation der Tochter im Reich der Sterblichen gilt.

Zeit der Klonkriege, wo Aufstände unterstützt wurden, die der Republik dienlich waren. Für die Rebellin Hera Syndulla und die Crew der *Ghost* ist Ahsoka die Hauptkontaktperson zur größeren Rebellion. Als Inquisitoren für sie zunehmend zur Bedrohung werden, will Ahsoka sie aufhalten. Sie und die Machtnutzer in der Crew der *Ghost* – Kanan Jarrus und Ezra Bridger – führt dies zur uralten Welt Malachor, wo sie etwas zu finden hoffen, das ihnen einen Vorteil gegen die dunkle Seite verschafft.

In Malachors altem Sith-Tempel stellt sich Ahsoka dem Dunklen Lord Darth Vader. Als sie eng miteinander kämpfen, erkennt sie, dass

Unfreudiges Wiedersehen Anakin kennt mit seiner Ex-Schülerin auf Malachor keine Gnade und wirft ihr vor, ihn im Stich gelassen zu haben!

Vader einst Anakin Skywalker war, und es zerreißt ihr das Herz, dass sie hinter all der Dunkelheit nichts von dem Anakin spüren kann, den sie kannte. Vader versucht gnadenlos, Ahsoka zu töten, doch die Explosion des Tempels, bei der große Ströme von Machtenergie freigesetzt werden, vereitelt dies. Sie verschwindet in einem Portal, das sich inmitten des Tempels öffnet, und landet in mysteriösen Gefilden der Macht – einer Welt zwischen den Welten.

An diesem Ort jenseits der Zeit trifft sie einen älteren Ezra Bridger, der sie von Malachor fortgezogen hat, und erfährt, dass Darth Vaders Schicksal einem Pfad folgt, an dem sie keinen Anteil hat. Dann kehrt sie in ihre Zeit zurück, wo der Tempel in Trümmern liegt und Vader fort ist.

Nach dem Sturz des Imperiums kehrt Ahsoka zur Crew der *Ghost* zurück und begleitet, nun Teil eines Teams, Sabine Wren auf eine Reise in die Unbekannten Regionen. ■

Stilisiertes Symbol Dieses an Ahsokas Gesichtsmale angelehnte Symbol wird für die »Fulcrum«-Agenten in der Galaxis verwendet.

DUNKLE ZEITEN
ÜBERLEBENDE JEDI

HOLOCRON-DATEN

NAMHAFTE PERSONEN
Kanan Jarrus, Ezra Bridger, Cal Kestis, Cere Junda, Oppo Rancisis, Coleman Kcaj, Obi-Wan Kenobi, Yoda

ZUGEHÖRIGKEIT
Jedi, Republik, Rebellenallianz

STÄRKE
Die helle Seite der Macht

ZIEL
Das Vermächtnis der Jedi bewahren

Als Darth Sidious am Ende der Klonkriege die Order 66 erteilt, überleben nur wenige Jedi den Hinterhalt, und wer es doch schafft, ist nicht auf den vor ihm liegenden Kampf vorbereitet. Als Verräter gebrandmarkt und von ihren Klonsoldaten verfolgt, bleibt ihnen nichts, als sich zu verstecken. Sie können keinem mehr trauen.

Als Anführer der Klonarmee sind auch die Jedi-Ratsmitglieder in der Galaxis verstreut, als die Order 66 erteilt wird. Viele werden von ihren Soldaten getötet, und der Orden ist praktisch führungslos. Die Meister Rancisis und Kcaj überleben und tauchen unter. Meister Yoda kann von Kashyyyk fliehen, und Obi-Wan Kenobi entgeht seinen Truppen auf Utapau, aber Darth Sidious lockt die Überlebenden in eine Falle, indem er mit einer falschen Botschaft zur Rückkehr zum Tempel auffordert. Die beiden begeben sich unter größter Gefahr nach Coruscant, verändern die Übertragung und retten so eine unbekannte Anzahl Jedi, ehe sie selbst ins Exil gehen.

In diesen dunklen Zeiten sind die verbliebenen Jedi Flüchtlinge, und eine Sichtung ihres Lichtschwerts genügt, um die Inquisitoren auf den Plan zu rufen. Diese – oder Vader persönlich – setzen so aufgespürten Jedi wie Bibliothekarin Jocasta Nu mit der Klinge ein Ende oder lassen sie Haft und Folter erleiden. Einige Gefangene wie Meisterin Luminara Unduli werden hingerichtet, andere wie Jedi-Padawan Trilla Suduri ergeben sich der dunklen Seite und schließen sich den Inquisitoren an.

Einst stolze Jedi nehmen jeden Job an, den sie finden können. Der Padawan von Depa Billaba, Caleb Dume, tauscht sein Lichtschwert gegen einen Blaster und nimmt

» Hier spricht Meister Obi-Wan Kenobi. Ich bedaure, berichten zu müssen, dass unser Jedi-Orden sowie die Republik gefallen sind. Nun erhebt sich der dunkle Schatten des Imperiums, um an ihre Stelle zu treten. Diese Botschaft ist eine Warnung und eine Erinnerung an alle überlebenden Jedi. Habt Vertrauen in die Macht. Kehrt nicht zum Jedi-Tempel zurück. Diese Zeit ist vergangen, unsere Zukunft ist unsicher. Wir alle werden herausgefordert – in unserem Vertrauen, unserem Glauben und unseren Freundschaften. Aber wir müssen durchhalten, und irgendwann gibt es mit Sicherheit eine neue Hoffnung. Möge die Macht mit euch sein – immer. «

Obi-Wan Kenobi
an die überlebenden Jedi

Gefallene Jedi

Einige überlebende Jedi halten an den Prinzipien des Ordens fest, doch andere geraten unter den Einfluss der dunklen Seite. Zu ihnen zählt Taron Malicos, ein für seine Führungsstärke auf dem Schlachtfeld bekannter Jedi-Meister. Er entgeht seinen Truppen, stürzt mit dem Schiff aber auf Dathomir ab. Ob es an den dunklen Energien des roten Planeten liegt oder an Malicos' Wut über die Auslöschung des Ordens, letztlich ergibt er sich der dunklen Seite. Körperlich und seelisch versehrt, führt er die Nachtbrüder an und denkt, dass die Jedi sich selbst zum Untergang verdammt haben.

Jedi-Padawan Ferren Barr *(Bild)* will den Untergang der Sith und sieht in einer Machtvision, dass daran die Mon Calamari beteiligt sind. Barrs Methoden sind rigoros, setzt er doch die Macht zur Manipulation ein. Auf Mon Cala beeinflusst er den König und tötet den Botschafter des Imperiums, sodass dieses auf dem Planeten einfällt. Zum Erreichen seiner Ziele verlässt Barr die Pfade der Jedi-Lehren und wird letztlich im Duell mit Darth Vader getötet. Seine Taten sorgen allerdings dafür, dass die Exodusflotte der Mon Calamari vom Planeten fliehen und Teil der Rebellenflotte werden kann.

den neuen Namen Kanan Jarrus an. Als Überlebender der Order 66 fühlt er sich schuldig und versucht erfolglos, seine Sorgen zu ertränken. Nach einer Zeit als Frachterpilot schließt er sich der Rebellin Hera Syndulla an und findet neuen Lebenssinn.

Bei ihren Aktionen auf Lothal stößt Kanan auf Ezra Bridger, ein machtsensitives Waisenkind. Der Jugendliche ist kein sicherer Jedi-Anwärter und Jarrus unvorbereitet, als Lehrer zu dienen. Ihrer beider Streben nach Gerechtigkeit bringt sie jedoch als Meister und Schüler zusammen. Kanan zeigt Ezra alles über die Macht, was er weiß, quält sich aber oft mit Selbstzweifeln. Bei vielen Missionen auf Lothal und anderswo werden sie auf die Probe gestellt und in Versuchung geführt, aber letztlich erweist Ezra sich als vortrefflicher Jedi. Bei ihrer letzten gemeinsamen Mission opfert Jarrus sich, um den Rest der Crew zu retten. Der Verlust seines Meisters belastet Ezra, aber die größten Prüfungen stehen ihm noch bevor.

Ezra zeigt, was es heißt, ein Jedi zu sein, als er nicht Darth Sidious' Versuchung erliegt und sich tapfer in der Schlacht von Lothal schlägt. Um die Rebellen vor Großadmiral Thrawn zu retten, verschwindet er mit diesem mit unbekanntem Ziel im Hyperraum – ein Opfer, das Lothal für alle Zeiten aus den Fängen des Imperiums befreit.

Wie Kanan Jarrus beginnt auch der junge Jedi Cal Kestis nach der Order 66 ein neues Leben. Seine Identität verbergend, verdingt er sich in der Schrottsammlergilde auf Bracca und wendet sich von der Macht ab. Als er sie wieder nutzt, um einen Freund zu retten, zieht er ebenso die Aufmerksamkeit der Inquisitoren wie neuer Verbündeter auf sich. Die ehemalige Jedi Cere Junda nimmt Kestis in ihrer Crew auf. Sie wollen ein Jedi-Holocron mit den Namen machtsensitiver Kinder finden. Cal öffnet sich wieder der Macht, was Junda ob erlittener Traumata schwerfällt. Gemeinsam bringen sie die Namensliste an sich und vernichten sie, ehe das Imperium die Jünglinge finden kann. ■

Gechartertes Schiff Cal Kestis und Cere Junda reisen mit der von Greez Dritus geflogenen Yacht *Stinger Mantis*.

UNBEGRENZTE MACHT

DER SITH-ORDEN

HOLOCRON-DATEN

BEZEICHNUNG
Sith-Orden

WICHTIGE TEMPELSTÄTTEN
Exegol, Coruscant, Moraband, Malachor, Ashas Ree

AUSGEWÄHLTE VERTRETER
Darth Sidious, Darth Vader, Darth Tyranus, Darth Maul, Darth Plagueis, Darth Tanis

ZIELE
Eroberung und Herrschaft

STATUS
Besiegt

Die Sith sind ein von einer Splittergruppe der Jedi gegründeter Orden, der die rohe Kraft erforscht, die sich durch Hingabe zur dunklen Seite erlangen lässt. Der Fokus darauf verleiht den Sith Kräfte, vor denen ein Jedi sich hüten würde, wie die Macht durch konzentrierten Zorn so zu manipulieren, dass tödliche Blitze aus den Fingerspitzen schießen. Während die Taten der Jedi ihrem Kodex nach dem Wohl der breiten Masse dienen sollen, glauben die Sith an die Herrschaft über ebendiese zum eigenen Vorteil. Als Widerpart der Hüter von Demokratie und Frieden streben sie beharrlich nach Macht.

Wegen ihres Ursprungs als Abspaltung der Jedi ähneln die Sith oberflächlich betrachtet Jedi-Rittern. In ihren Roben zeigen sich klar Einflüsse der Jedi, und ihre bevorzugte Waffe ist das Lichtschwert. Die Sith lassen jedoch ihren Hass und Zorn in die Kyberkristalle im Herzen ihrer Lichtschwerter einfließen, wodurch diese eine rote Klinge haben, eine Farbe, die sich bei den Jedi nicht findet.

Trotz ihrer Anzahl gelingt es den Sith im Gegensatz zu den Jedi nicht, eine strukturierte Ordnung zu wahren. Ihr Antrieb ist Aufstieg um jeden Preis. Jede starre Hierarchie würde unweigerlich zusammenbrechen, wenn die ehrgeizigen Sith-Lords sich um die Vorherrschaft streiten. Intrigen sind weitverbreitet.

Der Sith-Orden Darth Shaa und Darth Momin sind Sith aus alten Zeiten, als die Dunklen Lords offen um Macht und Kontrolle wetteiferten.

Dies verurteilt den Versuch der Sith zum Scheitern, ein Jahrtausend vor der modernen Ära die Galaxis zu beherrschen. Sie erobern fast die Republik, interne Machtkämpfe befördern aber ihren Untergang und lassen die Jedi letztlich siegen.

Die Jedi halten ihre Feinde für ausgelöscht, doch ein visionärer Sith, Darth Bane, ersinnt eine neue Strategie zur Eroberung. Statt eine Armee von Sith-Lords aufzubauen, um es mit den Legionen von Jedi-Rittern aufzunehmen, konzentrieren die Sith ihre Macht fortan auf nur zwei Personen: den Meister, der die Macht verkörpert, und den Schüler, der sie begehrt. Wenn der Schüler bereit ist, fordert er den Meister heraus und steigt entweder selbst in diesen Rang auf oder scheitert und stirbt. Banes Regel der Zwei erlaubt es den Sith, über Generationen im Verborgenen fortzubestehen.

Die Sith halten sich als wahrhafte dunkle Bedrohung tausend Jahre lang im Schatten auf. Darth Sidious, der letzte große Erbe von Darth Bane, arbeitet einen komplexen Plan zum Sturz der Republik und zur Vernichtung der Jedi aus. Als ambitionierter Sheev Palpatine wird er zum Senator seiner Heimatwelt Naboo und sodann zum allseits beliebten Obersten Kanzler, der die Galaktische Republik durch Zeiten der Krise führt. Die Bürger ahnen nicht, dass er die entbrennenden Konflikte selbst geschürt hat, um ihr Vertrauen zu gewinnen. Sie geben zu seinen »

Altes Alphabet Diese Sith-Runen stammen aus der seit langer Zeit toten Alten Sprache. Die Übersetzung von Sith-Runen wurde von der Galaktischen Republik verboten.

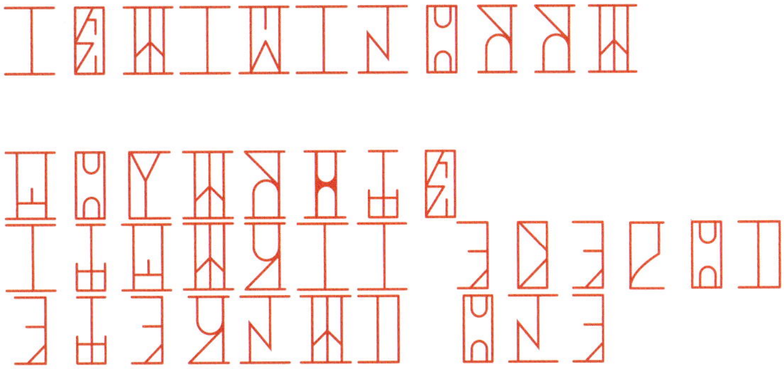

Darth Bane Es heißt, Bane spuke als Funken stiebende Geisterscheinung in seinem Grab. Er stellte den Sith-Orden neu auf, damit dieser überlebt.

Die Geschichte des Sith-Ordens

UM 5000 VSW4
Kämpfe mit den Jedi
Eine Ära großer Konflikte mit den Jedi beginnt, einer davon ist die Schlacht von Malachor.

UM 1032 VSW4
Regel der Zwei
Die Sith scheinen vernichtend geschlagen, doch Darth Bane überlebt und führt den Orden fort.

32 VSW4
Aufstieg an die Macht
Sheev Palpatine, der insgeheim Darth Sidious ist, wird Oberster Kanzler.

32 VSW4
Schlacht von Naboo
Darth Maul wird besiegt, und die Jedi erfahren, dass die Sith noch immer existieren.

19 VSW4
Ende der Klonkriege
Darth Tyranus wird besiegt, und Darth Vader erhebt sich.

4 NSW4
Schlacht von Endor
Darth Sidious wird besiegt, doch der geheime Sith-Kult lebt weiter.

35 NSW4
Der Sith-Kult
Die Letzte Ordnung und die Sith-Ewigen werden besiegt.

Finstere Kräfte Darth Tyranus entfesselt Machtblitze, eine bei Sith-Lords beliebte Fähigkeit der dunklen Seite.

> »Die Sith verlassen sich auf ihre Leidenschaft für Stärke. Ihr Denken richtet sich nach innen. Sie denken immer nur an sich selbst.«
>
> **Anakin Skywalker**

Gunsten Freiheitsrechte auf, bis er sich schließlich selbst zum Imperator ausruft und die Jedi als Verräter brandmarkt. Nach tausend Jahren im Schatten wird den Sith endlich ihre Rache am Jedi-Orden zuteil, der sie vor vielen Generationen vernichtend geschlagen hatte.

Die Sith-Ewigen

Darth Sidious erhebt sich mit Darth Vader als Schüler zum Herrscher über die Galaxis. Die Jedi sind fast ausgelöscht, getötet von Soldaten der Klonarmee, die die Order 66 ausführen. Überlebende werden von Vader und den Inquisitoren gejagt.

Trotz all ihrer Macht gibt es einen Feind, den die Sith nicht besiegen können: den Tod. Gemäß der Regel der Zwei tötet stets der Schüler den Meister, damit nur die Stärksten und Listigsten an die Spitze aufsteigen. Speziell Darth Sidious will jedoch nicht sterben, um den Fortbestand der Sith zu sichern. Inspiriert von unnatürlichen Experimenten seines Meisters Darth Plagueis erforscht er die Geheimnisse der dunklen Seite, um den Tod betrügen zu können.

Nachdem Sidious als Imperator im Amt ist, zieht er sich weitgehend aus der Öffentlichkeit zurück und überlässt die Führung des Regimes Untergebenen. So kann er sich auf geheimes Wissen der Sith und den Aufbau einer verborgenen Basis auf Exegol, der Sith-Thronwelt in den Unbekannten Regionen, konzentrieren. Mithilfe dunkler Wissenschaften und moderner Klontechnologie will Sidious hinter die Geheimnisse der Unsterblichkeit kommen. Derweil geht das imperiale Militär gegen alle Aufständischen vor, die ihm seine Herrschaft streitig machen könnten. Dies führt jedoch zum Aufstieg der Rebellion und dem Ausbruch des Galaktischen Bürgerkriegs.

Die Schlacht von Endor sorgt für Imperator Palpatines Ableben. Das Imperium liegt in Trümmern, und die Rebellenallianz stellt in der Galaxis die Demokratie wieder her. Doch Sidious' vielschichtiger Notfallplan für einen solchen Katastrophenfall führt dazu, dass sein Geist dank des ihm ergebenen Kults der Sith-Ewigen in einem Klonkörper auf Exegol wiedererweckt wird. Da die Prozedur jedoch nicht perfekt ist, verfällt

Komplett korrumpiert Anakin Skywalker kniet vor Darth Sidious, um seinen Sith-Namen zu erhalten: Darth Vader, Dunkler Lord der Sith.

Düstere Einrichtung Der Thron der Sith auf der uralten Welt Exegol ist nur den mächtigsten Sith-Lords vorbehalten.

Sidious' Klonkörper schnell, und er kann in seiner gebrechlichen Gestalt Exegol nicht verlassen. So plant er die nächste Phase für die ultimative Rache der Sith und das Ende der Jedi von dort aus.

In den folgenden Jahrzehnten entwickelt sich die Erste Ordnung zur ernsten Gefahr für die Galaxis. Dabei ahnt kaum jemand, dass sie nur die Speerspitze einer größeren, von Sidious gelenkten Bedrohung ist, die bis nach Exegol reicht. Der Oberste Anführer Snoke, eine gentechnisch erzeugte Marionette von Sidious, scheint die Erste Ordnung zu befehligen. Er nutzt die dunkle Seite der Macht, hat vordergründig aber nichts mit den Sith zu tun. Sidious korrumpiert durch ihn den jungen Ben Solo, Darth Vaders Enkel, der Snoke als finsterer Kylo Ren dient. Auf imperialer Forschung basierend baut die Erste Ordnung die Starkiller-Basis, eine Superwaffe, mit der sich ganze Sternensysteme auslöschen lassen. Zudem wird in Exegols geheimen Schiffswerften über Jahrzehnte eine riesige Flotte von Sternenzerstörern der *Xyston*-Klasse gebaut, die über Planeten zerstörende Superlaser verfügen. Dies ist die Letzte Ordnung: die Erfüllung von Darth Sidious' Traum, Widerstand im Keim zu ersticken und in einer so befriedeten Galaxis ewig zu leben.

Als die ungläubige Galaxis aus den Unbekannten Regionen eine Übertragung empfängt, in der alle Welten aufgefordert werden, sich zu unterwerfen, wird die Rückkehr des Imperators offenbar. Diesmal macht er kein Geheimnis daraus, dass er ein Sith ist. Rey, Palpatines Enkelin, und Ben Solo, der Enkel von Darth Vader, stellen sich ihm auf Exegol. Unterstützt von Geistern früherer Jedi kanalisiert Rey die Macht, um Sidious und seinen Träumen von Unsterblichkeit ein Ende zu setzen. ■

Schergen der Sith

Selbst als der Sith-Orden noch viele Mitglieder hatte, griffen die Sith auf Handlanger zurück, die für sie Aufträge erledigen. Nach Einführung der Regel der Zwei benötigen die Sith erst recht Untergebene und Verbündete, die gegen Jedi und Republik vorgehen, während sie selbst ihre Beteiligung geheim halten. Gierige Gestalten wie Magnaten der Handelsföderation oder Kopfgeldjäger und Attentäter wie Cad Bane und Ochi von Bestoon erledigen die Drecksarbeit für die Sith – oft ohne sich der finsteren Ziele ihrer Auftraggeber bewusst zu sein.

Wenn einer dieser Schergen stark in der Macht ist, besteht die Gefahr, dass er zu mächtig wird und das Gleichgewicht der Regel der Zwei gefährdet. Als die Sith-Attentäterin Asajj Ventress, eine Dienerin von Darth Tyranus, in den Klonkriegen zur Gefahr wird, stellt Darth Sidious die Treue seines Schülers Tyranus auf die Probe und befiehlt ihm, Ventress zu töten *(Bild)*.

DIE DUNKLE BEDROHUNG

DARTH SIDIOUS

HOLOCRON-DATEN

NAME
Sheev Palpatine

SPEZIES
Mensch

HEIMATWELT
Naboo

ZUGEHÖRIGKEIT
Sith, Senat, Imperium

STÄRKEN
Politisches Ränkeschmieden, Sith-Ausbildung, dunkle Künste (wie Machtblitze)

ZIEL
Unbehelligt ewig herrschen

STATUS
Auf Exegol besiegt

Darth Sidious' Anfänge sind ein Geheimnis, das er mehr als einmal mit ins Grab genommen hat. Bislang ist nicht bekannt, ab wann Darth Plagueis ihn im Umgang mit der dunklen Seite unterwiesen hat, aber wie es bei den Sith Tradition ist, tötet er ihn, ehe er sich zum Meister erhebt, und erbt Plagueis' Forschungen zu den biologischen Grundlagen des Lebens, um den Tod zu betrügen.

Der Galaxis ist Sidious besser als Sheev Palpatine, Senator von Naboo, bekannt. In dieser Rolle gewinnt er ob der Besatzung seiner Heimat durch die Handelsföderation Sympathien und dann die Wahl zum Obersten Kanzler der Republik. Was zu diesem Zeitpunkt niemand im Senat weiß: Sidious hat die Besatzung zu ebendiesem Zweck selbst eingefädelt.

Während Sidious im Verborgenen bleibt, dient ihm sein Schüler Darth Maul öfter für Außeneinsätze. Sidious entreißt Maul als Kind seiner Mutter Talzin von den Nachtschwestern von Dathomir. Als Maul heranwächst, dient er als verstohlener Attentäter, der es nicht erwarten kann, endlich Rache an den Jedi zu üben.

Maul wird während der Naboo-Blockade vom Jedi Obi-Wan Kenobi besiegt und danach für tot gehalten, sodass Sidious den einstigen Jedi-Meister Count Dooku als neuen Schüler Darth Tyranus annimmt. Gemeinsam schüren Tyranus, als Gesicht der Separatistenbewegung, und Sidious, als Oberster Kanzler, die Klonkriege. Dieser die Galaxis umspannende Konflikt festigt für die Zeit des Notstands Palpatines hohe Position in der Republik über die Grenzen seiner regulären Amtszeit hinaus. Tyranus stirbt im Krieg und wird durch Darth Vader ersetzt, einst der Jedi-Ritter Anakin Skywalker. Am Ende der Klonkriege erklärt Palpatine sich zum Imperator und bewirkt die systematische Auslöschung der Jedi. Besessen von Unsterblichkeit, zieht Palpatine sich aus der Öffentlichkeit zurück, um die Geheimnisse der dunklen Seite zu erforschen. In den Unbekannten Regionen bereitet er

Gütiger Politiker
Der fähige Politiker Palpatine wird in der krisengeschüttelten Republik hochgeschätzt.

»Mit deinem armseligen Können bist du weder mir noch der dunklen Seite der Macht gewachsen.«

Imperator Palpatine

den alten Sith-Thron von Exegol als Machtsitz vor, und ein loyaler Kult experimentiert mit Klontechnologie, um sein Leben zu verlängern. Als Sidious über Endor besiegt wird, überträgt er sein Bewusstsein durch die Macht in einen Klonkörper. Die Prozedur ist aber nicht ausgereift und sein Verstand in einem verwesenden Leichnam gefangen.

In den Folgejahren setzt Sidious seine obsessive Forschung zur Verjüngung fort. Einer der dabei entstehenden Klone, sein »Sohn«, flieht von Exegol, um ein Leben fern der Dunkelheit zu führen. Aus einer anderen Genschöpfung wird sein Untergebener Snoke, den Sidious als Obersten Anführer der aufstrebenden Ersten Ordnung einsetzt. Durch Snoke manipuliert er Anakins Enkel Ben Solo und verführt ihn zur dunklen Seite. Sidious spürt zudem, wie die Macht in Rey erwacht, dem Spross seines geklonten Sohns, und will sie unbedingt ergreifen.

Sidious lockt Ben Solo und Rey nach Exegol, indem er der Galaxis offenbart, dass er noch lebt und über welche militärischen Mittel er verfügt. Zuerst will Sidious Reys Körper als Gefäß übernehmen, das stark genug für seinen Geist ist, aber dann merkt er, dass Kylo und Rey eine Dyade in der Macht bilden, die so stark ist, dass er seinen Körper wiederbeleben kann, wenn er von ihrer Kraft zehrt. Doch Rey und Ben vereiteln dies, wobei Rey die Energie der Macht und der Geister ihr vorausgegangener Jedi kanalisiert, um Sidious' Körper und Seele endgültig zu vernichten. ■

Verrat Palpatine will sich nicht von den Jedi-Meistern unter Arrest stellen lassen und offenbart sich ihnen als Sith.

Der Pfad zur Unsterblichkeit

Für Sidious' Meister Plagueis lag der Pfad zur Unsterblichkeit in der Wissenschaft. Er konnte Midi-Chlorianer – in lebenden Zellen existente, mikroskopisch kleine Symbionten, welche die Macht kanalisieren – anregen, neues Leben zu erschaffen. Seine Forschung war nicht vollendet, aber verheißungsvoll.

Sidious begehrt sämtliche Vergenzen der Macht, da diese nötig sind, um die Regeln von Leben und Tod zu durchbrechen. Speziell ein solcher Machtnexus weckt seine Aufmerksamkeit: ein legendäres Tor unter dem alten Jedi-Tempel auf Lothal. Sidious lässt dieses Relikt ausgraben und findet Hinweise auf die Welt zwischen den Welten, kann das Portal zu diesen Machtgefilden aber nicht öffnen. Also versucht er, Ezra Bridger dazu zu bringen, dem es scheinbar möglich ist. Der junge Jedi weigert sich aber.

Den meisten Erfolg verheißen Experimente auf Exegol. Klontechnik und die Konzentration der dunklen Seite auf der Sith-Thronwelt schieben den Tod auf, aber das ewige Leben bleibt dem Dunklen Lord verwehrt.

AGENT DES CHAOS

DARTH MAUL

HOLOCRON-DATEN

NAME
Darth Maul

SPEZIES
Dathomirianischer Zabrak

HEIMATWELT
Dathomir

ZUGEHÖRIGKEIT
Sith, Schattenkollektiv, Crimson Dawn

STÄRKEN
Kriminelle Komplotte, Sith-Ausbildung, Lichtschwertkampf

ZIEL
Unangefochten herrschen

STATUS
Von Obi-Wan Kenobi auf Tatooine getötet

In ihrem Streben nach Macht klammern Sith-Lords sich an das Leben und überleben in erbärmlichem Zustand schwerste Verletzungen. Darth Maul ist ein tragisches Beispiel für jemanden, dessen Pfad von jenen mit größerer Macht und finsteren Zielen beeinflusst wird. Dennoch lehnt er sich gegen sein Schicksal auf.

Geboren wird Maul als Sohn von Mutter Talzin, der Anführerin eines Hexenzirkels auf der dunklen Welt Dathomir, doch der Sith-Lord Darth Sidious entreißt ihn seiner Heimat, um Maul als Schüler auszubilden. Talzin schwört für diese Entführung Rache, doch ihre Pläne sollen erst nach Jahrzehnten Früchte tragen.

Seine Kampffähigkeiten erlangt Maul durch Trainingseinheiten mit Droiden, und Sidious unterweist ihn in Sachen Verrat, Intrigen und der dunklen Seite. Maul wird ganz im Sinne der Sith erzogen und kann es nicht erwarten, aus den Schatten zu treten, um die Jedi anzugreifen. Als Sidious' Blockade um Naboo Unterhändler der Jedi auf den Plan ruft, bekommt Maul seine Chance. Er tötet den Jedi-Meister Qui-Gon Jinn, doch dessen Schüler Obi-Wan Kenobi schlägt Maul in zwei Hälften.

Eigentlich hätte Maul sterben müssen. Seine dathomirianische Physiologie, die Zähigkeit eines Sith und Nachtschwesternmagie lassen ihn sich aber, selbst als er langsam den Verstand verliert, am Leben festklammern. Sein stark versehrter Körper endet auf der Schrottwelt Lotho Minor, wo er sich instinktiv einen spinnenartigen mechanischen Unterbau bastelt. Nach über zehn Jahren eines erbärmlichen Daseins auf dem Planeten findet ihn sein von Mutter Talzin auf die Suche geschickter Bruder Savage Opress.

Cyberspinne Der primitive Apparat, den Maul sich bastelt, erlaubt ihm zumindest zu laufen.

Das Schattenkollektiv

Die ewige Unfähigkeit der Sith, in Frieden ihre Macht zu teilen, erfordert die Einführung der Regel der Zwei. Maul und sein Bruder Savage Opress wissen, dass sie eines Tages Sidious, den herrschenden Sith-Meister, herausfordern müssen, aber das wird nicht leicht sein. Maul errichtet eine Machtbasis in der kriminellen Unterwelt, wobei er Hutts, Pykes, Mandalorianer, Schwarze Sonne, Death Watch und Crimson Dawn zu einer als Schattenkollektiv bekannten Gruppe vereint. Die Übernahme von Mandalore ruft letztlich Sidious auf den Plan, der sich kampfbereit auf die kriegsgebeutelte Welt begibt, wo er Savage tötet und Maul ergreift.

Trotz seiner Macht ist Maul nur eine Spielfigur. Mit seiner Wiedererweckung will Mutter Talzin Sidious hervorlocken, um sich an ihm zu rächen, Mauls Gefangennahme durch Sidious ist ein Köder für Talzin. Beide kämpfen, Sidious siegt – und Maul entkommt einmal mehr und nimmt seine kriminellen Machenschaften wieder auf.

»Endlich werden wir uns den Jedi zu erkennen geben! Endlich wird die Rache unser sein.«

Darth Maul

Opress bringt Maul zu Talzin, die seinen Verstand wiederherstellt und ihm humanoide mechanische Beine schenkt. Maul schwört Rache an Obi-Wan, baut sich im Schatten der Klonkriege eine Machtbasis in der kriminellen Unterwelt auf und kann so eine Weile die Kontrolle über Mandalore erlangen. Während der Belagerung von Mandalore fasst ihn die ehemalige Jedi Ahsoka Tano, aber durch das Chaos rund um die Order 66 und den Aufstieg des Imperiums gelingt ihm die Flucht.

Mit den Jahren ist Maul von zwei Dingen besessen: Zum einen sinnt er auf Rache an Obi-Wan Kenobi, der ihm seine Zukunft als Sith-Lord verbaut hat, zum anderen will er Darth Sidious stürzen. Da er keinen seiner Erzfeinde unterschätzen darf, sucht Maul auf Welten wie Malachor und Dathomir nach etwas, das ihm einen Vorteil verschafft. Maul bringt sogar den jungen Jedi-Schüler Ezra Bridger dazu, ihm zu helfen. Mithilfe sowohl eines Sith- wie eines Jedi-Holocrons können Ezra und Maul in der Macht nach Antworten suchen.

Ein kurzer Blick auf eine Welt mit Zwillingssonnen führt Ezra ebenso wie Maul letztlich nach Tatooine, wo Obi-Wan Kenobi im Exil lebt. Ezra will ihn warnen, doch der alte Jedi weiß, was ihn verfolgt. Einmal mehr liefern sich Kenobi und Maul ein Duell, bei dem dieser Maul schnell abfertigt. Sein Rachedurst ist nun gestillt, und Kenobi hält den alten Feind im Arm, als er stirbt. Mit der Aussicht, dass eines Tages ein Held kommen wird, der Darth Sidious' Herrschaft beendet, findet Maul am Ende seinen Frieden. ■

Alte Rivalen Kenobi erweist Maul nach seinem Sieg über ihn mit einer Feuerbestattung die Ehre.

VERRÄTER AN DEN JEDI

COUNT DOOKU

HOLOCRON-DATEN

NAME
Count Dooku/Darth Tyranus

SPEZIES
Mensch

HEIMATWELT
Serenno

ZUGEHÖRIGKEIT
Jedi (früher), Sith, Separatisten

STÄRKEN
Machtblitze, Telekinese, Machtgewandtheit

ZIEL
Vernichtung der Jedi und der Republik

STATUS
Verstorben

Der Sohn von Count Gora und seiner Frau Anya weiß nichts von seiner adligen Abstammung. Verstört von Dookus latenten Machtkräften, verstößt sein Vater ihn aus dem Palast, wo er gefunden und zu den Jedi gebracht wird. Dooku lernt von Meister Yoda, zeigt großes Potenzial, steigt in den Rang eines Jedi-Meisters auf und nimmt Qui-Gon Jinn als seinen Padawanschüler an.

Als Dooku die Wahrheit über seine Herkunft erfährt, findet er heraus, dass er eine Schwester namens Jenza hat und hält Kontakt zu ihr, obwohl einem Jedi solche Bindungen untersagt sind. Dies zehrt an Dookus ohnehin brüchiger Treue zu den Jedi. Sein Streben nach Macht, eine Faszination für Artefakte der dunklen Seite und die wachsende Enttäuschung von der Republik führen dazu, dass er den Orden verlässt. Er beansprucht den Adelstitel seiner Familie, befiehlt den Tod seiner Schwester und wird insgeheim der Nachfolger von Darth Maul als Schüler von Darth Sidious. Der Jedi-Rat hält Dooku für einen politischen Idealisten und verkennt seine dunkle Seite – die eines Sith.

Unter Anleitung seines neuen Meisters – von dem er den Namen Darth Tyranus erhält – wird Dooku zur Geißel für die Galaxis und ist in der Rolle als Separatistenanführer für viele Tote in den entbrennenden Klonkriegen verantwortlich. Mit Asajj Ventress nimmt er eine Schülerin an und formt sie grausam zu seiner Attentäterin. Dennoch steht er treu zu seinem Meister und versucht, Ventress zu töten, als Sidious denkt, dass sie zu stark wird.

Sith-Attentäterin Dooku schafft es nicht, Ventress zu töten, aber er steht ihr erneut gegenüber, als sie zurückkehrt, um ihn zu ermorden. Auch diese Mission scheitert jedoch.

In den Klonkriegen spielt Dooku viele Rollen. Er ist ein Politiker, der die Separatisten in den Krieg führt und Tausende Sternensysteme für seine Zwecke gewinnt. Er ist ein legendärer Schwertkämpfer und Schüler der dunklen Seite, der sich den Jedi viele Male im Kampf stellt. Doch am Ende lässt Sidious Dooku töten, damit statt seiner der junge Anakin Skywalker nun sein Schüler wird – ein weiterer Verrat, wie er für die Sith nur allzu typisch ist. ■

REHABILITIERTE ATTENTÄTERIN

ASAJJ VENTRESS

HOLOCRON-DATEN

NAME
Asajj Ventress

SPEZIES
Dathomirianerin

HEIMATWELT
Dathomir

ZUGEHÖRIGKEIT
Sith, Separatisten, Nachtschwestern, Kopfgeldjäger

STÄRKEN
Telekinese, gesteigerte Gewandtheit und Reflexe, Kampf mit zwei Lichtschwertern

ZIEL
Dookus Zerstörung aufhalten und Sinn im Leben finden

STATUS
Verstorben

»Vergiss nie, du hast immer die Wahl, besser zu sein.«

Asajj Ventress

Asajj Ventress ist in ihrem Leben vieles: Schwester der Nacht, Sklavin, Jedi-Padawan, Befehlshaberin der Separatisten, Sith-Attentäterin und Kopfgeldjägerin. Unruhe ist für sie ständiger Begleiter: Als Baby fällt sie auf ihrer Heimatwelt Dathomir dem Piraten Hal'Sted in die Hände. Als dieser getötet wird, findet sie der Jedi-Meister Ky Narec, der sie ausbildet, bis auch er vorzeitig sein Ende findet. Danach gerät sie unter den Einfluss von Count Dooku.

Der Sith-Lord macht sich all ihren Schmerz und Verlust zunutze und foltert und manipuliert sie, während er sie im Umgang mit der dunklen Seite unterweist. Ventress tut sich in Einschüchterung und Eindringen in feindliches Gebiet hervor, jagt als Attentäterin in den Klonkriegen Jedi und dient als Befehlshaberin der Droidenarmee der Separatisten. Als Darth Sidious sie als Gefahr sieht, befiehlt er Dooku, sie zu töten. Dieser scheitert zwar, doch wieder einmal hat man sie allein gelassen.

Verletzt und auf Rache sinnend flieht Asajj nach Dathomir, wo ihre Schwestern sie mit offenen Armen empfangen. Sie kehrt mit einem Wiedergeburtsritual in den Zirkel zurück und erhält von Mutter Talzin Mittel für ihre Rache. Um ihr Ziel zu erreichen, trainiert sie den finsteren Nachtbruder Savage Opress, doch ihr Plan scheitert, und der gesamte Clan zieht Dookus Zorn auf sich. Als scheinbar alle ausgelöscht sind, versucht Ventress, ihrem Leben als Kopfgeldjägerin Sinn zu verleihen. Sie schließt sich für eine Mission auf Quarzite Boba Fetts Team an und verbündet sich einmal sogar mit ihrem alten Widersacher Obi-Wan Kenobi. Als die Jedi Ahsoka Tano des Mordes bezichtigt wird, hilft sie ihr dabei, sich reinzuwaschen – und zeigt, dass noch Gutes in ihr steckt.

Ihr neues Leben führt auch zur Allianz und emotionalen Bindung mit dem Jedi Quinlan Vos. Ventress erfährt, dass er den Auftrag hat, Dooku zu töten, und willigt ein, ihm zu helfen, indem sie ihn in Künsten der dunklen Seite unterweist. Als Vos von Dooku angegriffen wird, opfert Asajj sich selbst, um ihn zu retten, und findet so ihren Frieden.■

TÖCHTER VON DATHOMIR

DIE NACHTSCHWESTERN

HOLOCRON-DATEN

BEZEICHNUNG
Nachtschwestern

SPEZIES
Dathomirianerinnen

HEIMATWELT
Dathomir

ZUGEHÖRIGKEIT
Neutral

KRÄFTE
Magie

Die Nachtschwestern sind ein uralter Hexenzirkel, der auf dem geheimnisvollen Planeten Dathomir zu Hause ist. Sie ziehen Kraft aus ihrer dunklen Welt und erlangen unnatürliche Stärke durch Einsatz mystischer Energien, die sogenannte Schattenmagie, ein Aspekt der Macht, der sich in grünen Energieströmen manifestiert.

Sie leben in strengem Matriarchat, und wohnen auf ihrer rauen Welt in Dörfern und unterirdischen Höhlen. Fremde dürfen selten einen Fuß auf den Planeten setzen und werden direkt von einer Gruppe von Hexen empfangen, die mit Energiebögen, scharfen Schwertern und Giftpfeilen bewaffnet sind. Für Abschreckung sorgt aber vor allem ihr finsterer Ruf. Von daher wagen sich ohnehin nur wenige Außenweltler, Dathomir zu besuchen.

Mit ihrer Magie können die Schwestern der Nacht belebende Schwarzwurzeltrünke zaubern und versehrte Körper heilen,

Waffen der Schwestern Neben ihrer machtvollen Magie setzen die Nachtschwestern auf fiese Waffen.

Nachtbrüder

Auf der anderen Seite von Dathomir leben die Männer ihrer Spezies in Stämmen in primitiven Dörfern. Die von Bruder Viscus angeführten Nachtbrüder sind wilde Krieger mit Hörnern auf dem Kopf und Malen auf der Haut. Die Nachtschwestern halten sie auf Abstand, erteilen ihnen aber gelegentlich Anweisungen.

Durch einige tödliche Spiele wählt Asajj Ventress den Nachtbruder Savage Opress *(Bild)* aus, um für sie als Attentäter an Dooku Rache zu üben. Mutter Talzin verwandelt ihn in eine hünenhafte Bestie, deren letzter Test es ist, einen Nachtbruder zu töten. Die Mission scheitert, aber Savage überlebt und verbündet sich später mit seinem tot geglaubten Bruder Maul. Die beiden verbreiten in der Galaxis Angst und Schrecken, bis Darth Sidious Savage tötet. Die Nachtbrüder werden von Grievous nicht angegriffen und schließen sich später auf Talzins Befehl hin Mauls Schattenkollektiv an.

aber ihre Fähigkeiten gehen über stärkende Kräfte hinaus. Der dunkle Ichor erlaubt ihnen, Unsichtbarkeitstrünke zu brauen, Energieschilde zu bilden, Illusionen zu erzeugen, Klingen zu verhexen, Teleportation zu nutzen und mehr. Am mächtigsten sind auf einem Altar durchgeführte dunkle Rituale, wo grüner Dunst aufsteigt, wenn sie nur ihnen bekannte Beschwörungen aufsagen.

Anführerin der Nachtschwestern ist Mutter Talzin, eine mächtige, mit unnatürlich langem Leben gesegnete Matriarchin. Sie schmiedet ein Bündnis mit Darth Sidious, um die Kraft der dunklen Seite mit ihrer Magie zu vereinen und an seiner Seite herrschen zu können. Doch der Sith-Lord verrät Talzin und raubt ihren Sohn Maul, um ihn zum Sith auszubilden. Andere Kinder der Schwestern muss sie zum Schutz des Clans verkaufen, so auch Asajj Ventress, deren Rückkehr nach Jahren die Chance eröffnet, sich an den Sith zu rächen. Talzin hilft ihr beim Attentatsversuch auf Dooku – eine schlechte Entscheidung, die für die Hexen schreckliche Folgen hat.

» Nadee, mah, reez, ven, doo, la, tren. «

Beschwörung für den Trank der Nachtschwestern

Rückschau Als Merrin ein Lichtschwert zündet, erinnert sie sich, wie ihre Schwestern Grievous' Klingen zum Opfer fielen.

Dookus Rache

Nach Ventress' Anschlag auf sein Leben lässt Count Dooku General Grievous mit Kampfdroiden auf Dathomir einmarschieren, um die Nachtschwestern auszulöschen. Bei der Invasion ruft Talzin eine Älteste, die Alte Daka, um Hilfe, die tote Hexen wiedererweckt, damit sie sie im Kampf als Zombies unterstützen. Zwar kämpfen die Schwestern der Nacht erbittert gegen die Droiden, aber selbst eine Legion von Untoten kann den Angriff nicht abwehren, und nur wenige überleben. Talzin entkommt nur kurz. In ihrem letzten Gefecht – gegen Sidious, Grievous und Dooku – opfert sie sich, um ihren Sohn Maul zu retten. Grievous streckt sie nieder, und die Magie entströmt endgültig ihrem Körper.

Eine Überlebende von Grievous' Massaker ist die Nachtschwester Merrin. Sie ist damals noch ein Kind und schwört Rache für den Tod der anderen. Merrin wächst zu einer mächtigen Hexe heran, die ihre Magie bestens beherrscht und die Nachtbrüder befehligt. Auf kuriose Weise nähern sie und der Jedi Cal Kestis, ein junger Überlebender des Kriegs wie sie, sich an. Sie hilft ihm, den gefallenen Jedi Taron Malicos zu besiegen, und schließt sich der Crew der *Mantis* bei ihrer Mission an, die Zukunft der Jedi zu sichern. So hofft sie, ihr unglückliches Leben auf Dathomir hinter sich zu lassen. ■

GRAUSAME JÄGER

DIE INQUISITOREN

HOLOCRON-DATEN

BEZEICHNUNG
Inquisitoren

SPEZIES
Verschiedene

HAUPTQUARTIER
Festung Inquisitorius, Nur

ZUGEHÖRIGKEIT
Sith, Imperium

KRÄFTE
Die dunkle Seite der Macht

ZIEL
Die letzten der Jedi zur Strecke bringen

Während die Order 66 dafür sorgt, dass der Großteil des Ordens ausgelöscht wird, überleben einige Jedi den Akt des Verrats zunächst. Die Klone erweisen sich als effektiv, wenn das Überraschungsmoment auf ihrer Seite ist, die verbliebenen Jedi sind jedoch besser vorbereitet. Für ihre Jagd ist eine Organisation nötig, deren Mitglieder sich den Jedi von Angesicht zu Angesicht stellen können – mit dem Lichtschwert. Sidious befiehlt Vader daher, sie mithilfe des Imperialen Geheimdiensts und des Inquisitoriums, eines neu gegründeten Ordens machtsensitiver Handlanger, aufzuspüren.

Im Glauben, dass keiner besser für die Jagd auf einen Jedi geeignet ist als einer der ihren, rekrutiert man die Inquisitoren aus den Reihen des Jedi-Ordens. Sie werden gefoltert und korrumpiert, damit sie sich der dunklen Seite öffnen, und dann für die Jagd auf ihre alten Kameraden ausgerüstet. Die neuen Inquisitoren legen ihren Namen und die Zeichen ihrer Vergangenheit ab und sind in der Gemeinschaft ihrer Brüder und Schwestern nur noch Nummern. Statt Jedi-Robe tragen sie dunkle, individuelle Rüstungen. Ihre Jedi-Lichtschwerter tauschen sie gegen Doppelklingenschwerter mit einem Emitterring ein, die sich ideal zum Werfen und Rotieren eignen – und zum Kampf gegen Jedi, die solche Waffen nicht kennen. Sie trainieren in geheimen Anlagen auf Coruscant und ihrer Festung auf Nur, einem Mond im Mustafar-System, nicht weit von Vaders eigener Festung auf dem nahen Vulkanplaneten.

Den Inquisitoren stehen zudem Auslöschungstruppler zur Seite,

Rücksichtslose Recherche Im Jedi-Archiv kann der Großinquisitor Zeit damit verbringen, die Geschichte von gejagten Jedi zu erforschen.

»Die Jedi sind tot, aber es gibt noch einen anderen Weg: die dunkle Seite!«

Der Großinquisitor

Fieser Charakter Die Inquisitoren tendieren dazu, einander zu misstrauen, und stehen im ständigen Wettstreit.

die letzte Charge Klonsoldaten von Kamino. Diese sind speziell für den Einsatz gegen Lichtschwertkämpfer ausgebildet und tragen schwarze Rüstung. Reguläre Sturmtruppler sind im Kampf mit Jedi kaum eine Hilfe, doch Auslöschungstruppler sind eine starke Unterstützung.

Die ohnehin geheimnisvollen Inquisitoren geben wenig über sich preis und behalten sogar die Größe ihres Ordens streng für sich. Sie gehen allen glaubhaften Berichten über Jedi-Aktivitäten nach, so auch einer Sichtung auf der Schrottwelt Bracca. Dort nehmen die Zweite und Neunte Schwester ihre Jagd auf den ehemaligen Padawan Cal Kestis auf. Als Cal die Neunte Schwester auf Kashyyyk besiegt, lockt die Zweite Schwester den jungen Jedi zur Festung auf Nur. Weil sie den Jedi dort allerdings nicht bezwingen kann, streckt Darth Vader sie nieder.

Jagd auf die Spectres

Dem Orden steht der Großinquisitor vor, ein Pau'aner und einstiger Jedi-Tempelwächter, der direkt Darth Vader untersteht. Er fällt im Kampf mit Kanan Jarrus, dem ehemaligen Jedi-Padawan, den er auf Lothal jagt. Er scheitert zwar, aber zwei andere Inquisitoren, der Fünfte Bruder und die Siebte Schwester, setzen die Suche fort. Die beiden sind ein furchterregendes Gespann, denn Wut und Stärke des Fünften Bruders stehen Gewandtheit und List der Siebten Schwester in nichts nach. Auf Malachor stößt der Achte Bruder zu ihnen, der mit der Jagd nach dem Ex-Sith Maul beauftragt wurde. Die drei Inquisitoren sind verblüfft, als andere Machtnutzer ihnen dort zahlenmäßig überlegen sind. Die frühere Jedi Ahsoka Tano, Padawan Ezra Bridger und Jarrus bilden ein Zweckbündnis mit Maul. Für die überheblichen Inquisitoren wären die vier ein großer Fang, ihre Gegner sind aber zu stark. Alle drei finden auf Malachors historischem Schlachtfeld ihr Ende. ■

Projekt Ernte

Das Projekt Ernte, eine von Darth Sidious' vielen geheimen Ideen, dient dazu, für die Macht empfängliche Kinder zu finden und zu ergreifen, um sie zu Handlangern der dunklen Seite zu machen. Auf dem Planeten Arkanis werden sie in die Obhut von Sidious' Helfern gegeben. Ziel ist die Ausbildung eines Heeres machtsensitiver Spione, mit dessen Hilfe er Ereignisse in der weiten Galaxis im Blick behält. So will der Imperator jeden aufspüren und ausmerzen, der ihm Widerstand leistet.

Im Visier des Projekts Ernte findet sich unter anderem das Neugeborene des ehemaligen Jedi-Meisters Eeth Koth, das das Machtpotenzial des Vaters teilt. Andere Kandidaten wie Dhara Leonis von Lothal werden auf Akademien gefunden, wo man das Potenzial der Kadetten testet und sie nach Arkanis überführt.

OBERSTER ANFÜHRER

SNOKE

HOLOCRON-DATEN

NAME
Snoke

SPEZIES
Genstrangguss (konstruiert)

HEIMATWELT
Exegol

ZUGEHÖRIGKEIT
Sith (geheim), Erste Ordnung

STÄRKEN
Machtwahrnehmung, Telekinese, Machtblitze

ZIEL
Eroberung der Galaxis

STATUS
Getötet von Kylo Ren

Seit sie besteht, lauert die Erste Ordnung großteils im Schatten der Unbekannten Regionen. Ihr Anführer ist ein groß gewachsener, aber gebrechlicher Humanoide, ein vernarbtes, nur als Snoke bekanntes Wesen. Der starke Machtnutzer weist jede Verbindung zu den Sith von sich und gibt wenig über seine Herkunft preis.

Gut möglich, dass Snoke selbst die Wahrheit über sich nicht kennt, ist er doch ein Strangguss – ein vom wiedererweckten Darth Sidious als sein Stellvertreter erschaffenes, künstliches Genkonstrukt. Snoke hat einen freien Willen, aber es ist Sidious, der die Fäden zieht.

Snoke spürt das Kommen von Rey als ein Erwachen der Macht, ist enttäuscht, als Kylo Ren, der unter ihm die Erste Ordnung befehligt, sie nicht aufhalten kann, und stachelt ihn an, um die Dunkelheit in ihm zu schüren. Zwar kennt er gemeinhin Rens Gedanken und Absichten nur allzu gut, doch sieht er nicht vorher, dass dieser ihn überlisten will.

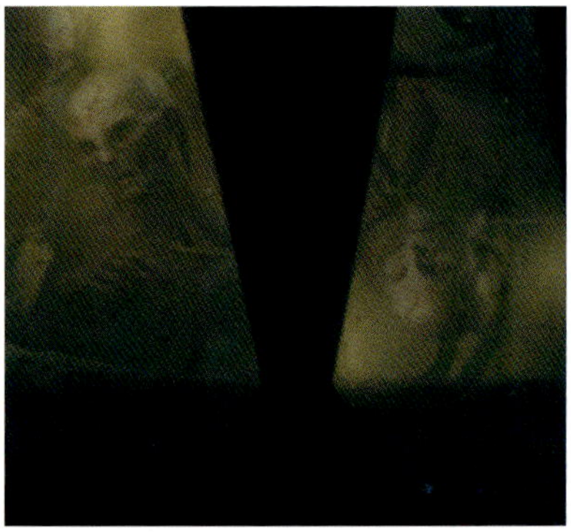

Klonbrüder Auf Exegol hält Palpatine viele genetische Kopien des Obersten Anführers Snoke in einem Tank vor.

»Es gab ein Erwachen. Hast du es gespürt?«

Snoke

Durch Snoke, der von Kylo Ren verraten und niedergestreckt wird, bewahrt Sidious die Tradition, dass ein Schüler der dunklen Seite den Meister tötet, um aufzusteigen, ohne selbst ins Visier zu geraten. Als neuer Oberster Anführer spürt Ren Snokes Vergangenheit nach – was nur noch mehr Fragen aufwirft. Mit Snokes Tod hatte er erwartet, die finstere Stimme los zu sein, die er seit Jahren im Kopf gehört hatte, doch sie ist weiter da. Dies lässt ihn vermuten, dass jemand Snoke manipuliert hat. Rens Suche nach Antworten führt ihn sodann zum tot geglaubten Imperator auf Exegol, wo in einem Labor tief in einer Sith-Stätte weitere Snoke-Körper in einer Nährflüssigkeit ruhen. ■

MASKIERTE MARODEURE

DIE RITTER VON REN

HOLOCRON-DATEN

BEZEICHNUNG
Ritter von Ren

HEIMATWELT
Mobil

ZUGEHÖRIGKEIT
Unabhängig

STÄRKEN
Kampf mit und ohne Waffen, leichte Machtkräfte

ZIEL
Chaos und Gewalt

STATUS
Getötet von Ben Solo auf Exegol

Schrecken Die Ritter verbreiten überall Angst – bei der Jagd nach Rey auf Kijimi und an Bord von Sternenzerstörern.

Die Ritter von Ren sind eine Gruppe Marodeure, die in gesetzlosen Gebieten rund um die Unbekannten Regionen auf Beutezug gehen. Sie greifen auf die dunkle Seite zurück, hängen aber keiner Machtlehre an. Insgesamt sind sie zu siebt: Schnitter Vicrul, Waffenmeister Cardo, der die Keule schwingende Ushar, Trudgen mit dem Vibrobeil, der Schütze Kuruk, Axtkämpfer Ap'lek und ihr Anführer Ren, der mit einem Lichtschwert kämpft. Mit ihrem Raumschiff, der *Night Buzzard,* fallen die Ritter über die spärlich besiedelten Welten der Unbekannten Regionen her.

Im Laufe ihrer Reisen begegnen Luke Skywalker und Ben Solo den Rittern von Ren auf Elphrona. Ben ist noch Schüler von Skywalker, der die Ritter, unbeeindruckt von deren rudimentärem Einsatz der dunklen Seite, spielend besiegt, ihr Leben aber verschont. Ihre Stärke und ihr gesetzloses Gebaren beeindrucken jedoch den jungen Ben, dem sie in den Folgejahren nicht aus dem Sinn gehen. Als Ben sich dem Obersten Anführer Snoke verschreibt, lässt dieser ihn bei den Rittern von Ren wertvolle Fähigkeiten erlernen.

Als Teil seiner Initiation tötet Ben Solo Ren und nimmt seinen Titel an. Als Kylo Ren, Meister der Ritter von Ren, legt er sich Ausrüstung und Waffen zu, die seiner neuen Führungsrolle gerecht werden. Als er gar zum Obersten Anführer der Ersten Ordnung aufsteigt, lässt er seine Ritter die Schrottsammlerin Rey aufspüren. Diese verfolgen sie und ihre Freunde daraufhin nach Pasaana und Kijimi.

Nachdem Ben Solo seinen Titel wieder abgelegt hat, kämpft er in den Tiefen Exegols mit den Rittern und schafft es, allen sechs seiner früheren Gefolgsleute mit seinem Lichtschwert ein Ende zu bereiten. ■

»Leichenfledderer.«

Sturmtruppler der Ersten Ordnung

MEHR ALS JEDI UND SITH

MACHTNUTZER

HOLOCRON-DATEN

BEZEICHNUNG
Machtnutzer, Machtsensitive

BEDEUTENDE ORTE
Machtvergenzen, uralte Welten in der ganzen Galaxis

AUSGEWÄHLTE VERTRETER
Der Vater, der Sohn und die Tochter, der Bendu, Machtpriesterinnen

ZIEL
Kultivierung der Macht

STATUS
Die Zeit wird es zeigen!

Nicht nur die Jedi und Sith nutzen die Macht. In der ganzen Galaxis finden sich andere, schwerer zu definierende Machtnutzer und Machtsensitive. Diese Wesen fühlen sich zumeist mehr zur hellen oder dunklen Seite hingezogen, unterwerfen sich aber nicht den Regeln eines der Orden und beschreiten teils ganz eigene Pfade. Wie die Macht selbst geben sich viele von ihnen rätselhaft und geheimnisvoll und sind dem Großteil der Galaxis unbekannt.

Wandgemälde Ein Bildnis der Mortis-Götter dient in Lothals Jedi-Tempel als Portal zur Welt zwischen den Welten.

Selbst wenn jemand Wissen über solche Wesen erlangt, kann dieses schwer zu fassen sein. In den Klonkriegen folgen Obi-Wan Kenobi, Anakin Skywalker und Ahsoka Tano einem alten Notsignal der Jedi und finden sich in einem unerforschten Teil des Alls wieder, genannt Mortis. An dem sich stetig verändernden, paradiesischen Ort leben drei machtvolle Wesen im Kampf um die Vorherrschaft. Dabei wahrt der Vater das Gleichgewicht zwischen dem Sohn, der die dunkle Seite verkörpert, und der Tochter, die für die helle Seite steht.

Der Vater spürt, dass seine Zeit endet, und hofft, dass Anakin, der für ihn der prophezeite Auserwählte ist, seinen Platz einnimmt. Dessen Gegenwart stört das Gleichgewicht der drei. Der Sohn tötet die Tochter und versucht, Anakin auf die dunkle Seite zu ziehen, der schreckliche Visionen von den Untaten hat, die er eines Tages als Darth Vader begehen wird. Vorerst wiedersteht er aber der dunklen Seite. Mortis' Götter sterben (was an diesem Ort das Gleichgewicht wiederherstellt), und die Erinnerungen der Besucher an die Geschehnisse verblassen.

Jedi-Großmeister Yoda erfährt mehr über die kurioseren Aspekte der Macht, als der Geist Qui-Gon Jinns ihn an einen strahlenden Ort schickt, den »Machtplaneten«. Fünf übernatürliche Machtpriesterinnen verkörpern dort die Verbindung von Lebendiger und Kosmischer Macht. Ihre Heimat ist der Geburtsort der Midi-Chlorianer und auf keiner Karte zu finden. Die mystischen Wesen präsentieren sich als Gelassenheit, Freude, Verwirrung, Traurigkeit und Wut und stellen Yoda auf die Probe, um ihm die größere Bedeutung der Macht zu zeigen – und wie man nach dem Tod sein Bewusstsein in der Lebendigen Macht bewahrt.

Die Macht sei mit dir Wie die Macht wahrgenommen und für eigene Zwecke genutzt wird, variiert von Person zu Person und von Gruppe zu Gruppe.

Frangawl-Kult
Anhänger der dunklen Seite, die den bardottanischen Kriegsdämon Malmourral anbeten.

Der Ordu Aspectu
Nicht mehr existierende Jedi-Splittergruppe, die Padawane opferte, um Unsterblichkeit zu finden.

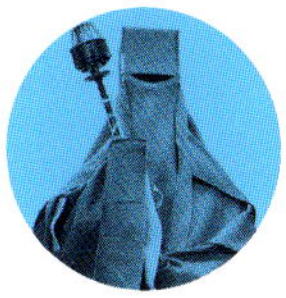

Pilger von Jedha
Machtgläubige, die auf Jedha spirituelle Führung suchen. Andere wie Chirrut Îmwe geben dort ihr Wissen über Machtkräfte weiter.

Orphne
Wunderliche Nymphe von Aleen, die auf ihrer Welt ein Gleichgewicht in der Macht anstrebt.

Lasat-Prophezeiung
Überlebende von Lasan lassen sich vom »Ashla« (so nennen sie die Macht) zu ihrer neuen Heimat Lira San führen.

Die Beziehung der auf eigenen Pfaden wandelnden Dagoyanischen Meister zum rigiden Jedi-Orden ist belastet. Diese Machtnutzer von Bardotta zeichnen sich durch eine passive Verbindung zur Macht und einen Fokus auf Meditation aus. Sie sind keine Krieger und nutzen die Macht, um Einfühlungsvermögen, Harmonie und Wissen zu erlangen. Einfluss auf die physische Welt lehnen sie ab. Dies führt zu einer sehr persönlichen Verbindung, bei der die Unterscheidung nach hell und dunkel nachrangig ist. In einer dagoyanischen Schule lernen alle Bardottaner die Kunst der Meditation.

Schlechte Einflüsse

Auf der dunklen Seite finden sich Machtnutzer, die auf ihre ureigene Art Chaos in der Galaxis anrichten. Zu ihnen zählen die Zeffo, eine zunächst friedfertige Kultur, die der dunklen Seite verfiel. Für die uralte Spezies vom Planeten Zeffo ist die Macht der »Lebenswind«. Wer stark in der Macht ist und sich mit ihr verbinden kann, wurde ursprünglich als Weiser verehrt. Unter Führung des dem Bösen verfallenen Kujet bauten sie jedoch eine Hochburg auf Dathomir auf. Nach Kujets Tod brachen die verbliebenen Zeffo in der Hoffnung, Frieden zu finden, ins große Unbekannte auf.

Auf dem fernen Planeten Exegol, tief in den Unbekannten Regionen der Galaxis, leben die Sith-Ewigen in einer alten Zitadelle der Sith. Die Robe tragenden Kultisten sind Palpatine treu ergeben und folgen ihm blind. Sie sehnen sich nach der Rückkehr der Herrschaft der Sith und warten nahezu ohne jeglichen eigenen Willen ehrfürchtig darauf, dass Palpatine wieder seine volle Stärke erlangt. Ihre Zahl, inklusive Sith-Trupplern und anderen Militärkräften, mag groß sein, aber ihre individuellen Machtfähigkeiten sind ungewiss. ■

» Meine Kinder und ich können die Macht wie kein anderer manipulieren. «

Der Vater

Der Bendu

Der strikt zwischen der hellen und dunklen Seite der Macht stehende Bendu gibt sich nie der einen oder anderen Seite hin. Das riesenhafte Wesen lebt auf dem Planeten Atollon friedlich im felsigen Ödland ruhend. Der Bendu mischt sich nicht in die Praktiken der Jedi und Sith ein, hilft aber Machtsensitiven dabei, mit persönlichen Prüfungen ihre Ängste und inneren Konflikte zu bewältigen. Ebenso groß wie seine Verbindung zur Macht sind seine Kräfte. Der Bendu kann die Emotionen anderer fühlen, verschwinden und wiedererscheinen, Sturm aufziehen lassen und sogar die Zukunft sehen. Er ist auch sehr alt und hat durch lange Meditation über die Macht großes Wissen erworben.

Kanan Jarrus hilft der Bendu dabei, sich mit seiner Blindheit abzufinden, seine Unsicherheit zu überwinden und sich wieder der Macht zu öffnen. Als das Imperium auf Atollon einfällt, stellt er sich auf keine der Seiten und fügt dessen Schiffen ebenso wie denen der Rebellen Schaden zu. Später verschwindet er.

DIE SKYWA

KERS

Die Familie Skywalker, die wohl einflussreichste Familie in der Geschichte der Galaxis, ist auf ewig mit einigen der wichtigsten Momente in den Annalen der Jedi, bei der Rückkehr der Sith und in Sachen der Republik verbunden. Dabei steht der Name Skywalker für große Macht, hohes Ansehen, manchmal Chaos und am Ende für die Wiederherstellung des Friedens in der Galaxis.

- **41 VSW4** Anakin Skywalker wird geboren.
- **22 VSW4** Anakin und Padmé Amidala heiraten heimlich.
- **3 VSW4** Leia schließt sich der Rebellenallianz an.
- **4 NSW4** Nachdem er Erlösung gefunden hat, wird Anakin eins mit der Macht.
- **5 NSW4** Ben Solo wird geboren.
- **28 NSW4** Ben zerstört Lukes Jedi-Tempel und wird zu Kylo Ren.
- **34 NSW4** Rey findet Luke und wird von ihm unterwiesen, ehe er eins mit der Macht wird.
- **35 NSW4** Ben rettet Rey das Leben, wird selbst aber eins mit der Macht.

- **32 VSW4** Anakin beginnt seine Jedi-Ausbildung.
- **19 VSW4** Anakin wird zu Darth Vader. Padmé stirbt bei der Geburt von Luke und Leia.
- **0 SW4** Luke beginnt seine Jedi-Ausbildung.
- **4 NSW4** Leia übt mit Luke und heiratet Han Solo.
- **15 NSW4** Luke beginnt mit Bens Ausbildung. Rey wird geboren.
- **28 NSW4** Leia wird aus der Regierung der Neuen Republik gedrängt.
- **35 NSW4** Leia stirbt und wird eins mit der Macht, nachdem sie ihrem Sohn auf die helle Seite geholfen hat.
- **35 NSW4** Rey nimmt auf Tatooine den Namen Skywalker an.

Über mehrere Generationen hinweg spielt die Familie Skywalker eine wichtige Rolle in historischen Konflikten wie den Klonkriegen, dem Galaktischen Bürgerkrieg und dem Aufstieg der Ersten Ordnung. Die Skywalkers sind selten vereint, übernehmen sie doch in jeder Ära Führungsrollen in gegnerischen Fraktionen. Im Lichte von Hoffnung, Tragödie und Wandel ist die Familie stark in der Macht und gilt in der Galaxis als legendär.

Shmi Skywalkers Sohn Anakin gibt Rätsel auf, denn er hat keinen Vater und wurde womöglich durch den Willen der Macht empfangen. Weil der Junge Dinge sehen kann, bevor sie passieren, wird der Jedi-Meister Qui-Gon Jinn aufmerksam auf ihn. Der Jedi findet heraus, dass Anakin unglaublich stark in der Macht ist und der prophezeite Auserwählte sein könnte, der der Macht das Gleichgewicht bringt. Daher will Qui-Gon ihn zum Jedi ausbilden. Der mutige Junge riskiert sein Leben, um Qui-Gon bei seiner Mission zu helfen, Königin Padmé Amidala von Naboo bei der Befreiung ihres Planeten von der Handelsföderation beizustehen. Als der Jedi im Kampf fällt, wird dessen vorheriger Padawan Obi-Wan Kenobi Anakins neuer Meister.

Zehn Jahre später spielen Anakin und die nun als Senatorin dienende Padmé wichtige Rollen in den Klonkriegen. Sie verlieben sich, was den Jedi an sich verboten ist, und heiraten heimlich. Als Padmé bemerkt, dass sie schwanger ist, blicken sie und Anakin freudig der Zukunft entgegen. Doch Anakin hat zunehmend Angst, dass Padmé bei der Geburt stirbt. Diese Schwäche nutzt Darth Sidious aus, den das Volk als gütigen Obersten Kanzler Palpatine kennt. Als Anakin hinter dessen Geheimnis kommt, verrät der den Sith an die Jedi, die sodann versuchen, ihn zu verhaften. Anakin soll sich dabei heraushalten, wird aber von Sidious zur dunklen Seite verführt und wendet sich gegen die Jedi. Er hilft, Meister Windu zu töten, wird zum Sith-Lord Darth Vader und trägt zur Auslöschung des gesamten Jedi-Ordens bei.

Anakins Taten entsetzen Padmé, aber sie kann ihn auf Mustafar nicht von der dunklen Seite abbringen. Daraufhin duelliert sich Obi-Wan mit seinem alten Schüler und verwundet ihn schwer. Als Vader von Sidious gerettet wird, bringt Padmé heimlich die nächste Generation Skywalkers zur Welt, nennt die Zwillinge Leia und Luke und stirbt tragischerweise danach. Obi-Wan und Yoda hoffen, dass die Kinder Jedi wie ihr Vater werden können, und verstecken sie. Padmés Freunde Bail und Breha Organa adoptieren Leia, Shmis Stiefsohn Owen Lars und seine Frau Beru nehmen Luke auf.

Tyrannische Zeiten

Als der Jedi-Orden ausgelöscht ist, herrscht Palpatine als Imperator – mit Vader als seinem Vollstrecker. Wie zuvor ihre Eltern werden Luke und Leia zu zentralen Figuren in der nächsten Zeit des Aufruhrs, dem Galaktischen Bürgerkrieg, ahnen aber nicht, dass sie Zwillinge sind. Leia wird zur starken Anführerin in der Rebellenallianz, während Luke unvermittelt in die galaktischen Ereignisse hineingezogen wird. Er genießt die Aussicht, von Obi-Wan und Yoda zum Jedi ausgebildet zu werden, und tritt der Allianz bei. Seit ihrer Flucht vom Todesstern bilden

Luke und Leia dabei ein gutes Team mit dem Schmuggler Han Solo.

Inmitten des Konflikts erfährt Luke von Darth Vader zu seinem Entsetzen, dass dieser sein Vater ist. Der Sith-Lord hat dies unlängst herausgefunden und will mit Luke an seiner Seite über die Galaxis herrschen. Der junge Jedi lehnt ab und flieht mit Leia.

Kurz vor der Schlacht von Endor wird Luke bewusst, dass Leia seine Schwester ist. Nachdem er es ihr erzählt hat, begibt Luke sich auf den zweiten Todesstern, um sich den Sith zu stellen, während Leia am Bodenangriff auf dem Waldmond Endor beteiligt ist. Durch Mitgefühl erlöst Luke seinen Vater und bringt ihn dazu, wieder Anakin zu werden. Als solcher bereitet er Palpatines Treiben ein Ende und erfüllt seine Rolle als Auserwählter. Dann wird Anakin eins mit der Macht und sieht die Siegesfeier der Rebellen mit an.

Ära der Hoffnung

Nachdem Luke und Leia eine Zeit des Friedens eingeläutet haben, tun sie alles, um diesen zu bewahren. Als Jedi-Meister bildet Luke eine Weile Leia aus, bis sie das Gefühl überkommt, dass ihr Sohn am Ende ihrer Tage als Jedi sterben wird, und sich auf ihre politische Karriere in der Neuen Republik verlegt. Leia und Han heiraten und bekommen einen Sohn, den sie Ben nennen.

Wie sein Großvater hat Ben Solo große Macht und will sich beweisen. Luke nimmt ihn als Padawan an und baut einen kleinen Jedi-Tempel auf. Aus den Schatten setzt Palpatine, der dem sicheren Tod entronnen ist, Handlanger ein, um Ben zur dunklen Seite zu verführen. Der aufstrebende Jedi schließt sich unter dem Namen Kylo Ren der Ersten Ordnung an, dem Nachfolger des Imperiums. Luke begibt sich voller Schuldgefühle ins Exil und lässt die Galaxis hinter sich.

Als öffentlich wird, dass Darth Vader Leias Vater war, wird sie aus der Politik verstoßen. Leia gründet danach den Widerstand, eine kleine Militäreinheit, die die zur Bedrohung werdende Erste Ordnung im Blick behält. Als sie erfährt, dass ihr Sohn der dunklen Seite erlegen ist, ist sie bestürzt und ihre Ehe zerbricht. Leia tritt jedoch unerschütterlich weiter für die Bewahrung des Friedens ein.

Als die Erste Ordnung sich erhebt, um über die Galaxis zu herrschen, stehen erneut Skywalkers auf beiden Seiten des Konflikts. Eine Schrottsammlerin namens Rey ist in die Ereignisse verwickelt – ebenso wie Han Solo, der sich ihrer annimmt. Rey sieht einen Teil der Karte, die zu Luke führt, und wird von Kylo Ren entführt. Nach seiner Rückkehr zu Leia leitet Han eine Mission, um Rey von der Starkiller-Basis zu befreien und die Superwaffe zu zerstören. Dies gelingt, aber Han wird von Kylo getötet, der beweisen will, auf welcher Seite er steht.

Leia bleibt keine Zeit für Trauer, da sie ihre Truppen in Sicherheit bringen muss, während Rey Luke aufsucht, um ihn um Hilfe zu bitten. Nach Anlaufschwierigkeiten bringt Luke ihr mehr über die Macht bei. Als die Überlebenden des Widerstands belagert werden, verschafft Luke ihnen Zeit, damit Rey sie retten kann. Luke ist davon so erschöpft, dass er eins mit der Macht wird, während Kylo Ren als Oberster Anführer der Ersten Ordnung herrscht, nachdem er sich Snokes entledigt hat.

Leia baut den Widerstand wieder auf und setzt Reys Ausbildung fort. Nach einem Jahr versucht sie, mit letzter Kraft über die Macht zu ihrem Sohn durchzudringen und stirbt. Ihr Tod und Reys Einsatz der Macht, um ihm das Leben zu retten, sorgen dafür, dass Ben ins Licht zurückkehrt. Er und Rey stellen sich auf Exegol Palpatine und vernichten ihn und die Sith ein für alle Mal. Bens letzte Tat ist es, Rey zu retten. Er holt sie von den Toten zurück und gibt dafür sein Leben, womit die Skywalker-Blutlinie endet. Ben und Leia werden eins mit der Macht, während Rey, nun letzte der Jedi, den Namen Skywalker annimmt und das Erbe fortführt. ■

Blick in die Zukunft Luke und Leia, beide nun eins mit der Macht, sind stolz, dass Rey ihr Erbe antritt.

Skywalker-Stammbaum

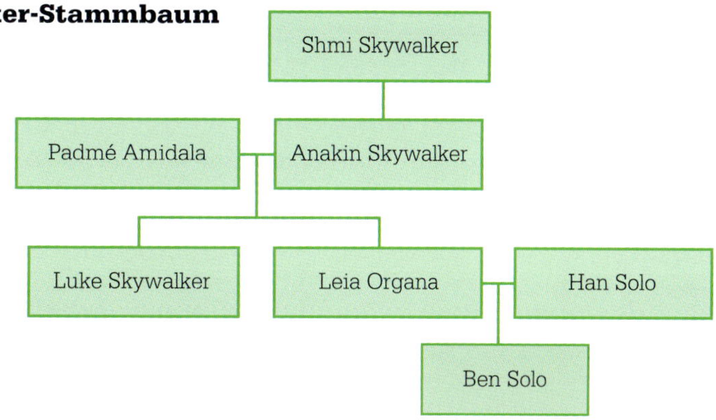

DER AUSERWÄHLTE

ANAKIN SKYWALKER

HOLOCRON-DATEN

NAME
Anakin Skywalker/ Darth Vader

SPEZIES
Mensch

HEIMATWELT
Tatooine

ZUGEHÖRIGKEIT
Jedi, Republik, Sith, Imperium

STÄRKEN
Jedi-Reflexe, Machtgeschwindigkeit, Telekinese, Visionen, stark im Lichtschwertkampf

ZIELE IM LAUFE DER ZEIT
Jedi werden, Tod besiegen, über die Galaxis herrschen

STATUS
Eins mit der Macht

Der auf dem Wüstenplaneten Tatooine geborene Anakin Skywalker verbringt seine Kindheit mit seiner Mutter Shmi in Sklaverei. Anakin ist freundlich, aufmerksam und talentiert, wenn es darum geht, mechanische Geräte aller Art zu reparieren. Er hat auch die übernatürliche Fähigkeit, Dinge zu sehen, bevor sie passieren, was er seiner starken Verbindung zur Macht verdankt, wie er erfährt.

Der Jedi-Meister Qui-Gon Jinn entdeckt den Neunjährigen und bietet ihm die Möglichkeit, zu den Sternen zu fliegen und ein Jedi zu werden, was dem ehrgeizigen Kind einen tieferen Sinn im Leben gibt. Anakin lernt auch Padmé Amidala, die Königin von Naboo, kennen, die eine große Rolle in seinem Leben spielen soll. Für die Ausbildung zum Jedi muss er seine Mutter verlassen

Schlacht von Naboo Anakin greift ungewollt in die Raumschlacht ein und zerstört im richtigen Augenblick ein wichtiges Schlachtschiff des Feindes.

»Ist es möglich, diese Fähigkeiten zu erlernen?«

Anakin Skywalker

Jedi-General Anakin wird zum angesehenen General und führt die 501. Legion auf vielen Welten wie Kamino und Teth zum Sieg.

und nach Coruscant reisen, was ihn innerlich zerreißt. Qui-Gon erkennt in Anakin eine Vergenz der Macht und hält ihn für den Auserwählten, der der Macht das Gleichgewicht bringt. Seine gesteigerten Reflexe und ein erstaunlicher Midi-Chlorian-Wert sprechen ebenfalls dafür.

Jedi-Ritter

Der Hohe Rat zeigt sich verhalten, was Anakins Ausbildung angeht. Besonders die Meister Windu und Yoda halten den Jungen für zu alt. Doch die Rückkehr der Sith und Qui-Gons Überzeugung lassen Yoda am Ende einwilligen. Anakin kann es gar nicht erwarten, alles von Meister Qui-Gon zu lernen, und begleitet ihn nach Naboo. Leider wird dieser dort von einem Sith getötet, woraufhin dessen voriger Padawan Obi-Wan Kenobi sein Meister wird. Anakin hat in kurzer Zeit zwei für ihn wichtige Menschen verloren und braucht Stabilität, die ihm sein neuer Lehrer bietet.

Zehn Jahre lang unterweist Obi-Wan Anakin im Umgang mit der Macht. Die beiden knüpfen starke Bande und werden zu mächtigen Streitern für das Gute. Zwar kommt es mitunter zu Spannungen, doch im Herzen sind sie wie Brüder.

Als Padmé, die nun Senatorin ist, fast getötet wird, stellt der Jedi-Rat ihr Obi-Wan und Anakin zur Seite. Dabei kommen sich Anakin und Padmé schnell näher und verlieben sich. Sie heiraten heimlich, können ihre Beziehung jedoch nicht offen leben, da den Jedi enge Bindungen verboten sind. Dies stellt das Paar vor eine große Herausforderung.

Drei Jahre lang sorgen die Klonkriege in der ganzen Galaxis für Zwietracht und strapazieren die Rolle der Jedi-Ritter als Hüter des Friedens arg. Zwar wissen die Jedi nichts von seiner Ehe, doch Yoda ist bewusst, dass Anakin Probleme hat, nach Art der Jedi loszulassen. Um dies zu lernen, weist er ihm mit Ahsoka Tano einen Padawan zu. Wie ihr Meister ist die Togruta recht eigensinnig, ruht aber im Gegensatz zu ihm mehr in sich und übt einen positiven Einfluss auf Anakin aus. In den Klonkriegen entwickeln sie sich individuell wie auch als Team weiter und vermitteln einander in der sich stetig wandelnden Galaxis gewisse Beständigkeit. Als Ahsoka fälschlich eines Verbrechens beschuldigt wird und keine Unterstützung von den Jedi erhält, ist sie enttäuscht vom Orden und wendet sich von diesem ab. Einmal mehr verliert Anakin eine enge Bezugsperson und zweifelt allmählich selbst am Jedi-Orden. »

Anakin Skywalkers Leben

41 VSW4
Unerklärliche Geburt
Shmi Skywalker bringt Anakin Skywalker auf Tatooine zur Welt.

32 VSW4
Jedi-Padawan
Obi-Wan beginnt, Anakin auszubilden.

22 VSW4
Die Klonkriege
Die Klonkriege brechen aus, und Anakin heiratet Padmé Amidala.

19 VSW4
Ex-Padawan
Anakins Schülerin Ahsoka Tano verlässt enttäuscht den Orden der Jedi.

19 VSW4
Jedi-Jäger
Vader beginnt mit der Jagd auf die verbliebenen Jedi.

19 VSW4
Lord Vader
Anakin verfällt der dunklen Seite und wird zu Darth Vader.

4 VSW4
Belagerung von Lothal
Vader begibt sich nach Lothal, um gegen eine Rebellenzelle vorzugehen.

4 VSW4
Wiedersehen
Vader kämpft in einem Sith-Tempel auf Malachor mit Ahsoka Tano.

0 SW4
Schlacht von Yavin
Der Rebellenpilot Luke Skywalker zerstört den Todesstern.

3 NSW4
Familienbande
Darth Vader verrät Luke Skywalker, dass er dessen Vater ist.

4 NSW4
Rückkehr ins Licht
Vader rettet seinen Sohn und findet Erlösung.

»Wenn du nur wüsstest, welche Überlegenheit einem die dunkle Seite der Macht verleiht.«

Darth Vader

Aufstieg in die Dunkelheit

Der Oberste Kanzler Palpatine, der insgeheim auch der Sith-Lord Darth Sidious ist, fädelt die Klonkriege ein, um Jedi-Orden und Republik ein Ende zu bereiten. Er verlangt, dass Anakin als sein Vertreter einen Sitz im Jedi-Rat erhält. Zwar akzeptieren die Ratsmitglieder diese unerhörte Maßnahme, erheben Anakin aber nicht in den Rang eines Meisters, was dessen Zweifel am Orden noch mehr schürt. Als Anakin hört, dass Padmé schwanger ist, ist er zuerst überglücklich, dann aber suchen ihn Visionen heim, dass Padmé bei der Geburt sterben wird. Palpatine nutzt dies aus, um den besorgten Jedi zu überzeugen, dass er Padmé mithilfe der dunklen Seite der Macht vor dem Tod bewahren kann.

Düstere Zukunft Auf Mortis hat Anakin eine schreckliche Vision seiner Zukunft als Darth Vader. Dank eines mächtigen Wesens vergisst er dieses Erlebnis.

Als die Wahrheit über Palpatine enthüllt ist, erschüttert dies Anakin zutiefst. Der Kanzler war immer ein Mentor für ihn, sodass er innerlich in einen Konflikt gerät. Er eilt zu Mace Windu, um den Jedi von der katastrophalen Entwicklung zu berichten, aber als Palpatine fast besiegt ist, lässt Anakin sich vom Angebot des Sith, Padmé zu retten, verführen und schlägt Mace den Unterarm ab, woraufhin Palpatine den Jedi-Meister tötet. Anakins Verlustängste führen dazu, dass er die Republik und die Jedi verrät, als er vor Darth Sidious kniet und sich als Darth Vader wieder erhebt.

Der Preis ist hoch für den neuen Sith-Lord und für die ganze Galaxis. Vader führt den Angriff auf den Jedi-Tempel an und tötet alle Jedi, die ihm begegnen. Erschüttert von seinen Taten stellen Padmé und Obi-Wan ihn auf Mustafar zur Rede, wo er in seiner Wut Padmé verletzt. Der von Anakins Wandlung entsetzte Obi-Wan liefert sich mit ihm auf dem Vulkanplaneten ein erbittertes Duell und lässt ihn dann schwer verwundet zurück. Sidious rettet Vader, indem er ihn in eine mit Lebenserhaltungssystemen ausgestattete schwarze Rüstung steckt, nimmt ihm so aber auch den letzten Funken Menschlichkeit. Um die Metamorphose abzuschließen, erzählt er Vader, dass er Padmé im Zorn getötet habe. In Wahrheit starb sie jedoch erst nach der heimlichen Geburt von Zwillingen. Seine Trauer wandelt sich in unstillbare Wut, die Vader das Licht nicht mehr sehen lässt, das einst hell in ihm brannte.

Mensch und Maschine

Darth Sidious beauftragt den Cyborgspezialisten Cylo, Vader eine lebenserhaltende Rüstung zu bauen. Vader verbessert sie später selbst noch.

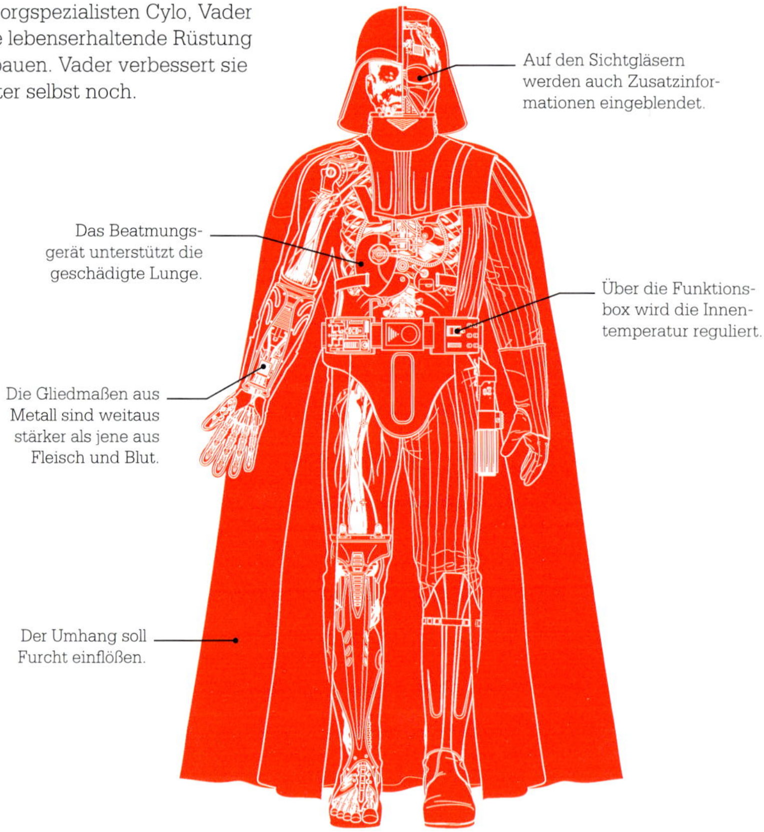

Über zwei Jahrzehnte lang jagt Darth Vader überlebende Jedi und Rebellen und bringt überall Tod und Zerstörung mit sich. Der Hass auf sich selbst und das, was aus ihm wurde, befeuert seinen Zorn und ist ihm als todbringender Vollstrecker des Imperators geradezu dienlich.

Keine Gnade Vader will unbedingt die Todessternpläne zurück und fertigt auf der *Profundity,* dem Flaggschiff der Allianz, die Rebellensoldaten ab.

Vader zeigt keine Gnade und tötet fast seine einstige Schülerin Ahsoka Tano, die bereit ist, sich und Vader zu opfern, aber dann gerettet wird.

Vader verachtet Palpatine und seine manipulative Art immer mehr und schmiedet Pläne, ihn zu töten. Als er herausfindet, dass sein Sohn Luke Skywalker lebt, will er ihn auf Bespin für die dunkle Seite gewinnen. Der Versuch schlägt jedoch fehl, und Luke kommt nur knapp mit dem Leben davon.

Lukes innere Stärke und Eifer als Jedi beeindrucken Vader, dessen Selbsthass und Glaube an die Sith allmählich bröckelt. Ein Jahr später deckt der Imperator Luke bei einer heftigen Konfrontation auf dem zweiten Todesstern mit Sith-Blitzen ein. Vader schreitet zur Tat, packt Sidious und wirft ihn in einen tiefen Schacht, scheinbar dem sicheren Tod entgegen. Durch sein Handeln findet er Erlösung, wird wieder zu Anakin Skywalker und geht in die Macht über. Mit Yoda und Obi-Wan als Machtgeistern an seiner Seite ist Anakin wieder der strahlende Held. ■

Duell in der Wolkenstadt Vader ist beeindruckt, wie viel sein Sohn Luke seit ihrem letzten Duell auf Cymoon 1 dazugelernt hat.

Shmi Skywalker

Die auf dem Planeten Tatooine lebende Shmi erzieht dort nach mysteriöser Schwangerschaft ihren Sohn zu einem liebevollen Menschen. Sie fördert seine Neugier und seinen Hang zur Arbeit mit Maschinen – etwas, das ihr auch zu eigen ist. Der Jedi-Meister Qui-Gon Jinn bestätigt ihre Vermutung, dass ihr Sohn stark in der Macht ist, und gibt ihren Segen, dass er fortgeht, um ein Jedi zu werden.

Shmi lebt als Sklavin, bis sie von Cliegg Lars befreit wird. Die beiden verlieben sich, heiraten und verbringen viele glückliche Jahre als Feuchtfarmer. Dann wird Shmi von Tusken-Räubern entführt und gefoltert. Ihr Sohn kehrt nach Tatooine zurück und will sie retten, doch Shmi ist zu schwer verletzt. Mutter und Sohn sind kurz wiedervereint, ehe sie in Frieden stirbt, da sie Anakin ein letztes Mal sehen konnte.

EINE NEUE HOFFNUNG
LUKE SKYWALKER

HOLOCRON-DATEN

NAME
Luke Skywalker

SPEZIES
Mensch

HEIMATWELT
Tatooine

ZUGEHÖRIGKEIT
Jedi, Rebellenallianz

STÄRKEN
Machtvisionen, gesteigerte Reflexe, Lichtschwertkämpfe, Telekinese, Machtprojektion, Jedi-Gedankentricks

ZIELE
Den Jedi-Orden neu aufbauen und der Galaxis wieder Freiheit bringen

STATUS
Eins mit der Macht

Luke Skywalker wächst auf der Wüstenwelt Tatooine bei Onkel Owen und Tante Beru Lars auf, ohne zu wissen, wer seine Eltern wirklich waren. Er hilft fleißig auf ihrer Feuchtfarm, doch seine Abenteuerlust lässt ihn häufig zu den Sternen blicken und träumen. Als er hinter dem Dünenmeer auf Ben Kenobi trifft, ändert sich alles. Luke erfährt von der Macht und den Jedi, war Ben doch einst selbst ein Jedi, der an der Seite von Lukes Vater in den Klonkriegen kämpfte. Luke hat seinen Vater nie gekannt, aber nun ist seine Sehnsucht nach Abenteuern nur noch größer.

Jedi-Ritter In der Wolkenstadt wird er auf die Probe gestellt, aber Luke nimmt seine Ausbildung ernst und beweist bei Han Solos Rettung Führungsstärke.

Ben überzeugt Luke, sich mit der Macht vertraut zu machen und ein Jedi wie sein Vater zu werden. Als sie im Astromech R2-D2 auf eine Botschaft von Rebellenanführerin Prinzessin Leia Organa stoßen, heuert Ben den Schmuggler Han Solo und seinen Co-Piloten, den Wookiee Chewbacca, an, um sie zum Planeten Alderaan zu bringen.

Unterwegs werden sie vom Imperium aufgegriffen und stecken auf dem Todesstern fest, wo sie entdecken, dass auch Leia an Bord ist. Sie fliehen mit der Prinzessin und den Plänen der Kampfstation, aber Ben wird im Lichtschwertduell von Darth Vader getötet. Mit neuer Hoffnung greifen die Rebellen den Todesstern an, wobei Luke, der einen ihrer X-Flügler fliegt, Bens Stimme hört, die ihm sagt, er solle der Macht vertrauen. Darauf landet er einen Millionentreffer, der die Kampfstation zerstört – der Grundstein für seinen Legendenstatus.

Die Zerstörung des Todessterns macht Vader auf Luke aufmerksam. Um ihn vorzubereiten, schickt Bens Machtgeist Luke nach Dagobah, wo er von Yoda lernen soll. Luke wird von dem Jedi-Meister unterwiesen

Suche nach Wissen

Als letzter verbliebener Jedi wird Luke Skywalker für den Orden zum Hüter dessen Erbes. Nach der Schlacht von Endor reist er zu vielen Welten und sammelt Wissen über die Jedi-Lehren. So entdeckt er verschollene Artefakte, historische Jedi-Schriften und Meisterin Nus Holocrons, die eine Fülle an Inhalten über das Wissen und die Geschichte der Jedi bieten.

Eine seiner Reisen führt ihn auf den unbesiedelten Planeten Pillio, wo er einen Jedi-Kompass findet, den Palpatine zerstört wissen wollte. Luke hält zudem nach Machtsensitiven für die nächste Generation der Jedi Ausschau.

Mit seinem Neffen und Schüler Ben Solo sowie Lor San Tekka begegnet Luke in einer verlassenen Jedi-Stätte auf Elphrona den mächtigen Rittern von Ren. Der Ort erweist sich als Quelle für weiteres Wissen, doch auch Bens Interesse an den die dunkle Seite der Macht nutzenden Rittern wird hier geweckt.

und zeigt großes Potenzial, doch die Angst um seine Freunde könnte sein Verderben sein. Trotz Yodas und Bens Einwänden unterbricht Luke seine Ausbildung, um sich in der Wolkenstadt Vader zu stellen. Beim Duell verliert er einen Arm und findet eine schreckliche Wahrheit heraus: Darth Vader ist sein Vater.

Im Laufe des Folgejahres lernt Luke, seine Ängste zu bewältigen, und stellt sich in der Schlacht von Endor Vader und dem Imperator. Diesmal setzt Luke auf die Liebe und führt Vader zurück zur hellen Seite. Dieser opfert sich, um seinen Sohn vor Palpatine zu schützen, und lässt seinen Sith-Meister in den vermeintlich sicheren Tod stürzen.

»Ich bin ein Jedi, genau wie mein Vater vor mir.«

Luke Skywalker

Wieder im Bunde mit der Macht
Mit seiner meisterhaften Täuschung auf Crait narrt Luke die Erste Ordnung.

Der letzte der Jedi

Luke konzentriert sich mit Ende des Imperiums auf den Wiederaufbau des Jedi-Ordens und bildet einige Schüler aus. Auch seine Schwester Leia unterweist er. Als Luke die dunkle Seite in seinem Neffen Ben Solo spürt, stellt er sich ihm. Dies führt zur Auslöschung von Lukes Orden, und Ben gibt sich als Kylo Ren ganz der dunklen Seite hin. Zerfressen von Selbstzweifeln und im Glauben, er habe seine Familie und die Galaxis enttäuscht, lässt Luke alles hinter sich und begibt sich auf Ahch-To heimlich ins Exil.

Die Schrottsammlerin Rey findet Luke jedoch und möchte von ihm zur Jedi ausgebildet werden. Er will sich nicht in den neuen Krieg hineinziehen lassen, aber Yoda gemahnt ihn, sich seiner Angst vor dem Scheitern zu stellen. Als letzte Tat projiziert Luke sich mithilfe der Macht quer durchs All auf den Planeten Crait, wo er Ren entgegentritt, damit der Widerstand fliehen kann. Danach wird er eins mit der Macht und hilft Rey, sich ihren Ängsten zu stellen, um die Galaxis zu retten. Nach ihrem Sieg sieht Luke zufrieden mit an, wie Rey ihren eigenen Weg einschlägt. ■

EWIGE HOFFNUNG

LEIA ORGANA

HOLOCRON-DATEN

NAME
Leia Organa

SPEZIES
Mensch

HEIMATWELT
Alderaan

ZUGEHÖRIGKEIT
Rebellenallianz, Neue Republik, Widerstand

STÄRKEN
Machtvisionen, gesteigerte Reflexe, Lichtschwertkämpfe

ZIEL
Der Unterdrückung in der Galaxis ein Ende bereiten

STATUS
Eins mit der Macht

Ob Prinzessin von Alderaan, Senatorin der Neuen Republik oder Anführerin des Widerstands, Leia Organa hat den Großteil ihres Lebens für Freiheit in der Galaxis gekämpft. Für Familie, Freunde und viele mehr ist sie zum Symbol der Hoffnung geworden.

Funken der Rebellion

Ohne anfänglich zu wissen, dass Darth Vader ihr Vater ist, wächst Leia als Adoptivtochter von Bail und Breha Organa und Thronerbin von Alderaan auf. Sie zeigt Führungsqualitäten, schult Körper und Geist, um jenen in Not zu helfen, und schließt sich in bereits jungen Jahren der Rebellion an.

An Bord ihrer Korvette entflieht Leia der Schlacht von Scarif mit den gestohlenen Plänen des Todessterns, der ultimativen Waffe des Imperiums. Über Tatooine wird ihr Schiff von Darth Vader aufgegriffen, aber Leia kann die Pläne von Bord schaffen. Daraufhin lässt Großmoff Tarkin vor ihren Augen Alderaan vernichten, wodurch sie mit einem Schlag Familie, Heimat und Volk verliert. Auch dieser katastrophale Verlust kann sie aber nicht beirren.

Nicht jeder teilt jedoch Leias Überzeugungen. Ein Beispiel ist der Schmuggler Han Solo, den sie kennenlernt, als er und Luke Skywalker sie aus den Fängen von Vader und Tarkin befreien. Leia hilft Han zu erkennen, dass es sich lohnt, für mehr zu kämpfen als nur für sich selbst, woraufhin er dazu beiträgt, die Kampfstation zu zerstören und dem Imperium einen Schlag zu versetzen.

In den folgenden drei Jahren setzt Leia sich unermüdlich dafür ein, dass wieder Frieden und Demokratie in der Galaxis einziehen. Als das Imperium überlebende Alderaaner jagt, führt sie einen Einsatz zu ihrer Rettung an. Es folgen Missionen nach Mon Cala, Cymoon 1 und zu vielen anderen Welten.

Vaders unnachgiebige Jagd auf die Rebellen führt zur Ergreifung von Han Solo in der Wolkenstadt, der daraufhin an Verbrecherlord Jabba den Hutt verkauft wird. Getarnt führt Leia mutig mit Luke, Chewbacca und Lando Calrissian eine Mission an, um Han aus den Fängen des Gangsters zu befreien.

Als ein zweiter Todesstern die Galaxis bedroht, steht Leia wieder

» Sag mir nicht, wonach es sich anhört. Sag mir, wie es ist. «

General Leia Organa

Blick für das Gute Leia weiß, dass Rey von Imperator Palpatine abstammt, nimmt aber dennoch niemals an, dass Rey böse sein könnte.

an vorderster Front. Sie freundet sich mit den heimischen Ewoks auf dem Waldmond Endor an und sichert den Rebellen so den Sieg. Mit diplomatischem Geschick und Mitgefühl für alles Leben schenkt sie der Galaxis weiter Hoffnung.

Stark in der Macht

Gegen Ende der Herrschaft des Imperiums erfährt Leia, dass sie Anakin Skywalkers Tochter und Lukes Schwester ist. Nun ergeben ihre natürlichen Machtkräfte für sie Sinn. Einst auf Alderaan überlebte sie eine Schlammlawine, indem sie intuitiv die Macht nutzte – obschon ihr das damals nicht bewusst war.

Leia lässt sich von Luke als Jedi ausbilden, zeigt großes Potenzial und schlägt ihn sogar in einem Lichtschwertduell. Letztlich sieht sie aber von weiterer Unterweisung ab, um der Galaxis auf andere Art zu helfen – nicht zuletzt, da sie in einer Vision sieht, dass ihr Kind am Ende ihrer Jedi-Laufbahn sterben wird.

Kurz darauf heiratet sie Han, und ihr Sohn Ben wird geboren. Leia sieht sich von mehreren Seiten bedrängt, als sie eine neue Bedrohung spürt, die für die demokratische Neue Republik eine echte Gefahr darstellt.

Trotz hohem Ansehen nehmen viele Leias Warnungen nicht ernst. Deshalb bringt sie sich, wider eigener Vorbehalte, ins Gespräch für eine Führungsrolle im neuen Amt des Ersten Senators. Als ihr Rivale Ransolm Casterfo herausfindet, dass Leia Darth Vaders Tochter ist, ist ihr Ruf jedoch zerstört und ihre Kandidatur beendet. Dies und die Entdeckung einer neuen Militärmacht bestärken sie im Glauben, dass die Galaxis in Gefahr schwebt.

Gegen die Erste Ordnung

Als die Erste Ordnung sich erhebt, gründet Leia trotz aller Zweifler den Widerstand. Die Lage wird für sie noch komplizierter, als ihr Sohn Ben sich der dunklen Seite zuwendet und zu Kylo Ren wird, was einen Keil zwischen sie und ihren Mann treibt. Doch Leia rekrutiert den Piloten Poe Dameron und andere, die sie für den Widerstand gewinnt.

Kylo Ren und die Erste Ordnung zeigen sich unerbittlich, aber Leia will ihren Sohn nicht aufgeben und denkt, dass noch immer Gutes in ihm steckt. Ihr Glaube wird belohnt, als Rey zum Widerstand stößt und Licht ins Dunkel bringt. Als Luke sich opfert, um den Widerstand zu retten, setzt Leia Reys Jedi-Ausbildung fort und wird für sie zur Mutterfigur, Mentorin und Meisterin.

Als der tot geglaubte Imperator Palpatine zurückkehrt, spürt Leia, dass der Konflikt bald endet. Sie bereitet ihre Truppen darauf vor, gegen die Letzte Ordnung zu kämpfen, und ihre Schülerin, sich dem obersten Sith-Lord zu stellen. In ihren letzten Momenten nimmt sie über die Macht Kontakt zu ihrem Sohn auf, was zu seiner Rückkehr ins Licht beiträgt. Die Anstrengung ist jedoch zu viel für ihre sterbliche Hülle. Sie stirbt, aber geht erst in die Macht über, als Ben zu ihr stößt und sie gemeinsam Frieden finden. ■

Freiheitskämpferin

Während Leia sich darauf vorbereitet, den Thron von Alderaan zu besteigen, erfährt sie, dass ihre immer öfter nicht anwesenden Eltern der Rebellion helfen. Sie schließt sich ihnen an und reist zu Systemen, die wegen der imperialen Unterdrückung Hilfe benötigen. So erarbeitet sie sich einen Ruf, der immer stärker werdenden Macht des Imperiums mit diplomatischem Geschick entgegenzuwirken. Sie trifft sich auch mit Hera Syndulla, Ezra Bridger, Kanan Jarrus, Garazeb Orrelios und Sabine Wren und verhilft den Mitgliedern der Phönix-Staffel zu drei Kreuzern für die Verstärkung ihrer Flotte.

Nach der Schlacht von Endor begibt sich Leia zur Heimatwelt ihrer biologischen Mutter, Padmé Amidala, um zu verhindern, dass Palpatine posthum mit seiner Operation Asche den Planeten zerstört. Dort rekrutiert sie Iden Versio und Del Meeko, die Teil des imperialen Inferno-Trupps waren, aber nun für das Gute kämpfen. Wie so oft ist Leias Zuspruch die Bestätigung, die sie brauchen, um ihr Potenzial voll auszuschöpfen.

VOM DUNKEL INS LICHT

BEN SOLO ALIAS KYLO REN

HOLOCRON-DATEN

NAME
Ben Solo/Kylo Ren

SPEZIES
Mensch

HEIMATWELT
Chandrila

ZUGEHÖRIGKEIT
Jedi, Ritter von Ren, Erste Ordnung

STÄRKEN
Machtpsychometrie, -heilung, -gewandtheit, und -geschwindigkeit, Telepathie, Telekinese, Lichtschwertkampf

ZIEL
Die helle Seite in sich auslöschen, koste es, was es wolle

STATUS
Wieder zur hellen Seite bekehrt und verstorben

Ben Solo, der Sohn von Han Solo und Leia Organa, ist Luke Skywalkers Neffe und zugleich sein vielversprechendster Jedi-Schüler. Ben ist erstaunlich stark in der Macht, doch ebenso stark innerlich zerrissen. Er fühlt sich oft allein, da seine Eltern selten da sind: Han treibt sich viel in der Galaxis herum, da er nie lange an einem Ort bleiben kann, und Leia nehmen ihre Pflichten als Senatorin in Anspruch. Bens Einsamkeit wird zur leicht ausnutzbaren Schwäche und macht ihn empfänglich für die Verlockungen der dunklen Seite. Mit seinen enormen Machtkräften und seiner familiären Herkunft ist er das perfekte Ziel für Snoke und dessen Schöpfer Darth Sidious, der beide ohne deren Wissen manipuliert.

Luke spürt die zunehmende Dunkelheit in seinem Schüler und schreitet überstürzt zur Tat. Die tragische Folge ist die Zerstörung seines Jedi-Tempels und der Tod der anderen Schüler. Ben, der sich missverstanden und nicht gewollt fühlt, flieht. Er wendet sich gänzlich vom Licht ab und schließt sich den Rittern von Ren an, indem er ihren vorherigen Anführer Ren tötet. Frei vom Druck, dem Namen Skywalker gerecht zu werden, nimmt Ben den Namen Kylo Ren an und findet neuen Lebenssinn als unbändige Waffe von Snoke und der Ersten Ordnung. In seiner Zerstörungswut wird Kylo nur vom dunklen Erbe seines Großvaters Darth Vader übertroffen, was ihn in seinem tödlichen Treiben noch bestärkt.

Dunkler Krieger Kylo Ren ist ein erbitterter und fähiger Kämpfer auf dem Schlachtfeld.

Als Luke sich zurückzieht, will Kylo Ren ihn vor dessen Freunden aufspüren. Bei seiner Suche stößt er auf Rey, eine Schrottsammlerin, die stark in der Macht ist. Sie kann seinen Versuchen widerstehen, Informationen aus ihrem Kopf zu erlangen, und besiegt ihn sogar im Lichtschwertkampf, obwohl sie nicht im Umgang mit der Macht geschult ist. Überschattet wird dies von Kylos letzter Begegnung mit seinem Vater auf der Starkiller-Basis. Im Streben, alles Gute und den Konflikt in sich auszulöschen, ermordet er diesen.

Die Tat hat nicht den erhofften Effekt und bedeutet für Kylo noch mehr Schmerz und Verunsicherung. Im Krieg mit sich selbst und allein wie eh und je findet er ungewohnten Trost in der Zwiesprache mit Rey, die wie er nicht weiß, dass sie eine prophezeite Dyade in der Macht bilden. Er überzeugt sie, zu ihm auf Snokes Megazerstörer *Supremacy* zu kommen, und hofft, mit ihr die Galaxis nach seinem verqueren Bild zu formen. Als Snoke mit Reys Folterung abgelenkt ist, aktiviert Kylo mithilfe der Macht ihr Lichtschwert und tötet ihn. Gemeinsam erledigen sie Snokes Prätorianergarde, doch danach will Rey sich nicht mit Kylo verbünden und lässt ihn als neuen Obersten Anführer der Ersten Ordnung zurück.

Wütend und rachsüchtig setzt Kylo auf Geheiß seines wahren Meisters – des wiedererweckten Imperators Palpatine – seine Jagd auf Rey fort, was auch die von ihr ausgehende Faszination verstärkt.

Ende der Ritter Letztlich wendet Ben sich sogar gegen die Ritter, die er trainiert hatte, um Palpatine zu besiegen.

Es ist noch Gutes in ihm

Im Wrack des zweiten Todessterns auf Kef Bir fühlt Kylo beim erneuten Duell mit Rey die Machtpräsenz seiner Mutter, die ihn an das Gute erinnert, das noch in ihm steckt. Rey spürt, dass er abgelenkt ist, und durchbohrt ihn mit dem Lichtschwert. Sogleich ist sie entsetzt von ihrer Tat und der Vorstellung, dass sie sich auf sein Niveau herabbegibt, und nutzt die Macht, um ihn wieder zu heilen.

Daraufhin stellt sich Kylo der Erinnerung an seinen verstorbenen Vater. Ergriffen von der Liebe seiner Eltern und Reys Mitgefühl schleudert er sein instabiles, rotes Lichtschwert ins Meer, schwört der Dunkelheit ab und wird wieder zu Ben Solo. Er fliegt nach Exegol, um Rey gegen den Imperator beizustehen. Sie besiegen ihn, aber es kostet Rey die letzten Kräfte. Ohne zu zögern, überträgt Ben seine Lebenskraft auf sie und opfert sich selbst, um sie wiederzuerwecken, und findet so Erlösung. ■

»Ich bin innerlich zerrissen. Ich möchte frei sein von diesem Schmerz.«

Kylo Ren

Eine komplizierte Geschichte

Während seiner Jedi-Ausbildung begleitet Ben Meister Luke auf der Suche nach verlorenem Wissen über die Macht. Mit dem Machthistoriker Lor San Tekka an ihrer Seite begegnen sie in einem alten Jedi-Außenposten auf Elphrona den Rittern von Ren. Ben schützt Lor San Tekka, und Luke fertigt die Krieger ab, ohne sie zu töten. Ihr Anführer spürt das Potenzial für die dunkle Seite in Ben und wendet sich an ihn. Ben ist danach ebenso verängstigt wie fasziniert.

Luke ist ein gütiger Meister, seine Aufmerksamkeit verteilt sich aber auf alle seine Schüler. Snoke nutzt es aus, dass Ben sich nach Zuwendung sehnt. Jahre später spürt Luke Snokes Einfluss auf seinen Neffen, aber erkennt nicht, dass dieser noch zwischen den Lehren der hellen und dunklen Seite zerrissen ist. Als Ben die Dunkelheit wählt, nimmt er den Namen Kylo Ren an, und Snoke belohnt ihn, indem er ihm die Ritter von Ren zur eigenen Verfügung überlässt.

SUCHE NACH DEM EIGENEN ICH

REY SKYWALKER

HOLOCRON-DATEN

NAME
Rey Skywalker

SPEZIES
Mensch

HEIMATWELT
Jakku

ZUGEHÖRIGKEIT
Widerstand, Jedi

STÄRKEN
Machtpsychometrie, -heilung, -gewandtheit, und -geschwindigkeit, Lichtschwertkampf, Jedi-Gedankentricks

ZIEL
Ihre Familie und Sinn in der Rettung der Galaxis finden

STATUS
Jedi-Meisterin, die hilft, den Frieden wiederherzustellen

Die scheinbar gewöhnliche Schrottsammlerin Rey, die allein auf der Wüstenwelt Jakku aufwächst, lebt in relativer Abgeschiedenheit und wartet Tag für Tag auf die Rückkehr ihrer Eltern. Obwohl sie nicht weiß, ob dies je geschieht, woher sie kommt und wie ihr Familienname lautet, harrt sie aus. Ihr Naturtalent als Pilotin, Mechanikerin und Kämpferin ist sehr hilfreich beim Durchstöbern der Wracks aus einem vergangenen Krieg. Unbeirrt widmet sie sich der harten Arbeit für ihren Boss Unkar Plutt, aber wonach sie sich wirklich sehnt, findet sich nicht auf einem Schrottplatz: Zugehörigkeit.

Alles ändert sich, als sie mit 19 Jahren dem Doriden BB-8, dem Ex-Sturmtruppler Finn und dem Kriegshelden Han Solo begegnet. Rey wollte Jakku nicht verlassen, aber der Krieg zwischen Widerstand und Erster Ordnung bricht aus. Sie und ihre neuen Freunde entdecken, dass BB-8 eine Karte besitzt, die zum verschwundenen Jedi-Meister Luke Skywalker führt. Um BB-8 zum Widerstand zurückzubringen, fliegt die Gruppe nach Takodana, wo Rey im Keller von Maz Kanatas Schloss ein Ruf ereilt. Ihre erste starke Begegnung mit der Macht bestätigt ihr, was sie eigentlich schon immer wusste: Es steckt eine ungenutzte Kraft in ihr. Die Macht führt sie zu Lukes Lichtschwert, und als Rey es berührt, überkommen sie beängstigende Stimmen und Visionen.

Dyaden-Duell Statt gegeneinander zu kämpfen, besiegen Rey und Ren vereint Snokes Wachen. Instinktiv spüren sie, was der andere als Nächstes tut.

Die Spiegelhöhle

Rey will wissen, wer ihre Eltern sind, und ihren Platz in der Galaxis finden. Sie hofft, auf Ahch-To Antworten zu erhalten. Im dortigen Jedi-Tempel ist die helle Seite der Macht stark konzentriert, während in einer finsteren Meereshöhle die dunkle Seite dominiert. Diese Höhle spricht zu Rey und verheißt ihr Wissen. Trotz Lukes Warnungen, sie nicht allein zu betreten, steigt sie in die Tiefe hinab und bittet die Macht, ihr ihre Eltern zu zeigen. Die Höhle zeigt ihr aber weder Mutter noch Vater, sondern endlose Spiegelbilder von Rey selbst und spielt mit ihrer Angst, dass sie immer schon allein war und es immer sein wird. Dies hilft ihr allerdings zu erkennen, dass sie womöglich niemand anderen braucht. Ihre Eltern definieren nicht, wer sie ist, sondern ihre Entscheidungen.

Erste Schritte

Als Rey in die Fänge der Ersten Ordnung gerät, spürt auch deren Befehlshaber Kylo Ren etwas in ihr. Mit der Macht versucht er, ihr das Wissen über Lukes Aufenthaltsort zu entreißen. Rey ist nicht geschult darin, kann Ren aber überraschend Widerstand leisten. Sie flieht und besiegt ihn durch intuitiven Einsatz von Lukes Lichtschwert im Duell. Leia Organa gewinnt Rey dafür, ihren Bruder Luke von Ahch-To zurückzuholen, dem Standort des ersten Jedi-Tempels. Rey hilft gern und hofft, dass Luke sie zur Jedi ausbildet. Er weigert sich erst, aber Rey lässt sich nicht abschrecken. Sie hat den Ruf der Macht ihr Leben lang vernommen und hofft, dass sie ihr hilft zu verstehen, wer sie ist.

Auch Kylo Ren ist neugierig, wer Rey ist. Die beiden sind miteinander einzigartig verbunden in einer Dyade, einem Zweiklang in der Macht, und können über große Distanzen hinweg kommunizieren. Sie nennt ihn bei seinem richtigen Namen, Ben Solo, und er provoziert sie damit, dass ihre Eltern niemand Besonderes gewesen seien. Sie tun sich zusammen, um den Obersten Anführer Snoke zu besiegen, aber keiner will seinen eingeschlagenen Weg verlassen. Rey flieht zurück zum Widerstand und setzt die Jedi-Ausbildung auf Ajan Kloss bei ihrer neuen Meisterin Leia fort. Sie lernt viel, auch mit der Macht zu heilen.

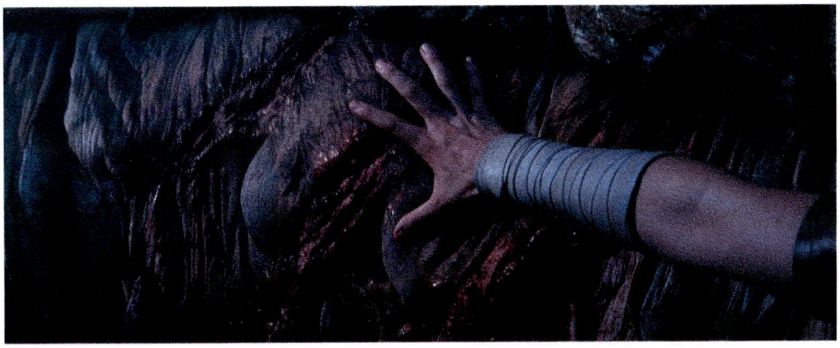

Lebenskraft Mithilfe der Macht kann Rey die verletzte Vexis in den Tunneln im Untergrund von Pasaana heilen.

Als offenbar wird, dass Imperator Palpatine tatsächlich von den Toten zurückgekehrt ist, bringt Kylo Reys Herkunft wieder zur Sprache, sagt ihr diesmal aber, dass sie Palpatines Enkelin ist. Aus Angst, dass die Suche nach dem eigenen Ich sie zur dunklen Seite führt, sieht sie eine böse Version ihrer selbst auf dem Sith-Thron und flieht wie ihr erster Lehrer nach Ahch-To. Als Machtgeist rät Luke ihr, sich ihren Ängsten zu stellen, um eine Jedi zu werden. Also stellt sie sich Palpatine auf Exegol und stirbt fast dabei. Sie akzeptiert jedoch, wer sie ist, und so sind die Stimmen vieler legendärer Jedi mit ihr und bringen sie dazu, sich wieder zu erheben und Palpatine mithilfe des ins Licht zurückgekehrten Ben Solo zu töten. Auf Tatooine vergräbt Rey Lukes und Leias Lichtschwerter und nimmt den Namen Skywalker an. Ihre Entscheidungen und nicht ihre Herkunft bestimmen, wer sie ist, was ihr Frieden und Lebenssinn schenkt. ■

> »Ich brauche jemanden, der mir meinen Platz in all dem zeigt.«
>
> **Rey**

GALAKTISC
REGIERUNG
UND IHRE
WIDERSAC

HE
EN
HER

Im Laufe der Geschichte pendelt das Machtgleichgewicht zwischen Demokratien und Diktaturen. Eine neue Regierung etabliert sich, eine andere Fraktion erhebt sich, um sich ihr zu widersetzen. Helden werden im ewigen Kampf, um das Schicksal der Galaxis zu entscheiden, ebenso wie Schurken zu Legenden. Dies sind die wichtigsten Regierungen, Einzelspieler und Gruppen, die dabei relevant sind.

UM 1032 VSW4 – **Galaktische Republik**
Nach dem Untergang des Sith-Imperiums hält die Demokratie Einzug.

32 VSW4 – **Palpatines Wahl**
Senator Palpatine – insgeheim der Sith-Lord Darth Sidious – wird zum Obersten Kanzler gewählt.

22 VSW4 – **Notstandsvollmachten**
Palpatine nutzt die von ihm geschürte Separatistenkrise, um Notstandsvollmachten zu erlangen und Truppen unter seinem Befehl aufzustellen.

19 VSW4 – **Galaktisches Imperium**
Palpatine ruft sich selbst zum Imperator aus und erteilt die Order 66, was zum Tod der meisten Jedi führt.

2 VSW4 – **Organisierte Rebellion**
Die Allianz zur Wiederherstellung der Republik wird gegründet.

0 SW4 – **Rebellensiege**
Die Rebellenallianz erringt bei Scarif und Yavin ihre ersten großen Siege.

0 SW4 – **Senatsauflösung**
Palpatine löst den Imperialen Senat auf.

Die Galaktische Republik ist eine der größten politischen Errungenschaften in der Geschichte der Galaxis. Sie vereint Tausende Mitgliedswelten unter einer demokratischen Führung, die die Interessen von Billionen von Wesen vertritt. Diese Republik herrscht nach dem Untergang des Sith-Imperiums über die Galaxis, aber die Machenschaften der Sith enden nicht an dieser Stelle. Dank der Intrigen eines Sith-Lords, Darth Sidious, wechseln sich Demokratie und Diktatur in der Galaxis ab. Er will die Republik nicht durch reine militärische Macht, sondern von innen heraus zerstören.

Rund tausend Jahre vor den Klonkriegen besiegt der Jedi-Orden das Sith-Imperium und ermöglicht so die Gründung der Galaktischen Republik. Die meisten Welten in der Galaxis willigen ein, sich unter einer Regierung zusammenzuschließen. Sie erhalten Stimmrecht im Galaktischen Senat und entsenden jeweils einen Senator, der sie dort vertritt, oft unterstützt von nachrangigen Abgeordneten und Assistenten. Der Stadtplanet Coruscant dient als Hauptwelt – das Regierungsviertel erstreckt sich rund um das große Senatsgebäude. Dort debattieren Tausende Senatoren über Gesetze und tauschen sich in vielen Gängen und Lobbys über Vorhaben aus.

Unter der Galaktischen Republik herrscht jahrhundertelang Frieden, und wenn es zu Konflikten kommt, obliegt es dem Jedi-Orden, diesen beizulegen. Wie schon zu Zeiten der Alten Republik stehen die Jedi dem Kanzler zur Seite und dienen im Auftrag des Senats als Streitschlichter, Unterhändler und Berater führender Politiker. Aufgrund der politisch stabilen Verhältnisse und Effektivität der Jedi unterhält die Republik kein stehendes Heer. Einige Sicherheitskräfte sowie lokale Verteidigungstruppen und kleine Privatarmeen genügen, um die Republik vor Gefahren zu schützen, die sie bedrohen.

» Ich werde nicht zulassen, dass diese Republik, die eintausend Jahre lang Bestand gehabt hat, einfach zerbricht. «

Oberster Kanzler Palpatine

4 NSW4
Palpatines Sturz
Imperator Palpatine wird in der Schlacht von Endor besiegt.

4 NSW4
Rückkehr der Demokratie
Die wieder von einem Senat regierte Neue Republik wird ausgerufen.

5 NSW4
Ende des Imperiums
Die Imperiale Flotte wird bei Jakku besiegt. Ihre Überreste fliehen in die Unbekannten Regionen.

29 NSW4
Gespaltene Republik
Welten spalten sich von der Neuen Republik ab und bilden den politischen Arm der Ersten Ordnung.

34 NSW4
Offener Krieg
Angesichts des kleinen Widerstands breitet sich die Erste Ordnung in der Galaxis aus.

34 NSW4
Starkiller-Vorfall
Die militärische Stärke der Ersten Ordnung wird mit der Vernichtung des Senats auf Hosnian Prime offenbar.

35 NSW4
Die Sith-Ewigen
Palpatine, der den Tod betrogen hat, erweist sich als Drahtzieher hinter der Ersten Ordnung. Der Sieg des Widerstands auf Exegol setzt Palpatines Wiedererstarken und der Ersten Ordnung ein Ende.

Neue Ordnung Palpatine steht vor dem Senat und erklärt sich zum neuen Imperator des Galaktischen Imperiums.

Während einer manchmal als Hohe Republik bezeichneten Blütezeit ist die Regierung ein Glanzbeispiel für das Erlangen von Wohlstand durch interplanetare Kooperation und Handel. Doch in ihren letzten Jahrzehnten ist die Republik nur noch ein Schatten ihrer selbst. Endlose Bürokratie, ineffiziente Ausschüsse, überlastete Gerichte und schwere Korruption lassen sie zum unfähigen Apparat verkommen. Kanzler Finis Valorum ist das Gesicht des Verfalls und wird letztlich während der Naboo-Krise abgesetzt, weil er es nicht schafft, die Handelsföderation im Zaum zu halten. Sein Nachfolger wird Sheev Palpatine von Naboo – insgeheim der Sith-Lord Darth Sidious –, der seine Amtszeit als Oberster Kanzler nutzt, heimlich die Basis für eine galaktische Diktatur zu legen.

Palpatines Machenschaften sorgen für Aufruhr im Äußeren Rand und eine Separatistenkrise, die droht, die Republik zu spalten. Um dieser Gefahr zu begegnen, stimmt der Senat für die Aufstellung einer Großen Armee und gewährt Palpatine umfassende Notstandsvollmachten. Dann kommt es zum Krieg mit den Separatisten, die ihr eigenes Parlament haben und nicht ahnen, dass die Sith auf beiden Seiten die Fäden ziehen. In den Klonkriegen erlangt Palpatine immer mehr politische Macht, bis er alles hat, um seine Feinde, die Jedi, zu vernichten, sich zum Imperator auszurufen und als tyrannischer Diktator über die Galaxis zu herrschen. »

Ära des Imperiums

Palpatines Plan geht auf, und die Republik wandelt sich schlagartig zum Galaktischen Imperium, in dem der Sith-Lord ebenso Macht über die Regierung wie das wachsende Militär hat. Die Legislative, nun als Imperialer Senat bekannt, besteht fort, ist jedoch nicht mehr als ein symbolisches Relikt aus früheren Zeiten. Verabschiedete Gesetze dienen allein Palpatines Zielen. Zwar hat der Senat keinen echten Einfluss im Imperium, doch frühe Funken der Rebellion entspringen Regierungskreisen. Der Demokratie treu ergebene Senatoren wie Bail Organa von Alderaan und Mon Mothma von Chandrila erheben im Senat ihre Stimme und bauen in aller Heimlichkeit ein Bündnis von Rebellensympathisanten auf.

Mit Fertigstellung des Planeten zerstörenden Todessterns benötigt Palpatine den Senat nicht länger, um die Sternensysteme im Griff zu behalten. Er löst den Senat auf, gibt den Regionalmoffs direkte Kontrolle und denkt, seine neue Kampfstation werde für genug Furcht sorgen, um Aufstände im Keim zu ersticken. Die Regierung ist nun fest in Händen des Palpatine direkt unterstehenden Militärs. Demokratie ist für viele nur noch eine blasse Erinnerung – und eine Hoffnung der Rebellenallianz.

Neue Republik

Je mehr die Gräuel des Imperiums zunehmen, desto stärker wird auch die Rebellenallianz, und es kommt zu entscheidenden Schlachten bei Scarif, Yavin und Endor. Als der Imperator über Endor getötet wird und die Imperiale Flotte wankt, erfüllt die Rebellion ihr ursprüngliches Versprechen: die Wiederherstellung der Republik. Die sogenannte Neue Republik stützt sich auf ähnliche Strukturen wie ihr Vorgänger. Ein gewählter Kanzler führt den wieder eingesetzten Senat an. Statt für Coruscant entscheidet man sich für wechselnde Hauptwelten, wo der Senat für eine gewisse Zeit tagt, ehe er weiterzieht. Der neue Senat mit Kanzlerin Mon Mothma an der Spitze sorgt für ein baldiges Ende des Krieges. Mit der Niederlage der Imperialen Flotte bei Jakku und der Unterzeichnung der Galaktischen Konkordanz durch die verbliebenen Imperialen ist der Bürgerkrieg offiziell beendet.

> »Um weiterhin allgemeine Sicherheit und Stabilität zu gewährleisten, wird die Republik umgestaltet werden, und zwar zum Ersten Galaktischen Imperium! Zum Wohle und Nutzen einer stabilen und sicheren Gesellschaft!«
>
> **Imperator Palpatine**

Oberster Anführer Snoke, ein starker dunkler Machtnutzer, ist der nebulöse Anführer der Ersten Ordnung. Selbst in den eigenen Reihen weiß niemand, dass er nur eine Marionette ist.

Die Rückkehr zur Demokratie ist nicht einfach. Die Neue Republik erreicht nie Größe und Einfluss der Galaktischen Republik, und das Gesetz zur Abrüstung des Militärs stellt sicher, dass sie nie dieselbe militärische Größe erreichen kann wie frühere Regierungen. In den Jahrzehnten nach dem Bürgerkrieg fordern Zentristen eine stärkere Exekutive und mehr militärische Stärke nach Art des Imperiums. Diese Debatte teilt den Senat in die Fraktion der Zentristen und die der Populisten, sodass am Ende der Weg freigemacht wird, dass die zentristischen Systeme die Neue Republik verlassen. Sie bevorzugen diktatorische Züge und schließen sich der Ersten Ordnung mit dem Obersten Anführer Snoke an ihrer Spitze an. Die Neue Republik reagiert zu langsam auf die Gefahr,

Äußere Gebiete

Obwohl die Alte Republik, das Imperium und auch die Neue Republik die größten Gemeinwesen der Galaxis darstellen, erstreckt sich ihr Einfluss nie auf alle Planeten. Ihre Präsenz ist stark in den galaktischen Kernregionen, wo das Gesetz sich mehr Geltung verschafft. In den entlegeneren Gebieten der Galaxis wie dem Äußeren Rand finden sich weniger Mitgliedswelten. Jene Randwelten, die dennoch Teil der Republik sind, beklagen sich regelmäßig, dass der Kern favorisiert werde, was zu Spannungen führt, die nicht zuletzt zum Entstehen der Separatistenkrise beitragen.

Viele Planeten jenseits des Kerns stehen unter Kontrolle von Verbrechersyndikaten wie dem Hutt-Kartell, unabhängigen Monarchen oder lokalen Räten. Obschon das Imperium sein Territorium während Palpatines Herrschaft erweitert, sind einige Welten so gesetzlos, dass sie die imperiale Unterdrückung nie zu spüren bekommen. Sie sind Rückzugsort für unabhängige Geister, die sich fern von der Zentralregierung nach Freiheit (und grenzenlosen Profiten) sehnen. Erholung findet man außerdem an Orten wie der Wolkenstadt, die zu klein sind, um die Aufmerksamkeit des Imperiums auf sich zu lenken.

da sie nicht erkennt, dass die Erste Ordnung bereits seit Jahren tief in den Unbekannten Regionen weitere Vorkehrungen getroffen hat.

Erste und Letzte Ordnung

Als die Neue Republik die Gefahr erkennt, ist es zu spät. Mit ihrem Starkiller löscht die Erste Ordnung mit einem Schlag das Hosnian-System mitsamt dem Galaktischen Senat und dem Großteil der Flotte der Neuen Republik aus. Ein von der früheren Senatorin Leia Organa angeführter Widerstand kann die Superwaffe zerstören, aber es mit dem Feind nicht allein aufnehmen.

Die Erste Ordnung ähnelt dem Imperium, aus dem es erwuchs. Führungsstruktur, Soldaten und Waffen sind moderne Inkarnationen imperialer Vorläufer, und manch Ex-Imperialer dient ihr weiter als hoher Offizier. Hinter allem steckt niemand anderes als Palpatine persönlich. Dank eines Notfallplans, für den er vor seiner Niederlage bei Endor gesorgt hat, überlebt der Sith-Lord insgeheim. Dabei ist die Erste Ordnung nur der Anfang seines Plans, die Galaxis wieder unter die Herrschaft des Sith-Imperiums, der »Letzten Ordnung«, zu bringen. Vom Planeten Exegol in den Unbekannten Regionen bereitet er seine Rache vor und will die Galaxis mit einer heimlich gebauten Flotte von Sternenzerstörern der *Xyston*-Klasse einnehmen. Seine Letzte Ordnung hätte Erfolg haben können, wären der Widerstand und eine Flotte neuer Verbündeter nicht rechtzeitig eingetroffen, um den Feind vernichtend zu schlagen. So beendet die Schlacht von Exegol einen tausendjährigen Kampf. ■

Wiedergeburt des Bösen Imperator Palpatine betrügt in der Schlacht von Endor den Tod und wartet auf den richtigen Moment für seine finale Rache.

ZIVILISIERTERE TAGE

DIE GALAKTISCHE REPUBLIK

HOLOCRON-DATEN

BEZEICHNUNG
Die Galaktische Republik

HAUPTWELT
Coruscant

AUSGEWÄHLTE WELTEN
Alderaan, Corellia, Naboo, Chandrila, Eriadu, Ryloth

ZIEL
Demokratische Regierung

STATUS
Nicht mehr bestehend, überführt ins Imperium

Senatsrotunde Das kuppelartige Gebäude dominiert die Skyline des Regierungsviertels von Coruscant.

Die Galaktische Republik ist das demokratische Regierungssystem, das tausend Jahre lang friedlich die Ordnung in der Galaxis aufrechterhält, bis es am Ende der Klonkriege ins Galaktische Imperium überführt wird.

Der Vorläufer der Galaktischen Republik, landläufig als die »Alte Republik« bezeichnet, reicht sogar noch länger in der Geschichte zurück. Diese frühere Ära ist nicht so friedlich gewesen. Am Ende dieser älteren Periode besiegen die Jedi die Sith, woraufhin die Sith-Lords ein Jahrtausend lang ein Schattendasein fristen.

Regiert wird die Republik vom Galaktischen Senat, einem demokratisch gewählten Gremium aus Vertretern der Mitgliedswelten. Letztere kommen regelmäßig in der Senatsrotunde im Regierungsviertel Coruscants zusammen, um über politische Themen zu diskutieren und Gesetze zu verabschieden. Dem Galaktischen Senat sitzt der vom Gremium selbst gewählte Oberste Kanzler vor. Die Amtszeit beläuft sich auf vier Jahre, wonach neu gewählt wird. Der amtierende Kanzler kann für maximal eine zweite, unmittelbar anschließende Amtszeit wiedergewählt werden. Sollte ein Kanzler in Ungnade fallen, kann ein Senator mit genug politischen Verbündeten einen Misstrauensantrag stellen, um eine sofortige Neuwahl zu erzwingen.

Großer Versammlungssaal Hunderte Repulsorplattformen für die Senatoren finden sich im Saal.

Der Galaktische Senat besteht aus Vertretern einzelner Welten, Systeme oder auch Sektoren – je nach Bevölkerungsstärke und der politischen Macht im Kreise der Wahlberechtigten. In den späteren Jahren der Republik werden einige Wirtschaftsriesen so einflussreich, dass sie ebenfalls eigene Vertreter in den Senat entsenden. So sind unter anderem Handelsföderation, Handelsallianz, Handelsgilde und InterGalaktischer Bankenclan in der Lage, Gesetze in ihrem Sinne zu beeinflussen.

Diese Großunternehmen zeigen sich versiert darin, Prozesse zu blockieren und Schlupflöcher in der Verfahrensordnung auszunutzen, um größere Profite zu generieren. Etliche Credits fließen in die Säckel korrupter Senatoren, und die träge Bürokratie der Republik kann kaum etwas gegen diese skrupellosen Kapitalisten tun. Senatoren, die nicht auf ihrer Gehaltsliste stehen, sind machtlos angesichts solch unverhohlener Habgier. Frieden kann zu Bequemlichkeit führen, Bequemlichkeit zu Selbstgefälligkeit und Selbstgefälligkeit zu Korruption.

Die Hüter des Friedens in der Republik sind die Jedi. In früheren Zeiten hatten diese ein stehendes Heer, um aggressiven Übergriffen entlegener Systeme zu begegnen. Aber die Notwendigkeit für solche Truppen nahm mit der Zeit immer »

» Ich bin der Senat! «

Oberster Kanzler Palpatine

Ära der Republik

UM 25 000 VSW4
Die Alte Republik
Die Alte Republik wird gegründet.

1032 VSW4
Untergang der Sith
Die Sith werden ausgelöscht und die Republik wiederhergestellt.

232 VSW4
Starlight-Station
Die Starlight-Station wird als Funkbake im Äußeren Rand in Betrieb genommen.

32 VSW4
Zerstörung von innen
Der Oberste Kanzler Sheev Palpatine kommt an die Macht.

24 VSW4
Spaltung der Republik
Die Separatistenkrise beginnt.

22 VSW4
Die Klonkriege
Zwischen der Republik und den Separatisten bricht Krieg aus.

19 VSW4
Ende der Republik
Das Erste Galaktische Imperium wird ausgerufen.

Senatswache Die Sicherheitsgardisten des Galaktischen Senats mit ihren verzierten Helmen stehen steif Wache.

Symbole der Republik In den letzten Jahren der Galaktischen Republik nutzt die Regierung vor allem zwei Embleme auf Einrichtungen und Fahrzeugen.

Großes Galaktisches Siegel Das Symbol des Galaktischen Senats ziert das Podium des Kanzlers im Senatssaal.

Symbol der Galaktischen Republik Das Symbol der Republik findet sich überall in der Gesellschaft, im zivilen ebenso wie im militärischen Bereich.

weiter ab. Lokale Sternensysteme und Sektoren kümmern sich selbst um den Schutz ihrer Territorien. Wenn nötig, bitten sie den Senat um Unterstützung durch den Jedi-Orden, die auf Verhandlungen und Schlichtung setzen.

Mit der Separatistenkrise und der Verfügbarkeit von Droidenarmeen droht der Republik ernste Gefahr, was zur Erschaffung einer großen Streitmacht führt. Das Gesetz zur Aufstellung einer Armee wird dabei kontrovers diskutiert, da viele einen unausweichlichen Krieg fürchten – Bedenken, die allzu berechtigt sind.

Untergang der Republik

Rund zehn Jahre vor Ausbruch der Klonkriege beauftragt Jedi-Meister Sifo-Dyas die Kloner von Kamino heimlich, für die Republik eine Armee zu erschaffen. Als dies Jahre später herauskommt, sind die Jedi überrascht. Keine Aufzeichnungen existieren dazu, und Sifo-Dyas ist lange tot. In Wahrheit sind es die Intrigen der Sith-Lords Tyranus und Sidious, die zur Erschaffung einer einsatzbereiten Armee führen. Sie wollen einen Konflikt schüren, der es den Sith erlaubt, die Herrschaft über die Galaxis an sich zu reißen.

> »Offensichtlich ist dieses Gremium handelsunfähig.«
>
> **Königin Amidala**

Kopfgeldjäger Jango Fett dient als Genspender für die Klonarmee. Seine DNS ist die Grundlage für die Erschaffung von Millionen Soldaten, die sein Gesicht, seine Stimme und seine Kampfstärke besitzen. Diese Klone werden genetisch verändert, damit sie leichter auszubilden und zu kontrollieren sind. Zudem ist ihre Alterung beschleunigt, um innerhalb eines Jahrzehnts zu Erwachsenen heranzureifen. Jedi-Ritter Obi-Wan Kenobi entdeckt die Klone bei einer Mission auf dem fernen Kamino. Als der Senat von ihrer Existenz erfährt, sprechen sich um die Sicherheit der Republik besorgte Senatoren sofort für den Einsatz dieser Klonarmee gegen die Separatisten aus.

Das Schicksal bringt die Debatte zum Erliegen, als Kenobi außerdem herausfindet, dass die Separatisten selbst eine Armee aus unzähligen

Arbeitsbüro Unter dem Senatssaal ist das Arbeitsbüro des Kanzlers, das hier von Imperator Palpatine genutzt wird.

Kampfdroiden aufbauen. Der Senat gewährt dem Obersten Kanzler Palpatine Notstandsvollmachten, mit denen er die Klonarmee sofort für die Republik in den Krieg führen kann. Diese wird er im Namen der Sicherheit nicht mehr abgeben.

Einige im Senat wie Padmé Amidala, Bail Organa und Mon Mothma wollen den Krieg mit Verhandlungen friedlich beilegen. Padmé startet mit Vertretern der Separatisten sogar heimlich Vermittlungsversuche. Der Krieg treibt die Republik fast in den Ruin, sodass Palpatine die Kontrolle über den InterGalaktischen Bankenclan übernimmt, um die Wirtschaft am Laufen zu halten. Seine Macht ist so groß, dass er den Jedi Anakin Skywalker zum persönlichen Vertreter im Jedi-Rat bestimmen kann.

Amidala und ihre Mitstreiter im Senat legen Kanzler Palpatine die Petition der 2000 vor, ein Gesuch gleichgesinnter Senatoren, die ob des Machtzuwachses des Kanzlers besorgt sind. Als der ihren Sorgen keine Beachtung schenkt, bilden diese die Keimzelle der späteren Rebellion. Nach dem Sieg über die Separatistenanführer Count Dooku und General Grievous will Palpatine seine Amtsgewalt nicht abgeben, und die Jedi wollen ihn verhaften. Er dreht den Spieß jedoch um und behauptet, der Jedi-Orden habe sich gegen den Senat verschworen. Palpatine erteilt die Order 66 und aktiviert so ein geheimes, in die Klone eingebettetes Notfallprotokoll, durch das diese sich gegen ihre Jedi-Generäle wenden.

Mit dem Ende der Klonkriege, dem Sieg über die Separatisten und dem Aufdecken der »Rebellion« der Jedi ist Kanzler Palpatine auf dem Höhepunkt der politischen Macht. Dies nutzt er für grundlegende Reformen der Republik und die Festigung der eigenen Position. Er erklärt sich selbst zum Imperator, und die Galaktische Republik ist Geschichte. Die meisten im Senat spenden ihm dafür Applaus – weil sie entweder seinen Versprechen von Frieden und Sicherheit glauben oder direkt vom Wandel profitieren und sich daher nicht wegen einer autoritäreren Regierung sorgen. ■

Der Senat

Die Senatsrotunde ist ein immenser Kuppelbau, in dem sich der Versammlungssaal der galaktischen Repräsentanten findet. Entlang der Wände des runden Saals befinden sich 1024 Schwebeplattformen mit Sitzen für die einzelnen Delegationen. Will ein Senator sich zu Wort melden, löst sich die Plattform und schwebt in den Raum hinein. In der Mitte des Saals ist zudem ein erhöhtes Podium, auf dem der Oberste Kanzler und seine Assistenten ihre Plätze haben. Dieses kann nach unten in ein Amtszimmer unterhalb des Saals abgesenkt werden, das dem Obersten Kanzler als Nebenbüro dient.

Nach Ausruf des Imperiums besteht der Senat zunächst fort, auch wenn es keinen Obersten Kanzler mehr gibt und Großwesir Mas Amedda die meisten der Senatssitzungen leitet. Mit der Fertigstellung des Todessterns entscheidet der Imperator, den Senat aufzulösen und bestimmt die von ihm ernannten Regionalgouverneure zu Vertretern der Sternensysteme.

HOHEITSVOLLE VISIONÄRIN

PADMÉ AMIDALA

HOLOCRON-DATEN

NAME
Padmé Amidala

SPEZIES
Mensch

HEIMATWELT
Naboo

ZUGEHÖRIGKEIT
Königshaus von Naboo, Galaktischer Senat

STÄRKEN
Diplomatie, Führung

ZIEL
Frieden und Wohlstand für die Galaxis

Ob nun als Königin oder als Senatorin, Padmé Amidala führt ein Leben im demütigen Dienst für andere. Geboren als Padmé Naberrie auf dem ruhigen Planeten Naboo im Mittleren Rand, zeigt sich ihr Hang zum Staatsdienst bereits früh. Als junges Mädchen begleitet sie ihren Vater und einen Freund der Familie, Onaconda Farr, auf eine Hilfsmission zur Rettung des Volks von Shadda-Bi-Boran, eine Welt im Äußeren Rand, vor einer Umweltkatastrophe. Als Mitglied der Jungen Gesetzgeber vertritt sie Naboo zudem auf der Hauptwelt Coruscant – zusammen mit anderen politisch interessierten Nachwuchsabgeordneten aus der ganzen Galaxis.

Ihre Erfahrung trägt dazu bei, dass sie mit 14 Jahren zur Königin Naboos gewählt wird – als jüngste Amtsinhaberin aller Zeiten. Gemäß der Tradition nimmt sie einen neuen Namen an, Amidala, und dient ihrer Welt während einer der schwersten Zeiten in deren Geschichte: In ihrer Amtszeit kommt es zur Blockade und später zur Invasion durch die Handelsföderation, die damit ein Abkommen über Handelsrouten erzwingen will. Amidala handelt ein Bündnis mit den einheimischen Gungans aus, um für die Freiheit zu kämpfen. Nach Jahrhunderten der Spannungen zwischen Gungans und menschlichen Siedlern führt dies zu jahrzehntelangem Frieden.

Friedliebende Politikerin

Als ihre Zeit als Königin beendet ist, kommt Amidala einem Gesuch der neuen Königin Réillata nach, Naboo im Galaktischen Senat zu vertreten, wo sie alsbald in Senatoren wie

Kampfrobe Die königlichen Gewänder Naboos wirken sperrig, aber die meisten sind schusssicher und bergen geheime Hilfsmittel.

Ende einer Ära

Obwohl sie sich den Großteil ihres Lebens für das Wohl von Leuten einsetzt, die sie nicht persönlich kennt, fällt Padmé am Ende dem Bösen in jenem zu Opfer, der ihr am nächsten steht. Die geheime Ehe mit dem Jedi Anakin Skywalker endet tragisch, als dieser der dunklen Seite der Macht erliegt. Anakin hilft Darth Sidious, die Republik zu vernichten, der Padmé dient, und setzt der Demokratie ein Ende, die sie so sehr verteidigt.

Anakins ehemaliger Meister Obi-Wan Kenobi begleitet die schwangere Padmé zu einer medizinischen Einrichtung, wo sie Zwillinge zur Welt bringt, die sie Luke und Leia nennt. Leider stirbt Padmé kurz darauf. Ihrer Bestattung auf Naboo wohnen Tausende bei, die ihre einstige Königin und deren unzählige Beiträge für Frieden und Einheit ebenso auf ihrer Heimatwelt wie in der ganzen Galaxis in Ehren halten.

Bail Organa und Mon Mothma Mitstreiter findet. Die fähige Anführerin geht schnell in ihrer neuen Rolle auf, in der sie sich nicht nur für das Volk von Naboo, sondern Wesen in der ganzen Galaxis einsetzen kann. Ihr erstes großes Gesetzesvorhaben, der Antrag auf Kooperation im Mittleren Rand, rettet Millionen auf Bromlarch. Später setzt sie sich als Mitglied des Loyalistenkomitees für den Schutz der Republik vor einer zunehmenden Separatistenkrise ein und spricht sich lautstark gegen das Gesetz zur Aufstellung einer Armee aus, da dieses nur Unfrieden säen werde. Zehn Jahre nach der Naboo-Krise offenbart ein fehlgeschlagener Anschlag auf Amidalas Leben durch

» So geht die Freiheit zugrunde – mit donnerndem Applaus. «

Senatorin Amidala

Aggressive Verhandlungen Padmé wird stets nach einer friedlichen Lösung für einen Konflikt suchen, aber greift, falls nötig, auch zum Blaster.

die berüchtigte Kopfgeldjägerin Zam Wesell die wahren Absichten der Separatisten: die Aufstellung einer Droidenarmee zur Vernichtung der Republik. Dies führt zum Ausbruch der Klonkriege, und Padmé, die so sehr versucht hat, einen Krieg zu vermeiden, befindet sich schließlich paradoxerweise mittendrin.

Galaxis im Krieg

Trotz mehrerer Attentatsversuche setzt Amidala tapfer ihren Dienst für das Volk fort. Obwohl sie und der Oberste Kanzler Sheev Palpatine von derselben Welt stammen, sind sie in ihren Ansichten zu politischer Macht grundverschieden. Während Padmé das Ansinnen ablehnt, die Gesetze zu ändern, damit sie länger als Königin herrschen kann, begrüßt Kanzler Palpatine die erweiterten Vollmachten, die ihm der Senat der Republik gewährt.

Während die Klonkriege ohne Unterlass wüten, äußert Amidala offen Bedenken, was Palpatines unerhört lange Amtszeit und seine Notstandsvollmachten angeht. Trotz ihres heldenhaften Einsatzes bei Senatsmissionen in der gesamten Galaxis, macht sie sich mit ihren Friedensbemühungen Feinde unter Kriegsbefürwortern im Senat wie der Senatorin der Kaminoaner, die von der Klonproduktion profitieren. Unbeirrt sucht sie diplomatische Lösungen, um den Konflikt mit den Separatisten beizulegen. Dabei verhandelt sie mitunter direkt mit kriegsmüden Politikern innerhalb der Separatistenführung. Doch nie trägt ihr Streben nach Frieden Früchte, untergräbt insgeheim doch Palpatine persönlich ihre Versuche, eine friedliche Lösung zu finden. Als er sich schließlich zum Imperator ausruft, schätzt Amidala die Lage unmittelbar richtig ein: Es ist das Ende der lange währenden Demokratie in der Republik. ■

REBELLISCHES KÖNIGSHAUS

BREHA UND BAIL ORGANA

HOLOCRON-DATEN

NAME
Breha und Bail Organa

SPEZIES
Mensch

HEIMATWELT
Alderaan

ZUGEHÖRIGKEIT
Königshaus von Alderaan, Republik, Rebellenallianz

ZIEL
Frieden und Freiheit für die Galaxis

STATUS
Getötet bei der Zerstörung von Alderaan

Im Gegensatz zu anderen in der herrschenden Klasse brechen Breha und Bail Organa mit üblichen Klischees und widmen sich ebenso Problemen und Sorgen des eigenen Volks wie denen der weiten Galaxis. Die mitfühlenden Anführer Alderaans beweisen gegen Ende der Republik und in den dunklen Zeiten des Imperiums ungewohnte Führungsqualitäten. Breha kümmert sich um die Angelegenheiten ihrer Heimatwelt, während Bail Alderaan im Senat auf Coruscant vertritt und später ein führender Politiker in der Rebellenallianz wird. Gegen Ende der Republik ist er ein Freund der Jedi-Ritter. So gewährt Bail Yoda und Obi-Wan Kenobi Zuflucht, als Palpatine alle Jedi zu Verrätern erklärt, sodass diese der Order 66 entgehen können. Die Organas adoptieren zudem Leia, die Tochter ihrer verstorbenen Freundin Padmé Amidala und ihres kürzlich zu Darth Vader gewordenen Mannes.

In der Ära des Imperiums helfen Bail und Breha heimlich dabei, viele Rebellenzellen zu einer Allianz zu vereinen. Dabei setzen sie auf als »Fulcrum« bekannte Kontaktleute und laden potenzielle Verbündete zu Banketten in ihren Palast ein. Da Breha auch die Finanzen ihrer Welt verwaltet, lässt sie Rebellenzellen heimlich Geld und unter imperialer Herrschaft leidenden Welten Hilfe zukommen. Dieser unermüdliche Einsatz für die Gruppen, aus denen die Rebellenallianz werden wird, ist maßgeblich für spätere Erfolge. Die beiden kommen zwar bei Alderaans Zerstörung durch das Imperium um, doch Bails und Brehas rebellischer Geist lebt in Leia weiter. Statuen werden ihnen zu Ehren errichtet, die Allianz, die sie mit aufbauten, und Leia sind ihr Vermächtnis. ■

» Glaubst du, sie werden einsehen, dass das Imperium nur durch direktes Handeln bezwungen werden kann? «

Breha Organa

Prinzessin von Alderaan Die Organas erziehen Leia als zukünftige Königin.

REBELLISCHE POLITIKERIN

MON MOTHMA

HOLOCRON-DATEN

NAME
Mon Mothma

SPEZIES
Mensch

HEIMATWELT
Chandrila

ZUGEHÖRIGKEIT
Republik, Rebellenallianz, Neue Republik

ZIEL
Wiederherstellung der Demokratie

STATUS
Altkanzlerin der Neuen Republik

Das Anführen einer Rebellion birgt viele Unwägbarkeiten und Gefahren, Mon Mothmas ewiger Einsatz für Frieden und moralisches Handeln bietet aber eine solide Basis für den Aufbau eines formellen Widerstands gegen das Galaktische Imperium. Solange die Rebellenallianz besteht, ist sie ein Leuchtfeuer für prinzipientreue politische Führung, was letztlich der Rebellion zum Sieg verhilft.

Als Senatorin der Galaktischen Republik drängt Mon Mothma in den Klonkriegen auf eine friedliche Lösung und widmet sich als Mitglied des Loyalistenkomitees dem Erhalt der Demokratie, die Kanzler Sheev Palpatine hinterlistig aushöhlt. Sie dient im Imperialen Senat, bis man sie als Verräterin brandmarkt, weil sie die Rolle des Imperiums beim Ghorman-Massaker anprangert. Auf der Flucht verkündet Mothma bei einer öffentlichen Ansprache die offizielle Gründung der Allianz zur Wiederherstellung der Republik. Sie tritt zwar dafür ein, sich zur Wehr zu setzen, aber Vorbehalte gegenüber einem offenen Krieg lassen sie mit dem militaristischeren Flügel der Rebellion anecken. Mit dem Tod Bail Organas ist sie im Galaktischen Bürgerkrieg die wichtigste politische Führungskraft, bis der Imperator in der Schlacht von Yavin besiegt ist.

Kanzlerin Mothma

Als der Imperator fort ist, ruft die Allianz die Neue Republik aus und wählt Mon Mothma zur Obersten Kanzlerin, damit sie sie durch die unruhigen Zeiten der Nachwehen des Krieges führt. Sie setzt sich für eine weitgehende Entmilitarisierung und Automatisierung verbliebener Streitkräfte ebenso wie Nachsicht mit einstigen Imperialen ein. Mit der Galaktischen Konkordanz unterzeichnet sie einen Friedensvertrag zwischen Neuer Republik und den Resten des Imperiums. In der Hoffnung, dass die neue Regierung nicht zur Schreckensherrschaft wie die vorige wird, steht Mothma ihr vor, bis sie aus gesundheitlichen Gründen zurücktreten muss.

Letztendlich muss man sagen, dass die Neue Republik durch ihren idealistischen Einsatz für Frieden und Entmilitarisierung Jahre später unzureichend gewappnet ist, tragen die Überzeugungen, die halfen, den Galaktischen Bürgerkrieg zu gewinnen, doch am Ende zum Aufstieg der Ersten Ordnung bei. ■

Harte Entscheidungen Bedroht durch eine imperiale Superwaffe bestimmt die Allianz das Schicksal der Galaxis.

MÄCHTIGE LEGIONEN

KLONSOLDATEN

HOLOCRON-DATEN

NAME
Verschiedene Identifikationsnummern (einige haben Spitznamen)

SPEZIES
Mensch (Klon)

HEIMATWELT
Kamino

ZUGEHÖRIGKEIT
Republik, Imperium

VERBESSERUNGEN
Schnelles Wachstum, Kampfausbildung

DNS-QUELLE
Jango Fett

Über weite Strecken ihrer tausendjährigen Geschichte unterhält die Republik kein stehendes Heer. Mit den Jedi als Friedenshütern und ohne große militärische Bedrohungen ist eine zentralisierte Streitmacht nicht notwendig. Doch als man während der Separatistenkrise plötzlich eine einsatzfähige Klonarmee entdeckt, ändert die Regierung ihre Meinung.

Offenbar im Auftrag des Jedi-Meisters Sifo-Dyas züchten die Kloner von Kamino die Soldaten dieser Armee in modernen Anlagen jenseits des Äußeren Rands im industriellen Maßstab. Die Truppen der Separatisten sind ihnen zwar oft zahlenmäßig überlegen, doch die Klone haben den Kampfdroiden in Sachen Intelligenz und Ausbildung einiges voraus.

Eine bessere Armee

Die zum Kampf erschaffenen Klone erhalten eine gründliche Ausbildung mit Blick auf körperliche Fitness, Kampftaktiken und Treffsicherheit. Alle Klone gleichen physisch ihrer Vorlage, dem Kopfgeldjäger Jango Fett. Dank modifizierter DNS wachsen sie doppelt so schnell heran wie normale Menschen und sind damit doppelt so schnell einsatzfähig. Bei Ausbruch der Klonkriege ist die erste Charge nach zehnjähriger Vollzeitausbildung kampfbereit.

Trotz bester Klontechnologie kommt es auch zu Genmutationen, aber Klone mit wünschenswerten Veränderungen werden durchaus für Sondereinsätze herangezogen. Im Laufe des Krieges wird deutlich, dass die Klone trotz identischer DNS eine überraschend hohe Individualität zeigen. So nehmen sie Spitznamen an und passen ihr Aussehen ihrer Persönlichkeit an.

Ein Merkmal, das die Soldaten der Großen Armee der Republik von anderen Truppen dieser Ära unterscheidet, ist die von ihnen getragene weiße Rüstung. Sie hüllt sie nahezu vollständig von Kopf bis Fuß ein und schützt die Klone vor rauen Umgebungen – bedingt bis hin zum Vakuum des Alls – sowie etlichen Nahkampfwaffen und Streifschüssen von Blastern. Zu ihrer Standardausstattung gehören Blastergewehre und -karabiner der DC-15-Serie, Waffenmodelle, die ebenso variabel wie verlässlich sind. Für Spezialaufgaben erhalten einige Klone eine

» Seht euch um! Wir sind alle gleich. Das gleiche Herz, das gleiche Blut. «

CT-5555 alias »Fives«

Rangordnung

Während die Jedi als führende Generäle in der Großen Armee der Republik dienen, haben die Klone ihre eigene Hierarchie. Sergeants führen in der Regel einen Trupp von neun Soldaten an, während Lieutenants einen ganzen Zug aus mehreren Trupps befehligen. Diese Züge unterstehen einem Captain, der wiederum einem Commander, dem im Allgemeinen höchsten Rang eines Klons innerhalb einer Legion genannten Einheit, Meldung erstatten. Im Laufe der langen Einsätze der Klonkriege bauen die Klonkommandanten oft enge Beziehungen zu ihren Jedi-Generälen auf.

Commander Cody, Anführer des 212. Angriffsbataillons unter Jedi-Meister Obi-Wan Kenobi, dient diesem in der gesamten Zeit des Konflikts, darunter auf Christophsis, Teth, Ryloth, Saleucami und Utapau sowie bei der Zweiten Schlacht von Geonosis. Commander Wolffe vom 104. Bataillon dient Meister Plo Koon, und Commander Bly führt unter Jedi Aayla Secura das 327. Sternenkorps an.

entsprechende Ausbildung und Ausrüstung wie Fahrzeugabwehrgeschütze oder umgebungsspezifische Rüstung. Die fähigsten von diesen Klonen dienen in Sondereinheiten wie den Elite-Aufklärungskommandos (ARC-Soldaten) oder gar sogenannten Republik-Kommandos. Sie führen in kleinen Einheiten äußerst kritische Missionen aus und erhalten dafür spezialisierte Rüstungen, die ihre einzigartige Position widerspiegeln.

Herzlose Order Beim Angriff auf den Jedi-Tempel schießen zwei Soldaten erbarmungslos einen Padawan nieder.

Neue Rüstung Im Verlauf der Klonkriege führen die Kaminoaner eine neu gestaltete Rüstung ein.

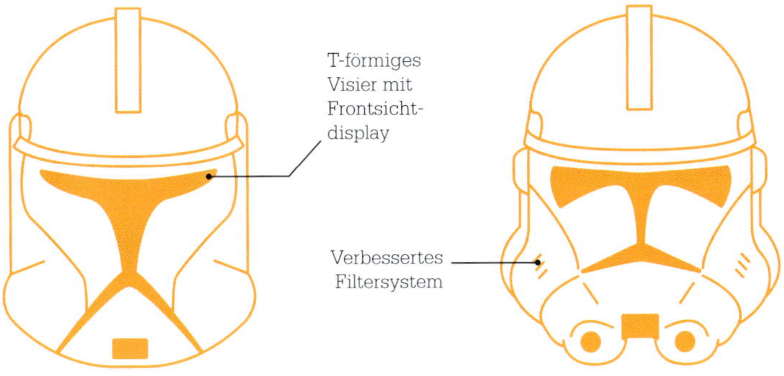

Phase-I-Helm Die nach Jango Fetts Rüstung gestalteten Helme der Phase I enthalten Lebenserhaltungssysteme.

Phase-II-Helm Klontruppenhelme der Phase II sind bequemer und lassen sich besser anpassen als ihre Vorläufer.

Order 66

Auf Darth Sidious' Geheiß wird jedem Klon schon als Embryo ein Inhibitorchip eingesetzt. Dies wird streng geheim gehalten, weil die Chips einem schändlichen Zweck dienen: Wenn der entsprechende Befehl sie ereilt, sind die Klone so programmiert, dass sie, ohne zu zögern, ihre Jedi-Befehlshaber verraten. Diese Order 66 wird am Ende der Klonkriege erteilt. Fast gleichzeitig löschen die Klone so den Jedi-Orden aus, sodass Sidious sich zum Imperator ausrufen kann.

Im Dienst des Imperiums bilden die Klone weiter das Rückgrat der Armee, einige dienen sogar als Ehrengardisten des Imperators. Wegen ihrer schnellen Alterung und des Zulaufs natürlich geborener, von imperialer Propaganda beeinflusster Rekruten werden sie nach den Klonkriegen aber allmählich aussortiert. Da man sie nicht mehr für die einzige Aufgabe braucht, für die sie ausgebildet wurden, setzen die meisten sich still zur Ruhe. Ihr Vermächtnis aber lebt weiter in den nun überall in der Galaxis bekannten Sturmtruppen. ■

KLON-KOMMANDANT

CAPTAIN REX

HOLOCRON-DATEN

NAME
CT-7567 »Rex«

SPEZIES
Mensch (Klon)

HEIMATWELT
Kamino

ZUGEHÖRIGKEIT
Republik, Rebellenallianz

STÄRKEN
Fähiger Anführer, bestens ausgebildeter Krieger

Wie kommt es, dass einige unter den Millionen bei der Geburt identischen Klonen sich später so vom Rest abheben? Mancher schafft es mit Führungs- und Kampfqualitäten, andere sind besonderes Vorbild für ihre Truppen oder bauen enge Beziehungen zu Mitstreitern auf. Auf Rex trifft alles zu.

In den Klonkriegen ist Rex ein Captain in Jedi-General Anakin Skywalkers 501. Legion, knüpft enge Bande mit dessen Padawan Ahsoka Tano und macht sich in den Schlachten von Arantara, Anaxes, Christophsis, Saleucami und vielen anderen mehr verdient. Auf Umbara sorgt Rex dafür, dass Jedi-Verräter Pong Krell verhaftet wird, wodurch er verhindert, dass seine Männer sinnlos abgeschlachtet werden.

Am Kriegsende steht Rex wieder an der Seite von Ahsoka, die zuvor den Jedi-Orden verlassen hatte. Als Anführer der 332. Kompanie der 501. Legion sorgt Rex zusammen mit ihr dafür, dass Mauls Herrschaft über Mandalore beendet wird. Die Einheit lackiert sogar ihre Helme Ahsoka zu Ehren. Als die Order 66 erteilt wird, geht Rex an Bord ihres Sternenzerstörers auf Tano los, doch sie überwältigt ihn und entfernt seinen Inhibitorchip. Dann fliehen sie vom Schiff, täuschen ihren Tod vor und entkommen ins Exil.

Rebellion

Jahre später kehrt Rex aus dem Ruhestand zurück, um abermals mit Ahsoka zu dienen, die nun Rebellen rekrutiert. Er wird Teil der Phönix-Staffel und ist an der Befreiung von Lothal und der Schlacht von Endor beteiligt. Trotz schneller Alterung beweist Rex, dass seine Loyalität zu Tano und sein Vorsatz, stets ehrenhaft zu kämpfen, ungebrochen sind. ■

Noch in Schuss Jahre nach den Klonkriegen ist Rex wieder Teil einer Armee. Sein taktisches Wissen ist für die Rebellen von großem Nutzen.

RÜCKSICHTS-LOSER IMPERIALER

GROSSMOFF TARKIN

HOLOCRON-DATEN

NAME
Wilhuff Tarkin

SPEZIES
Mensch

HEIMATWELT
Eriadu

ZUGEHÖRIGKEIT
Republik, Imperium

ZIEL
In der Galaxis durch Furcht und militärische Stärke für Ordnung sorgen

STATUS
Verstorben in der Schlacht von Yavin

Als Sohn einer reichen, aber kompromisslosen Familie muss Wilhuff Tarkin sich auf seiner Heimatwelt schon in jungen Jahren harten Prüfungen auf Leben und Tod stellen und den Planeten vor Gesetzlosen schützen. Tarkin lernt schnell, dass man es in einer gefährlichen Galaxis mit Härte am weitesten bringt. Den späteren Imperator Palpatine lernt er bei einer Handelskonferenz auf Eriadu kennen, wo er dem fähigen Tarkin rät, sich in der Politik zu versuchen. Daraufhin dient er eine Weile als Eriadus Gouverneur, ehe er in den Klonkriegen im Militär der Republik schnell zum Admiral aufsteigt.

In frühen imperialen Zeiten macht der Imperator Tarkin als Moff zum Verantwortlichen für dessen Heimatsektor. Mit der ihm typischen Rücksichtslosigkeit widmet er sich dem Zerschlagen von Aufständen, dem Ausmerzen von Rebellionen auf Mon Cala und Antar 4 und der Gründung der Tarkin-Initiative, die die Entwicklung von Superwaffen vorantreibt. Nach Vernichtung von Berch Tellers Rebellenzelle wird Tarkin zum Großmoff der Äußeren Randgebiete ernannt und verfolgt das ehrgeizige Ziel, die Herrschaft des Imperiums im Äußeren Rand auszuweiten. Rebellische Umtriebe auf Lothal trüben seine sonst fast makellose Bilanz, da sein brutales Vorgehen dort keinen Erfolg bringt.

Tarkin glaubt fest an das Projekt Todesstern, wahrt aber genügend Distanz, um sich nicht für dessen viele Verzögerungen verantworten zu müssen. Als sicher ist, dass der Superlaser der Station funktioniert, übernimmt Tarkin die Kontrolle und heimst die Lorbeeren ein. Mit dieser Waffe will er das Imperium durch Furcht zu noch mehr Größe führen.

Vertrauter des Imperators Neben Darth Vader ist Tarkin ein wichtiges Mitglied in Palpatines innerem Kreis.

Tarkins Überheblichkeit ist am Ende sein Untergang. Er weigert sich, den Todesstern zu evakuieren, als ihn die Rebellenallianz bei Yavin angreift, da er sich dem Siege nahe wähnt. Sein infamer Aufstieg endet mit der Zerstörung der Kampfstation, was unter imperialen Anführern für lange Diskussionen sorgt, ob Tarkins konsolidierte Macht propagierende Doktrin ein Fehler ist. Trotz ihrer Bedenken ist binnen vier Jahren ein zweiter Todesstern einsatzbereit. ■

POLITISCHE REBELLEN
DIE SEPARATISTEN

HOLOCRON-DATEN

BEZEICHNUNG
Konföderation Unabhängiger Systeme

ANFÜHRER
Count Dooku

HAUPTWELT
Raxus

ZIEL
Abspaltung von der Republik

STATUS
In den Klonkriegen besiegt und vom Imperium einverleibt

Separatistenanführer Count Dooku sieht mit Poggle dem Geringeren und Nute Gunray in der Petranaki-Arena den Ausbruch der Klonkriege mit an.

Die größte Bedrohung für die Galaktische Republik ereilt diese in der Gestalt unzufriedener Mitgliedswelten, die sich vom Versprechen von Freiheit und Wohlstand durch den früheren Jedi Count Dooku von Serenno blenden lassen. Als Konföderation Unabhängiger Systeme, oft schlicht Separatisten genannt, wollen sie sich von der Republik abspalten. Sie ahnen nicht, dass ihr Streben nach Unabhängigkeit zu einem Krieg führt, den sie nicht gewinnen können, und dass sie die Bahn für ein viel unbarmherzigeres Regime bereiten, das anstelle der Republik tritt, der sie zu entfliehen hoffen.

Es wäre einfach, das Entstehen der Separatistenkrise ausschließlich den Intrigen der Sith zuzuschreiben, doch die Kritik der Separatisten an der Republik ist begründet. Eine schwache Regierung, hohe Steuern und der Eindruck, dass die Welten des Kerns mehr Bedeutung haben als die des Rands, machen zahllose Systeme empfänglich für Count Dookus Versprechen eines neuen Staates. Die Unzufriedenheit brodelt seit Jahrzehnten, und Dooku nutzt die Gunst der Stunde. Seine Raxus-Rede, in der er scharfe Kritik an der Republik äußert, findet bei vielen

Rat im Versteck Nach dem Tod von Count Dooku versteckt sich der Separatistenrat unter dem Schutz von General Grievous auf Utapau.

Anklang. Ein System nach dem anderen stellt sich in den Vorwehen der Schlacht von Geonosis treu an Dookus Seite, und ihr Abgang führt zu gemischten Reaktionen im Senat der Republik. Während man seitens des Loyalistenkomitees nach einer friedlichen Lösung sucht, fordern militaristischere Fraktionen lautstark die Aufstellung einer Armee, um sich gegen die Bedrohung durch die Separatisten zu verteidigen. Das Gerede vom Krieg facht das Feuer nur noch weiter an und führt letztlich zum bewaffneten Konflikt zwischen Separatisten und Republik, den sogenannten Klonkriegen.

»Und als erste Maßnahme mit diesen Sondervollmachten werde ich eine Große Armee der Republik ins Leben rufen, um die zunehmende Bedrohung durch die Separatisten abzuwehren.«

Kanzler Palpatine

Die meisten Separatisten treten für ihre Sternensysteme ein, doch das Besondere an der Konföderation Unabhängiger Systeme ist, dass ihr eine unverhältnismäßig hohe Zahl an Körperschaften angehört, wie die Handelsallianz, die Handelsgilde, der InterGalaktische Bankenclan, die Techno-Union, der Händlerclan und die Handelsföderation. Mit der Aussicht auf weniger Vorschriften und höhere Profite unterstützen »

Aufstieg und Fall der Separatisten

42 VSW4
Gefallener Jedi
Dooku verlässt den Orden der Jedi und wird Count seiner Heimatwelt Serenno.

24 VSW4
Raxus-Rede
Dookus leidenschaftliche Ansprache bringt etliche Systeme dazu, der Republik den Rücken zu kehren.

22 VSW4
Schlacht von Geonosis
Die Klonkriege beginnen mit einem Angriff auf die Droidenfabriken auf Geonosis.

21 VSW4
Invasion von Kamino
Die Separatisten versuchen, die Klonproduktion der Republik zum Erliegen zu bringen.

21 VSW4
Gescheiterte Verhandlungen
Friedensgespräche der Senatorinnen Amidala und Bonteri werden von Dooku untergraben.

19 VSW4
Kriegsende
Dooku, Grievous und der Separatistenrat werden von Sidious verraten, der den Krieg mit einem einzigen Befehl beendet.

die Unternehmen die Konföderation mit immensen Ressourcen. Dank ihrer großen privaten Sicherheitskräfte, die mit Kampfdroidentruppen sowie Schiffsflotten und vielen weiteren Rüstungsgütern aufwarten, nimmt es die Konföderation spielend mit der Klonarmee der Republik auf. Bei einigen der Wirtschaftsgruppen ist deren Unterstützung der KUS ein offenes Geheimnis. So behält die Handelsföderation beispielsweise während des Kriegs offiziell ihren Sitz im Galaktischen Senat und erklärt sich als neutral im Konflikt, obwohl sie die Separatisten ganz offensichtlich mit riesigen Armeen von Kampfdroiden versorgt.

Am Ende leiden alle Separatisten unter ihrer Entscheidung. Sie ahnen nicht, dass Darth Sidious – alias Kanzler Palpatine – und Dooku, der insgeheim dessen Schüler Darth Tyranus ist, die ganze Zeit im Krieg die Fäden ziehen. Als Sidious die Republik vollständig in seiner Hand hat, beendet er den Krieg und bringt die Separatistensysteme wieder unter seine Kontrolle. Zwar leisten einige an den Rändern der Galaxis weiter Widerstand und schließen sich letztlich teils der Rebellion an, doch die meisten werden widerwillig Bürger des Imperiums, nachdem sie umsonst so viel erlitten haben.

Streitkräfte

Bei Ausruf der Konföderation ist das Militär der Separatisten bestens auf einen Krieg vorbereitet, weil es auf die Sicherheitsdroidentruppen der unterstützenden Unternehmen zurückgreifen kann. Fabriken von Geonosis bis Akiva produzieren Millionen von Droiden, die den feindlichen Klonen zahlenmäßig um Längen überlegen sind. Am Boden stellen B1-Kampfdroiden, die durch die Handelsföderation Bekanntheit erlangten, das Gros der Truppen dar. Einzeln sind sie nicht allzu stark, doch in Massen können sie Klontruppen und selbst Jedi-Ritter geradezu überrennen. Fähigere Einheiten wie B2-Kampfdroiden, Droidekas und Kommandodroiden sind teurer in der Herstellung und nur in begrenzter Zahl vorhanden. Auch andere Gruppen tragen zum Militär bei: die Techno-Union mit Tri-Droidenjägern, die Handelsgilde mit Spinnendroiden, der Bankenclan mit Feuerhageldroiden und auch die Handelsallianz mit ihren NR-N99-Panzerdroiden. Einen kleinen Anteil an den Streitkräften stellen zudem lebende Soldaten lokaler Milizen und Verteidigungskräfte wie die auf Umbara und Geonosis dar.

Die Militärstrategie obliegt Count Dooku, der den erfahrenen und ruchlosen General Grievous als Befehlshaber der Droidenarmee gewinnt. Auch andere organische Wesen bekleiden Führungsposten: General Whorm Loathsom dient auf Christophsis, Riff Tamson auf Mon Cala, Admiral Trench ist ein hoher Flottenoffizier, und Lok Durd zeigt hohes Interesse an der Entwicklung neuer Waffen. Taktikdroiden helfen bei der Kampfanalyse und füllen Führungsrollen aus, wenn organische Offiziere nicht verfügbar sind.

Schlacht von Malastare Zahlenmäßig sind die Kampfdroiden den Klonkriegern überlegen und fallen auf Malastare und anderswo über ihre Feinde her.

> »Die Handelsgilden bereiten einen Krieg vor. Daran besteht kein Zweifel.«
>
> **Bail Organa**

Politische Führung

Während des Kriegs ist Count Dooku der öffentliche Anführer der Separatistenbewegung, insgeheim folgt er jedoch seinem Sith-Meister Darth Sidious. Der charismatische Dooku bestimmt dabei sowohl deren politische wie militärische Ausrichtung. Dass Dooku auch ein Sith-Lord ist, weiß kaum jemand, aber nicht selten ist er gezwungen, im Krieg auch persönlich zum Lichtschwert zu greifen, wenn seine Untergebenen versagen.

Offiziell wählt die Konföderation ein Parlament, um für ihre Mitglieder Gesetze zu erlassen. Dooku sitzt diesem vor, leitet hinter den Kulissen aber auch einen Rat einflussreicher Separatistenanführer. Unternehmen, die heimlich den Krieg finanzieren, und frühe Unterstützer wie Po Nudo von Ando und Tikkes, ein Quarren von Mon Cala, haben dort einen Sitz.

Separatistenparlament

Die Konföderation Unabhängiger Systeme ist zwar unzufrieden mit der Ineffizienz der Republik, entscheidet sich aber für ein ähnliches Regierungssystem mit eigenen Abgeordneten. Ihr Parlament funktioniert an sich wie der Senat der Republik und gestattet den Vertretern der Mitgliedswelten, über Gesetze und Vorhaben zu debattieren und abzustimmen – allerdings ohne ausufernde Bürokratie, massenhaft zu beachtende Verträge und sich fortlaufend einmischende Unternehmen, wie es im Galaktischen Senat der Fall ist.

Count Dooku ist Vorsitzender des Parlaments, unterstützt von Parlamentssprecher Bec Lawise, einem Abgeordneten mit hohen Prinzipien, der nichts von Count Dookus finsteren Plänen ahnt. Viele Senatoren hatten dieses Amt auch schon in der Republik inne und sprechen sich für Verhandlungen mit ihren alten Kollegen aus, um eine friedliche Lösung des Konflikts zu finden. Mina Bonteri von Onderon, eine Freundin und Mentorin Padmé Amidalas, bringt die Resolution ein, aber Dooku lässt sie töten, um die Friedensverhandlungen scheitern zu lassen.

Um für weitere Unruhe in der Republik zu sorgen, schmiedet Dooku Allianzen mit zwielichtigeren Gruppen in der Galaxis wie einem Clan kriegerischer Mandalorianer, bekannt als Death Watch, und dem zygerrianischen Sklavenimperium. Die Death Watch hofft, dass ihr Bündnis zum Ende der Herrschaft der pazifistischen Herzogin Satine Kryze auf Mandalore führt, und die Zygerrianer sehnen sich nach einer Rückkehr der Sklaverei, die in den Grenzen der Republik verboten ist.

Untergang der Konföderation

Nach jahrelangem Krieg schwindet die Hoffnung der Separatisten auf einen Sieg. Verzweifelt starten sie einen Angriff auf die Hauptwelt der Republik, um den Obersten Kanzler zu entführen und eine Einigung zu erzwingen. Inmitten der Schlacht wird Dooku getötet – verraten von seinem Meister, der insgeheim die Geschicke beider Kriegsparteien lenkt –, dann verrät Darth Sidious Grievous und den Separatistenrat und befiehlt die Deaktivierung der Droidenarmee. Die Klonkriege enden, ohne dass ein Abkommen nötig wäre – ein enttäuschender Ausgang für die Separatisten, die keine Wahl haben und sich der Herrschaft des neu ausgerufenen Imperiums beugen. Die beteiligten Unternehmen bestehen auch unter dem neuen Regime zumeist fort, jedoch nicht in alter Größe. Die Kampfdroiden selbst finden sich noch Jahrzehnte später in Droidenwerkstätten oder im Dienste von Piraten und Partisanen. ■

Separatistensymbole Die der Konföderation angehörigen Unternehmen wollen ihre Beteiligung am Krieg verbergen und ersetzen eigene Kennzeichen durch Symbole der Separatistenallianz.

Konföderation Unabhängiger Systeme Dieses Hexagon findet sich auf Raumschiffen und Ausrüstung der Separatistenallianz.

Techno-Union Die von Wat Tambor angeführte Vereinigung von Technologieunternehmen hilft, die KUS mit Kampfdroiden auszurüsten.

Handelsföderation Einst stand dieses Symbol lediglich für Wirtschaft und Handel, doch dann wird es zum Synonym für den Krieg.

TYRANNISCHER CYBORG

GENERAL GRIEVOUS

HOLOCRON-DATEN

NAME
General Grievous

SPEZIES
Kaleesh

HEIMATWELT
Kalee

ZUGEHÖRIGKEIT
Separatisten

STÄRKEN
Mit Duranium gepanzerter, kybernetisch verbesserter Körper für gesteigerte Reflexe, vier mechanische Arme, magnetische Füße

ZIEL
Vernichtung der Jedi

Unter all den furchtbaren Kämpfern der Klonkriege erfüllt wohl keiner so sehr die Herzen der republikanischen Soldaten mit Angst wie General Grievous, der wagemutige und gnadenlose Befehlshaber der Droidenarmee der Separatisten und leidenschaftliche Jedi-Jäger.

Dieser Kriegsherr der Kaleesh ersetzt nach und nach biologische durch mechanische Körperteile, bis nur noch lebenswichtige Organe, sein Gehirn und die Augen übrig sind. Dies verwandelt den fähigen Krieger auf dem Schlachtfeld in eine fast unaufhaltsame Killermaschine und verleiht ihm Fähigkeiten, wie sie kein normaler Soldat besitzt.

Er gebietet zwar nicht über die Macht, aber Grievous' gesteigerte Sinne, die präzisen mechanischen Gliedmaßen und das Training unter Sith-Lord Dooku erlauben ihm den Kampf mit Lichtschwertern. Seine beiden Arme können geteilt werden, um bis zu vier Schwerter zu führen. Anders als gegnerische Jedi greift der General auch auf einen DT-57-Blaster zurück und nutzt jeden Vorteil, den ihm die Technik bietet.

Aber Grievous' Fähigkeiten sind nicht nur physischer Natur. Hinter der Maske verbirgt sich einer der cleversten Militärstrategen seiner Zeit – einer, der sich nicht scheut, den Rückzug anzutreten, wenn sich das Blatt gegen ihn wendet. Häufig entzieht er sich republikanischer Haft, indem er flieht, um den Kampf anderswo wieder aufzunehmen.

Solange Staatsangelegenheiten der Konföderation Dooku auslasten, konzentriert sich General Grievous ganz auf die militärische Führung. Sein Antrieb ist dabei scheinbar rein persönlicher Natur – egal ob es der Stolz ist, die größte Droidenarmee anzuführen, die die Galaxis je sah, oder schlicht die Lust am Töten von Jedi. Von seinem Flaggschiff, der *Unsichtbaren Hand,* aus befehligt er Flotteneinsätze, aber seine Brutalität und Kampferfahrung zeigen sich vor allem im Nahkampf. Oft führt er die Truppen an vorderster Front ins Feld und nutzt seine verbesserte Physis beim Angriff auf den Feind.

Grievous ist häufig unzufrieden mit der Droidenarmee, wenn diese seinen hohen Ansprüchen nicht genügt, und lässt seinem Frust mit fiesen Bestrafungen freien Lauf.

»Ich gönne mir Ruhe, wenn die Jedi tot sind.«

General Grievous

Häufige Gegner

In den Klonkriegen erweist sich der taktisch kluge Jedi-General Obi-Wan Kenobi für Grievous als wahre Nemesis. Die beiden kreuzen oft ihre Lichtschwerter, bei einem Duell an Bord von Grievous' Schlachtschiff, der *Malevolence,* ebenso wie im Saleucami-System auf dem Kreuzer *Standhaft,* auf Kenobis Kommandoschiff bei Florrum und am Ende des Krieges über Coruscant.

Der General ist zwar oft kurz davor, Kenobi zu besiegen, doch am Ende ist es der Jedi, der den Separatistenanführer auf Utapau überwältigt. Nach dramatischer Verfolgungsjagd durch Pau-Stadt setzt Kenobi bei ihrem letzten Duell dessen Blaster gegen ihn ein und landet einen Treffer auf seine lebenswichtigen Organe. Das wenige, das von Grievous' ursprünglichem Körper übrig ist, erweist sich als sein Verderben.

Mörderseele

Grievous ist überzeugt, jedem Jedi im Kampf überlegen zu sein, und will es zu gern allen beweisen. Bei Kriegsende, so erzählt man sich, soll er Dutzende Jedi gefangen und getötet haben, darunter Meisterin Neebo und der frischgebackene Ritter Nahdar Vebb, der Grievous' Festung auf Vassek 3 findet, aber im Duell dem versteckten Blaster des Generals zum Opfer fällt. Die Jedi halten ein solch hinterlistiges Vorgehen für feige, aber Grievous schert sich nicht um Ehrgefühl. Er ist nur stolz auf seine wachsende Sammlung an Kriegstrophäen: die Lichtschwerter besiegter Gegner und die Zöpfe viel zu früh gefallener Padawane.

Seine teuflische Ader zeigt sich nicht nur bei den Jedi. So streckt er auf Naboo persönlich den Gungan General Tarpals nieder und metzelt Dathomirs Nachtschwestern ab. Er zeigt keine Gnade und löscht dort nahezu den ganzen Hexenclan aus. Nur einige wenige überleben.

Nach Jahren des scheinbar unaufhaltsamen Schreckens findet Grievous' mörderisches Treiben ein Ende, als Sidious sein Versteck auf Utapau an die Jedi verrät, um auch hier einen Schlussstrich zu ziehen. Von Obi-Wan Kenobi in die Ecke gedrängt, als der General mit dem Sternenjäger *Seelenlose* fliehen will, findet er letztlich seinen Meister. ■

Mutig Nachdem er von hoch oben zu Grievous hinabgesprungen ist, duelliert sich der tapfere General Kenobi mit ihm.

GALAXIS IM KRIEG

DIE KLONKRIEGE

HOLOCRON-DATEN

BEZEICHNUNG
Die Klonkriege

DAUER
3 Standardjahre

BETEILIGTE
Die Republik gegen die Konföderation Unabhängiger Systeme

AUSLÖSENDES EREIGNIS
Schlacht von Geonosis

Die Klonkriege, der größte und gewalttätigste Konflikt, den die Galaxis in tausend Jahren gesehen hat, wüten ebenso in kleinen wie in großen Systemen. Der Krieg wird zu Lande und auf See, in der Luft und im All geführt und lässt zum Kämpfen geborene Klone der Republik gegen Horden von Kampfdroiden der Separatisten antreten. Nach drei heftigen Jahren endet der Krieg mit dem Untergang von Republik und Separatisten und dem Aufstieg des Imperiums.

Die Basis für den Krieg wird zehn Jahre vor dessen Ausbruch gelegt. Der mit der Gabe der Voraussicht gesegnete Jedi-Meister Sifo-Dyas sieht den Krieg in einer Vision kommen und gibt insgeheim bei den Klonern von Kamino eine Armee in Auftrag, ohne dass Republik und Jedi-Rat etwas davon wissen. Darth Sidious wird ihrer Existenz jedoch gewahr und erkennt den Wert der Klonarmee für seinen Plan, Jedi-Orden und Galaktische Republik zu Fall zu bringen.

Im Vorfeld des Kriegs führt die Bedrohung durch Welten, die sich unter der Führung von Count Dooku zur Konföderation Unabhängiger Systeme zusammengeschlossen haben, zur Diskussion über die Aufstellung einer großen Armee zur Verteidigung der Republik. Als der Senat dem zustimmt, steht dank den schon Jahre zuvor bestellten Klonen eine fertige Armee bereit.

Inmitten der Krise werden die Jedi Obi-Wan Kenobi und Anakin Skywalker sowie Senatorin Amidala

Verlauf der Klonkriege

32 VSW4
Idee für die Klonarmee
Ohne das Wissen der Republik gibt Sifo-Dyas eine Klonarmee in Auftrag.

22 VSW4
Schlacht von Geonosis
Die Entdeckung von Droidenfabriken auf Geonosis führt zum Krieg.

22 VSW4
Geheimwaffen
Das separatistische Schlachtschiff *Malevolence* bedroht die Flotte der Republik.

21 VSW4
Schlacht von Malastare
Als sie fast geschlagen ist, testet die Republik eine neue Droidenabwehrbombe.

21 VSW4
Zweite Schlacht von Geonosis
Die Republik nimmt unter heftiger Gegenwehr Geonosis wieder ein.

20 VSW4
Allianz mit Zygerria
Die Separatisten gehen heimlich ein Bündnis mit den zygerrianischen Sklavenhändlern ein.

Schlacht von Geonosis Die Klonkriege beginnen mit der Ersten Schlacht von Geonosis, wo sich Klonsoldaten mit AT-TE-Läufern der Droidenarmee stellen.

auf Geonosis von den Separatisten verhaftet. Diese finden heraus, dass die Konföderation dort Millionen von Kampfdroiden herstellt, und werden Zeuge des Eintreffens der zu Hilfe eilenden, von den Jedi angeführten Klone, was den Krieg in der Galaxis entfacht. Die Schlacht von Geonosis ist der erste Einsatz für die neuen Truppen der Republik, die tapfer die Separatisten in die Flucht schlagen.

Zwar werden die Droidenfabriken auf Geonosis, zumindest temporär, geschlossen, doch die Separatisten erlangen früh die Oberhand, indem sie sich die Kontrolle über große Hyperraumrouten sichern. Dies schneidet die Republik vom Großteil ihrer Klonarmee ab, sodass sie im Äußeren Rand nicht Fuß fassen kann. Der gesamte Krieg ist vom ständigen Vor und Zurück geprägt: Sobald eine Seite Vorteile erringt, verliert sie sie auch schnell wieder. Mit jeder neuen Superwaffe und List scheint wieder eine Seite vor dem Sieg zu stehen, und doch zieht sich der Konflikt nur weiter in die Länge. So treibt der Krieg die Republik an den Rand des Ruins und zwingt den Senat, die Banken zu deregulieren, um sich immer höhere Kreditlinien zu verschaffen. Fiskale Bedenken und Moral stehen hintan, Schulden, Truppen und Konflikte nehmen zu.

Gegen Kriegsende wendet eine Reihe als Belagerungen im Äußeren Rand bekannte Gefechte das Blatt zugunsten der Republik. Aus Angst vor einer Niederlage starten die Separatisten einen direkten Angriff auf die Hauptwelt Coruscant, um den Obersten Kanzler zu entführen und ein Abkommen zu erzwingen. Der Vorstoß scheitert und führt zum Tod von Dooku und weiteren Ereignissen, die letztlich den Krieg enden lassen. Darth Sidious' Plan geht auf. Mit der Armee aus dem von ihm geschürten Krieg hat er nun die Macht, die Jedi zu vernichten. Das kriegsmüde Volk sehnt sich nach Ordnung, egal in welcher Form, und erlaubt Sidious, sich zum Imperator auszurufen.

Die Nachwirkungen eines solch großen Krieges sind noch Jahrzehnte spürbar. In einigen Teilen der Galaxis verblasst die Erinnerung an die Jedi. Weil sie im Krieg die Separatisten unterstützt hat, kürzt das Imperium den Lohn für die Schrottsammlergilde und senkt ihre Sicherheitsstandards – nur ein Beispiel für Vergeltungsakte gegen frühere Separatisten. Relikte des Kriegs landen in Verwertungsanlagen wie der Reklam-Station und auf Bracca, körperliche und seelische Narben belasten die Soldaten und Bürger.

19 VSW4
Belagerungen im Äußeren Rand
Eine Reihe von Schlachten macht einen Sieg für die Republik wahrscheinlicher.

19 VSW4
Invasion auf Bracca
Die Separatisten versuchen, mithilfe der lokalen Gilde die rohstoffreiche Welt unter ihre Kontrolle zu bringen.

19 VSW4
Schlacht um Anaxes
Die Konföderation will wichtige Schiffswerften der Republik erobern.

19 VSW4
Schlacht von Coruscant
Zum ersten Mal seit 1000 Jahren wird Coruscant angegriffen.

19 VSW4
Belagerung von Mandalore
Die Republik geht gegen von Maul vereinigte Unterweltgruppen vor.

19 VSW4
Schlacht von Utapau
General Grievous wird von Obi-Wan Kenobi getötet.

> »Die Politik in diesem Krieg ist nicht so schwarz und weiß, wie ich bisher gedacht habe.«
>
> **Ahsoka Tano**

Keine Analyse der Klonkriege ist komplett ohne einen Blick auf die namensgebenden Klone. Zurecht sind die Kaminoaner stolz auf ihre Schöpfungen, die so gut ausgebildet und ausgerüstet sind, dass sie der Republik quasi unmittelbar nach ihrer Entdeckung den ersten Sieg über die Droidenarmee bescheren. »

Geheime Verbindung Offiziell führt Dooku die Konföderation an. Nur wenige wissen, dass Sidious der wahre Strippenzieher bei Separatisten und Republik ist.

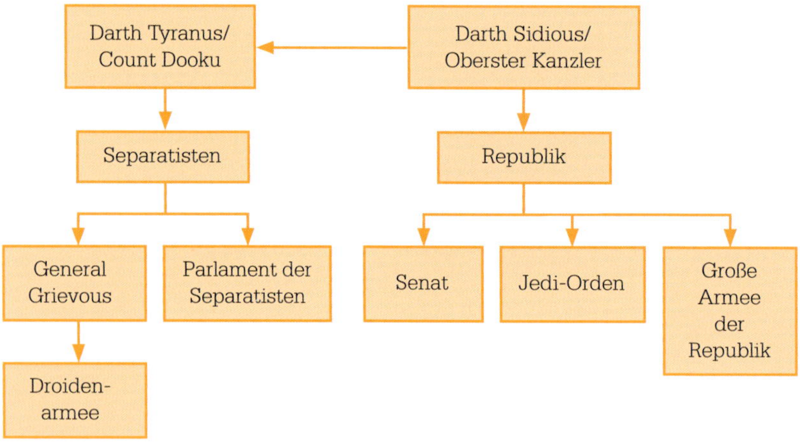

Die Klone sind den Droiden geistig überlegen und Technik verstärkt ihre körperliche Konditionierung, um im Kampf gegen endlose Separatistentruppen ihre Überlebenschancen zu erhöhen. Von den Klonen wird erwartet, den Krieg über fast pausenlos zu kämpfen, da sie nur dazu erschaffen wurden. Sie entwickeln eine starke Abneigung gegen ihre Feinde und nennen die Kampfdroiden der Konföderation zum Beispiel abfällig »Klappergestelle«. Einige Klone sammeln gar Droidenteile als Trophäen. Noch lange nach dem Krieg haben Klone und viele Bürger tief sitzende Ressentiments gegen Droiden aller Art.

Starke Flotten

Die Klonkriege sind bekannt für ihre Raumschlachten. Nicht oft in der jüngeren galaktischen Geschichte gab es zwei Flotten, die sich so ebenbürtig und derart groß waren. Die Schiffe der Republik, bemannt von Klonen und natürlich geborenen höheren Offizieren, nehmen es mit der Flotte der Separatisten auf, wo Kampfdroiden die meisten Stationen bemannen und organische Offiziere das Kommando haben. Sogar die Sternenjäger der Separatisten sind Droiden, die in übermächtiger Zahl auf Sternenjäger mit Klonpiloten losgehen. Als die Republik erkennt, wie wichtig Raumschlachten sind, setzt sie neben ihren nur leicht bewaffneten Angriffsschiffen der *Acclamator*-Klasse, die Klone zum Einsatzort transportieren, alsbald Sternenzerstörer der *Venator*-Klasse ein. General Grievous nutzt seine mobilen Flottenverbände im Krieg, um die Republik mit Angriffen auf Planeten wie Falleen und Dorin aufzureiben. Keiner kann sagen, wo Grievous als Nächstes zuschlägt, was die Republik ablenkt und zuvor eroberte Welten wieder an die Separatisten fallen lässt. So muss die Republik in der Zweiten Schlacht von Geonosis den Planeten unter hohen Verlusten erneut einnehmen, als Erzherzog Poggle die Droidenfabriken wieder in Betrieb nimmt.

Im Krieg, der die ganze Galaxis umspannt, sind Informationen über feindliche Stellungen, Truppenstärke und Leistungsvermögen für beide Seiten entscheidend. Jede investiert daher in Abhörstationen wie die der Republik auf Pastil und dem Rishi-Mond oder solche der Separatisten wie der auf Vanqor oder auch die Skytop-Station.

Neutrale Gruppen

Nicht alle Systeme stürzen sich in den Krieg, einige tun sogar alles, um dies zu vermeiden. Rund 1500 von ihnen tun sich unter Führung von Herzogin Satine Kryze zum Rat der Neutralen Systeme zusammen. Einige können den Krieg moralisch nicht rechtfertigen, doch wer sich

Schlacht von Coruscant Über der Stadtwelt nähern sich republikanische ARC-170- und Jedi-Sternenjäger einem Dreadnaught der *Providenz*-Klasse der Separatisten, um den Kanzler zu retten.

Belagerung von Mandalore
Unter Führung von Ahsoka Tano belagert die 332. Division Mauls mandalorianische Krieger. In Mandalores Hauptstadt Sundari kommt es zum Kampf.

neutral hält, kann auch mit beiden Kriegsparteien Handel treiben. Viele Pazifisten halten sich in dieser Zeit bedeckt und hoffen, dass strikter Isolationismus sie vor dem Konflikt bewahrt. Die auf Maridun siedelnden Lurmen haben nicht so viel Glück: Selbst entlegenste Außenposten können noch strategischen Wert als militärisches Testgelände haben.

Auch die Unterwelt nutzt die Chancen, die der Krieg bietet. Kopfgeldjäger sind auf beiden Seiten gefragt, sei es als Ausbilder oder für Aufträge außerhalb der Regeln des Kriegs. Die Hutts wollen im Konflikt die Kontrolle über die Hyperraumrouten, um Profit daraus zu schlagen oder Abkommen zu schließen, wenn eine der Seiten durch ihr Territorium muss. Einige Syndikate und Kriminelle vereinen sich unter dem ehemaligen Sith-Schüler Maul als Schattenkollektiv, um aus dem Chaos Kapital zu schlagen und auf Mandalore und darüber hinaus Fuß zu fassen. ■

»Dieser Krieg wütet nun schon seit fast drei Standardjahren. Wir können die Gefallenen kaum noch zählen.«

Meister Plo Koon

Jedi-Generäle

Nachdem die Klonarmee unter glücklichen Umständen bereits erschaffen wurde, obliegt es den Rittern des Jedi-Ordens, sie in die Schlacht zu führen. Der Jedi-Rat kümmert sich für die Republik um strategische Belange und führt die Angriffe auch an vorderster Front an. Seit Generationen waren die Jedi Hüter des Friedens, daher ist es ungewohnt für sie, als hohe Befehlshaber in einem langwierigen Konflikt zu dienen. Der Krieg lässt den Jedi wenig Zeit für ihre eher geistigen Pflichten. Padawane, die sonst unter sorgsamer Anleitung ihrer Meister Zeit haben, ihren Weg zu finden, werden in jungen Jahren zum Kampf gedrängt.

Die Rolle der Jedi-Ritter als Militärführer belastet das Bild, das jene vom Orden haben, die dieser zu schützen gelobt hat. Für viele Separatisten sind sie böse, und einige in der Republik fragen sich, ob die Jedi wirklich ein Ende des Kriegs anstreben.

Abgelenkt durch den anhaltenden Konflikt sind die Jedi nicht vorbereitet, als sie erfahren, dass der Oberste Kanzler Palpatine insgeheim ein Sith ist. Als dieser die Jedi zu Verrätern an der Republik erklärt, glaubt die Galaxis bereitwillig seine Lügen. Obwohl der Orden tausend Jahre lang der Republik gedient und in den Klonkriegen Loyalität bewiesen hat, sorgen die Klonkriege für seinen Untergang.

IMPERIALE HERRSCHAFT

DAS GALAKTISCHE IMPERIUM

HOLOCRON-DATEN

BEZEICHNUNG
Das Galaktische Imperium

HAUPTWELT
Coruscant

ANFÜHRER
Imperator Palpatine

ZIEL
Ordnung und Sicherheit

STATUS
Abgelöst von der Neuen Republik

Nach Jahren des Kriegs sind viele in der Galaxis bereit, Frieden um jeden Preis zu akzeptieren – selbst wenn dazu alle Macht einem Diktator zufällt. Als der Oberste Kanzler Palpatine sich zum Imperator ausruft, begrüßt der Senat die Neue Ordnung mit donnerndem Applaus. Doch mit Ordnung und Sicherheit geht auch Missbrauch durch imperiale Amtsträger einher, und während das Imperium seinen Griff um die Galaxis zuzieht, erweist sich der ersehnte Frieden als kurz.

» Furcht wird die lokalen Systeme gefügig machen. Die Furcht vor dieser Kampfstation. «

Großmoff Tarkin

Beim Übergang von der Republik zum Imperium bleiben Relikte des alten Systems erhalten. Der Senat besteht fort, hat aber fast nur noch eine Symbolfunktion, und Palpatine macht Coruscants Jedi-Tempel zu seinem Palast. Die Klonsoldaten der Republik werden zu den ersten imperialen Sturmtrupplern, die ihren Dienst tun, bis neue Rekruten sie ersetzen. Ein ständiger Strom von Propaganda, oft mit Bildern des noch nicht verunstalteten Palpatine, erfüllt das imperiale HoloNet, ein Kommunikationssystem mit großer Reichweite. Diese Übertragungen müssen qua Gesetz an öffentlichen Plätzen ausgestrahlt werden und erweisen sich als so effektiv, dass man keine Klone von Kamino mehr benötigt, da Millionen sich freiwillig zum Dienst fürs Imperium melden.

Die Neue Ordnung ist von Gier und Korruption bestimmt. Offiziere streben höhere Ränge und mehr Macht an, koste es, was es wolle. Reiche Bürger und Lokalpolitiker verraten ihre Sternensysteme, um sich beim Imperium anzubiedern und ihr Privatvermögen zu mehren. Die weniger mit Glück Gesegneten dieser Welten leiden derweil unter Enteignung, Zwangsarbeit und Hunger. Ganze Spezies werden versklavt, Teile Kashyyyks auf der Suche nach Rohstoffen abgeholzt, Planeten wie Lothal ausgebeutet und Welten wie Zeffo geplündert, um alte Arte-

Besuch des Imperators Sturmtruppler, Offiziere, Moffs und Vader empfangen Palpatine, als er aus dem Shuttle steigt.

fakte zu finden. Solch harte Maßnahmen gegen das Volk werden als nötig erachtet, um die Kontrolle über eigene Territorien zu sichern und das Imperium bis hin in die Randsektoren auszudehnen. Der lang von der Republik verpönte Äußere Rand wird nun zum Ziel imperialer Expansion. Zudem hegt Palpatine ein persönliches Interesse an den mysteriösen Unbekannten Regionen der Galaxis.

Ein stetig wachsendes Militär ist entscheidend für die Expansion und Befriedung aufständischer Systeme. Imperiale Grausamkeit führt hie und da zu Rebellion, was das Imperium anfangs als lokale Partisanenkämpfe abtut. Als die Rebellenzellen sich vereinen, setzt Palpatine weiter auf die Entwicklung von Superwaffen.

Das Zurschaustellen von Macht erweist sich letztlich als ineffektiv gegen die Rebellen. Dank der Hilfe von Sympathisanten im Imperium kann die Allianz der Rebellen in der Schlacht von Yavin den Todesstern zerstören. In den vier Jahren darauf widmet sich der Imperator intensiv der Zerschlagung der Rebellion, wird aber selbst in der Schlacht von Endor zu Fall gebracht. Palpatines offenkundiger Tod bringt die Wende im Galaktischen Bürgerkrieg, aber nicht das Ende des Regimes. Nach Endor übt der gehässige Tyrann durch seine Handlanger ein Jahr weiter Rache an der Galaxis. In der Schlacht von Jakku erringen seine Feinde einen wichtigen Sieg über die Reste der Imperialen Flotte und zwingen die politische Führung, mit der Neuen Republik die Galaktische Konkordanz, einen Friedensvertrag, zu unterzeichnen. Einige Imperiale etablieren sich als Warlords über lokale Gebiete, erlangen aber selten größere Macht. Die meisten gehen schlicht in der Neuen Republik auf, ein paar jedoch ziehen sich in die entlegensten Ausläufer der Galaxis zurück, um in den Unbekannten Regionen als Erste Ordnung das Erbe des Imperiums fortzuführen.

Obschon die Klonkriege vorbei sind, wird die Militärproduktion nicht heruntergefahren, als Palpatine das Imperium ausruft. Schiffswerften von Kuat, Corellia, Fondor und anderswo erfüllen ein strenges Soll, um die Galaxis mit imperialen Kriegsschiffen zu füllen, die für Ordnung in der einst geteilten Galaxis sorgen. Das Militär ist ebenso rücksichtslos wie effizient, vom kleinen Techniker bis hoch zu Großadmirälen und -generälen. ››

Aufstieg des Imperiums

19 VSW4
Neue Ordnung
Palpatine verwandelt die Republik ins Erste Galaktische Imperium.

18 VSW4
Tag des Imperiums
Die Galaxis feiert den ersten Jahrestag der Gründung des Imperiums, eine fortan alljährliche Tradition.

0 SW4
Ende einer Superwaffe
Kurz nach dem Test seines Superlasers an Jedha, Scarif und Alderaan entdecken die Rebellen eine Schwachstelle und zerstören den Todesstern.

4 NSW2
Sturz Palpatines
Nach der Schlacht, in der der zweite Todesstern zerstört wird, ist der Imperator offenbar tot.

5 NSW4
Niederlage
Die Restflotte wird bei Jakku besiegt. Mit der Galaktischen Konkordanz ist der Krieg beendet.

Imperiale Propaganda Eine ganze Regierungsabteilung widmet sich der Verbreitung von Propaganda.

Starkes Symbol ihres Militärs sind die imperialen Sturmtruppler, die gesichtslosen, weiß gerüsteten Soldaten der Neuen Ordnung. Von Propaganda und der Aussicht auf ein besseres Leben als auf ihren unterdrückten Welten angetrieben, füllen Freiwillige die Reihen der Sturmtruppen. Die Rekruten sind günstiger als Klone, und fanatische Soldaten erweisen sich als ebenso loyal. Die besten der auf Arkanis, Carida, der Skystrike-Akademie und anderswo ausgebildeten Kadetten werden zu Piloten der Imperialen Flotte und dienen teils in Elitestaffeln wie denen des berühmten Schatten-Geschwaders und der Titan- oder Vixus-Staffel. Subordination oder schlicht durchschnittliche Leistung sorgen dafür, dass ein Kadett als Infanterist beim Sturmtruppenkorps landen kann. Das Imperium setzt Droiden in einer Vielzahl von Bereichen ein – wie Ausbildung, Sicherheit, Wartung und Verwaltung –, um organische Bedienstete für wichtigere Aufgaben abstellen zu können.

In der gewaltigen Flotte des Imperiums werden ihre Sternenzerstörer und TIE-Jäger Symbole imperialer Überlegenheit. Erstere sind schlagkräftiger und größer als ihre Vorläufer aus Zeiten der Republik, während der ökonomisch produzierte TIE der Flotte insofern einen Vorteil verschafft, dass sie mit ihnen Feinden im Kampf zahlenmäßig überlegen ist.

Unterstützt wird diese verbreitete Technik durch eine Reihe von speziellen Waffenprojekten aus der imperialen Forschung und Entwicklung. Das Imperium investiert Billionen von Credits in Todessterne, Supersternenzerstörer so groß wie Städte und gefürchtete TIE-Abwehrjäger. Das Regime hat dabei ein besonderes Interesse am Einsatz seltener Kyberkristalle, die es auf Welten wie Jedha und Ilum findet. Im Projekt Himmelsmacht kommen Spitzenwissenschaftler zusammen, um Kybertechnologie für die Entwicklung neuer imperialer Waffen und Schilde zu erforschen, so auch für den Todesstern. Mit einem derart starken Militär, furchtbaren Waffen und fanatischen Gefolgsleuten begeht das Imperium zahlreiche Gräueltaten auf Welten wie Mon Cala, Lasan, Ghorman und Alderaan. Dies soll für Ordnung sorgen, führt aber nur zu noch mehr Widerstand seitens der Rebellion.

» Alles, was sich bis jetzt zugetragen hat, ist stets nur nach meinem Plan geschehen. «

Imperator Palpatine

Imperiales Symbol Dieses an das Symbol der Republik angelehnte Siegel ist im Imperium allgegenwärtig.

Führung des Imperiums

Imperator Palpatine hat das letzte Wort bei allem, was das Imperium betrifft, delegiert aber Befugnisse an hochrangige Gouverneure und Generäle, die in seinem Sinne für Ordnung in der Galaxis sorgen. Eine Zeit lang duldet Palpatine den Fortbestand des Imperialen Senats, doch als der Todesstern fertig ist, wird das ohnehin machtlose Organ aufgelöst. Seine Moffs genannten Sektorgouverneure erhalten die direkte Kontrolle über ihre Systeme. Unter Aufsicht der Moffs obliegt Planetargouverneuren die politische Führung und lokale Sicherheit, hochrangigen Militäroffizieren die Aufsicht über Flottenbewegungen zwischen den Systemen. Etliche Berater stehen Palpatine zur Seite, darunter der politisch versierte Großwesir Mas Amedda und ein kleiner Beirat. Unter ihnen ist auch Yupe Tashu, ein Sith-Kultist, der Palpatine mit seinem persönlichen

Mächtige Flotte
Sternenzerstörer der *Imperium*-Klasse setzen Ziele des Imperators durch.

Organisation des Imperiums
Die von Palpatine erdachte, komplexe Hierarchie des Imperiums basiert auf internem Machtkampf und Misstrauen.

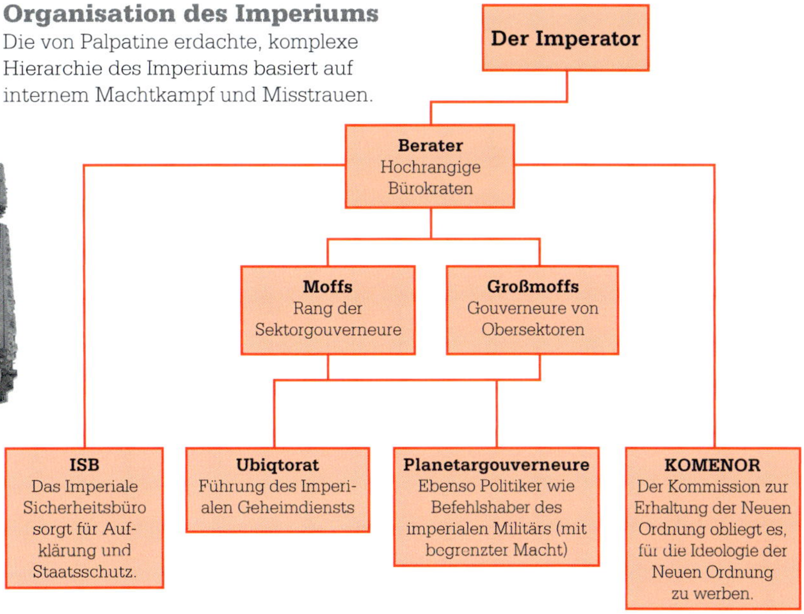

Interesse an dunklem Wissen hilft. Dessen Sith-Schüler Darth Vader dient dem Imperator als Vollstrecker und jagt mithilfe machtsensitiver Inquisitoren noch überlebende Jedi. Kleinere Disziplinarangelegenheiten sind ein Fall für Tribunale, für höhere Aufklärungsarbeit und Staatsschutz ist das Imperiale Sicherheitsbüro zuständig. ISB-Agenten gehen vor allem Aufruhr und Illoyalität nach.

Nach dem offenbaren Ableben des Imperators wollen verschiedene Imperiale die Kontrolle über das in Trümmern liegende Imperium an sich reißen. Das Chaos führt zu internen Machtkämpfen, bei denen hohe Offiziere versuchen, Rivalen zu eliminieren, oder sich selbst zum Anführer ausrufen. Mas Amedda erklärt nach der Schlacht von Jakku die Kapitulation, womit Krieg und imperiale Herrschaft formell enden. ■

Notfallplan

Selbst nach den Verlusten bei Endor ist es mit Darth Sidious' Machenschaften nicht vorbei. Diese waren auf seinem Weg an die Macht bereits komplex, und auch das wahre Ausmaß der Vorkehrungen, die er für den Fall einer Niederlage getroffen hat, kennt nur er. Vergeltung und Selbsterhaltung bestimmen Palpatines Notfallplan, der drei Ziele hat: sich an Verrätern des Imperiums rächen, die Rebellion zerschlagen und Ressourcen in den Unbekannten Regionen sammeln, um seine Rückkehr als Imperator vorzubereiten.

Wächterdroiden übermitteln nicht lange nach Palpatines Niedergang seine Anweisungen an loyale imperiale Anführer. Sie starten die Operation Asche, um Welten wie Abednedo, Naboo und Vardos zu bestrafen, indem Satelliten das ökologische Gleichgewicht zerstören. Naboo wird jedoch von der Rebellion gerettet.

Sidious' Protegé Gallius Rax erhält den Befehl, Teile der Flotte in den Unbekannten Regionen zusammenzuziehen, während der Rest sich bei Jakku sammeln soll. Großadmiral Rae Sloane vereitelt den Plan, indem sie Rax tötet. Trotz der Niederlage bei Jakku fliehen sie und einige Loyalisten in die Unbekannten Regionen. Sie bilden die Keimzelle des Militärs der Ersten Ordnung – ohne selbst Sidious' großen Plan, auf Exegol den Tod zu betrügen, zu kennen.

DER INTELLEKTUELLE

GROSSADMIRAL THRAWN

HOLOCRON-DATEN

NAME
Mitth'raw'nuruodo (Thrawn)

SPEZIES
Chiss

HEIMATWELT
Csilla

ZUGEHÖRIGKEIT
Reich der Chiss, Imperium

FLAGGSCHIFF
Imperialer Sternenzerstörer *Chimaera* (Schimäre)

STATUS
Vermisst

Würdiger Gegner Thrawn studiert eingehend die Vergangenheit seiner Widersacherin Hera Syndulla.

Mitth'raw'nuruodo, auch bekannt als Thrawn, ist ein untypischer imperialer Offizier, nicht nur als Fremdweltler aus fernen Gebieten der Galaxis, sondern wegen seiner einzigartigen Sichtweise auf den Krieg. Nicht mit blinder Loyalität oder Ehrgeiz will er vorankommen, Thrawns Stärke ist sein scharfer Intellekt. Dank seiner Genialität macht er Darth Vader, Großmoff Tarkin und den Imperator auf sich aufmerksam und wird einer der am schnellsten aufsteigenden imperialen Offiziere. Thrawn studiert Krieg und Kultur seiner Feinde. Die sorgfältige Analyse von Geschichte und Kunst verschafft ihm Einblick in ihre Denkweise und Vorteile im Kampf. Nicht selten scheint dieser berechnende Anführer mindestens einen Schritt voraus zu sein.

Aus dem mysteriösen Reich der Chiss in den Unbekannten Regionen stammend, hat Thrawn den Auftrag herauszufinden, ob die Galaktische Republik ein Verbündeter im Kampf gegen eine Bedrohung sein könnte, die in ihrem Gebiet größer wird. Bei einer Begegnung mit Jedi-Ritter Anakin Skywalker kommt er zu dem Schluss, dass sie zu schwach ist. Mehr beeindruckt ist er von ihrem Nachfolger, dem Galaktischen Imperium, tritt dessen Flotte bei und steigt dort zum Großadmiral auf.

Thrawn weiß um die Gefahren, die eine vereinigte Rebellenallianz für das Imperium darstellen könnte, und denkt viel darüber nach, wie man sie schlagen kann. Während Großmoff Tarkin und andere hohe Amtsträger ihr ganzes Vertrauen in eine Superwaffe, den Todesstern, setzen, favorisiert Thrawn das TIE-Abwehrjäger-Projekt – überzeugt, dass ein schlagkräftigerer TIE verheerenden Schaden unter den geschätzten Sternenjägern der Rebellion anrichten würde. Er hat womöglich nicht unrecht, bedenkt man, dass Einmannjäger letztlich für den Untergang des Todessterns sorgen. Thrawn selbst sieht nicht mit an, was aus Todesstern und TIE-Abwehrjägern wird, da er in der Schlacht von Lothal mit ungewissem Ziel in den Hyperraum entschwindet. Über seinen Verbleib ist nichts bekannt, doch sein Wissen über die Unbekannten Regionen erweist sich als nützlich für die Imperialen, die am Kriegsende fliehen, um die Erste Ordnung zu gründen. ■

DER ARCHITEKT

DIREKTOR ORSON KRENNIC

HOLOCRON-DATEN

NAME
Orson Krennic

SPEZIES
Mensch

HEIMATWELT
Lexrul

ZUGEHÖRIGKEIT
Imperium

ZIEL
Anerkennung für seine Leistung bei der Leitung des Projekts Todesstern

» Wir waren dabei, Großes zu erschaffen. Wir standen so kurz davor, für Frieden und Sicherheit in der Galaxis zu sorgen. «

Direktor Krennic

Der manipulative, ehrgeizige Orson Krennic erscheint für eine imperiale Führungsrolle geradezu perfekt. Sein unablässiger Antrieb lässt ihn die Karriereleiter bis zum Direktor der Abteilung für Hochleistungswaffenforschung hochklettern, wo er die Aufsicht über den Bau des Todessterns hat. Der geheime Bau der Kampfstation von der Größe eines Mondes ist so schon eine Herausforderung, doch alles hängt von der Entwicklung einer Waffe ab, die ganze Planeten zerstört. Kyberkristalle könnten die Basis dafür sein, aber für deren Nutzung bedarf es des genialen Wissenschaftlers Galen Erso, der ein alter Kommilitone Krennics ist.

Eine Weile kann Krennic Erso so manipulieren, dass dieser sich dem Forschungsprogramm widmet, aber als der Wissenschaftler erfährt, was dessen Ziel ist, tritt er die Flucht an. Krennic muss lernen, dass Ehrgeiz allein nicht genügt, um Ersos Arbeit fertigzustellen, und spürt ihn auf. Dabei lässt er dessen Ehefrau töten und trennt den Wissenschaftler von seiner Tochter, um zu zeigen, dass er alles tun wird, was nötig ist, damit das Projekt ein Erfolg wird.

Als die Superwaffe fertig ist, reißt Großmoff Tarkin die Kontrolle über die Station an sich, indem er auf die Verzögerungen beim Bau und eine mangelnde Sicherheit, durch die die Galaxis zu früh von ihr erfahren kann, hinweist. Krennic ist außer sich, dass man ihm seinen Triumph verwehren will, und setzt alles daran, die Fehler zu bereinigen. Letztlich ist Krennics Ehrgeiz sein Untergang. Die Angst vor einem Scheitern ist so groß, dass er persönlich zur Tat schreitet, aber nicht verhindern kann, dass Rebellen die Todessternpläne stehlen, worauf er durch einen Schuss der eigenen Kampfstation sein Ende findet. ■

Hochrangiger Offizier Krennic wird von standhaften Todestrupplern beschützt.

FUNKEN DER REBELLION

FRÜHE REBELLENGRUPPEN

HOLOCRON-DATEN

BEZEICHNUNG
Rebellenzellen

SPEZIES
Verschiedene

AUSGEWÄHLTE VERTRETER
Spectres, Phönix-Staffel, Massassi-Gruppe, Exodusflotte der Mon Calamari

ZIEL
Sturz des Imperiums

STATUS
Aufgegangen in der Rebellenallianz

Das Imperium sieht sich von dem Augenblick an, in dem es ausgerufen wird, Widerstand gegenüber, doch frühe Rebellenzellen haben längst nicht das Ausmaß der Allianz, die später den Krieg gewinnt. Anfangs kann das Imperium kleinere Aufstände noch niederschlagen, doch als die Splittergruppen sich zusammentun, werden sie zur echten Gefahr.

Die anfänglichen Rebellenzellen haben alle dasselbe Ziel, jedoch keine gemeinsame Führungs- oder Militärstruktur. Mit zu den ersten Anführern, die das Potenzial einer Vereinigung kleiner Gruppen sehen, gehören Bail und Breha Organa, aber sie müssen vorsichtig sein, um nicht zu früh die Aufmerksamkeit des Imperiums auf sich zu ziehen. Sie setzen auf enge Vertraute, die unter dem Codenamen »Fulcrum« einzelne Zellen für die aufkeimende Allianz rekrutieren, darunter die ehemalige Jedi Ahsoka Tano und Geheimdienstoffizier Cassian Andor. Zu den rekrutierten Zellen gehören Jun Satos Phönix-Staffel und Hera Syndullas Spectres, die als kleine Einheiten agieren, ehe sie Teil von Jan Dodonnas Massassi-Gruppe auf Yavin 4 werden.

Während sich die Rebellen unter Mon Mothma oder Bail Organa von Prinzipien leiten lassen, befürworten nicht alle diese Vorgehensweise. Saw Gerreras Partisanen greifen auf Folter, Attentate und invasive Verhörmethoden zurück. Bei ihren mitleidlosen Angriffen auf imperiale Einrichtungen, scheren sie sich nicht um Kollateralschäden, sodass sie für andere als gewalttätige Extremisten gelten. Solche Taktiken fügen Teilen des Imperiums Schaden zu, liefern ihm aber auch Stoff für Propaganda gegen die Rebellen.

Familienbande Trotz anderer Ansätze widersetzen sich Cham Syndulla und seine Tochter Hera beide dem Imperium.

Saw Gerrera

Der grimmige, unabhängige und kompromisslose Gerrera verbringt den Großteil seines Lebens mit dem Kampf gegen Tyrannen und erlebt hautnah, dass Rebellion ein schmutziges Geschäft ist. In den Klonkriegen kämpft er mit seiner Schwester Steela für die Absetzung eines korrupten Königs, der mit den Separatisten im Bunde ist. Aber Steela stirbt dabei, was Saw sehr verändert. Als die Republik zum Imperium wird, konzentriert er seine Energie darauf, das neue Regime zu bekämpfen – mit allen nötigen Mitteln.

Auf Kashyyyk führt Saw eine Gruppe von Freiheitskämpfern gegen das Imperium an und sorgt später auf Naboo für einen Bombenanschlag, dem Moff Panaka erliegt. Auf Geonosis sucht er erbittert Hinweise auf ein imperiales Geheimprojekt, wobei er viele eigene Soldaten opfert und befreundete Rebellen hintergeht. Saws Suche führt ihn letztlich nach Jedha, wo er und seine Partisanen Frachtlieferungen stören. Er erfährt, dass sich hinter dem Geheimnis, das er zu lüften versucht, der Todesstern verbirgt, der kurz darauf Jedha anvisiert. Zwar stirbt Gerrera an diesem Tag, doch einige seiner Partisanen setzen den Kampf in seinem Sinne fort.

Himmelhunde Enfys Nest führt nach dem Tod ihrer Mutter die Rebellion fort.

»Wir sind eine Allianz, und der Krieg hat gerade erst begonnen.«

Enfys Nest

Gerreras Erfahrung lehrt ihn, dass im Krieg kaum Regeln gelten. Diesbezüglich hat er viel mit Cham Syndullas Bewegung »Freiheit für Ryloth« gemein. Während Syndulla fanatisch für die Freiheit des Volks der Twi'leks eintritt, interessiert ihn die größere Rebellion nur wenig. Sein hartes Vorgehen entzweit ihn mit seiner Tochter Hera, die ihn aber letztlich davon überzeugt, dass er auch die Rebellion außerhalb der eigenen Grenzen unterstützt.

Oberflächlich betrachtet wirken die Himmelhunde wie einfache Plünderer, doch ihr wahres Motiv ist es, sich gegen die zu wehren, die sie unterdrücken. Die bunte Bande wird von Enfys Nest angeführt und hat viel unter Kartellen wie Crimson Dawn gelitten. Sie wissen, dass die Verbrechersyndikate zusammen mit dem Imperium aufgehalten werden müssen, und stehlen wichtige Güter, um die Rebellion zu unterstützen.

Auch das Volk der Mon Calamari muss Leid ertragen, das es antreibt zu rebellieren. Nach einer Schlacht um ihre Welt Mon Cala führen die imperiale Besatzung und Inhaftierung ihres Königs zum Massenexodus, bei dem Anführer der Mon Calamari ihre Stadtschiffe ins All starten. Vormals als Verwaltungsgebäude dienend, erheben sie sich aus dem Meer und schließen sich der Rebellenflotte an, wo man sie zu Militärschiffen umbaut, die entscheidend für die Erfolge der Allianz in den Jahren darauf sind. ■

GEIST DER REBELLION

DIE CREW DER *GHOST*

HOLOCRON-DATEN

MITGLIEDER
Hera Syndulla, Garazeb »Zeb« Orrelios, C1-10P »Chopper«, Sabine Wren, Ezra Bridger, Kanan Jarrus

SCHIFF
Ghost

HAUPTEINSATZBASIS
Lothal

ZIELE
Gerechtigkeit für das Volk von Lothal, Ende des Imperiums

Die Crew der *Ghost,* eine kleine Rebellengruppe, die sich selbst die Spectres nennt, verbindet ihr Streben, das Richtige zu tun. Sie sind eine bunte Truppe aus verschiedenen Ecken der Galaxis, deren gemeinsamer Kampf sie zu einer ungewöhnlichen Familie zusammenwachsen lässt.

Hera Syndulla ist nicht nur die Besitzerin und Pilotin der *Ghost,* sie ist die Anführerin des Teams. Ihre Weitsicht und Ruhe unter Druck hält sie bei allen Gefahren und Konflikten zusammen. Die Tochter des Twi'lek-Freiheitskämpfers Cham Syndulla weiß, was im Kampf gegen Feinde, die gewaltsam einen Planeten besetzen, auf dem Spiel steht.

Der Lasat Zeb Orrelios ist der Muskelprotz der Crew. Da sein Volk offenbar vollständig vom Imperium ausgelöscht wurde, will er es diesem als letzter der Lasat heimzahlen. Die Mandalorianerin, Künstlerin und Sprengstoffexpertin Sabine Wren plagt ihre Vergangenheit. Bevor sie zu den Spectres stößt, entwickelt Sabine unbeabsichtigt eine Waffe für das Imperium, mit der man auf die Rüstungen ihres Volks zielen und den Träger einäschern kann. Aufgrund ihrer Fehltritte wird sie von daheim verbannt. Der mürrische Astromech C1-10P, »Chopper«, ist ein älteres Modell aus Zeiten der Republik. Für einen Droiden ist er zwar recht penetrant, aber loyal und vertrauenswürdig. Alle Spectres, auch der überlebende Jedi Kanan Jarrus und sein neuer Padawan Ezra Bridger von Lothal, haben guten Grund zu rebellieren.

Aufstieg der Rebellen

Ihr Kampf gegen das Imperium ist zu Beginn überschaubar und richtet sich gegen Unrecht auf Lothal. Hera kommuniziert insgeheim mit einer rätselhaften Kontaktperson namens »Fulcrum«, hinter der sich die Ex-Jedi Ahsoka Tano verbirgt, aber der Rest der Crew ahnt nicht, dass sie Teil einer im Aufbau befindlichen, größeren Rebellenbewegung sind. Überfälle auf Versorgungskonvois rufen das Imperiale Sicherheitsbüro in Form von Agent Alexsandr Kallus auf den Plan. Sie entwischen ihm, aber Kanan und Ezra ziehen die Aufmerksamkeit der Inquisitoren – gefallene Jedi, die nun ehemalige Mitstreiter jagen – und letztlich auch Großmoff Tarkin auf sich. Als dieser Kanan ergreift, eilen die Spectres ihm mit anderen Rebellen zu Hilfe.

Dem Rest der Crew wird klar, dass sie nicht nur für sich selbst kämpfen. Sie haben nun eine Rolle

»Was auch immer nötig ist, die Rebellion ist es wert.«

Hera Syndulla

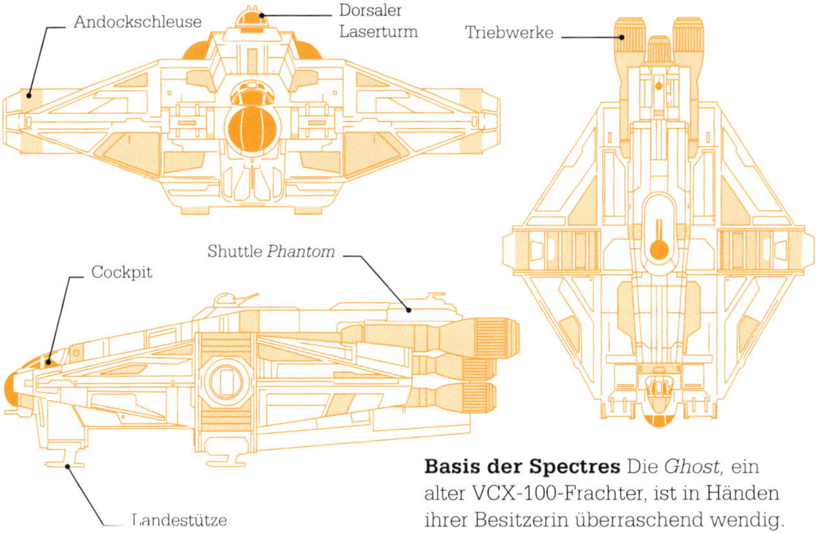

Basis der Spectres Die *Ghost*, ein alter VCX-100-Frachter, ist in Händen ihrer Besitzerin überraschend wendig. Ihr Name spielt darauf an, dass sie sich selten von Imperialen aufspüren lässt.

im galaktischen Kampf gegen die Tyrannei zu spielen. Damit ziehen sie Darth Vaders Aufmerksamkeit auf sich, der Lothal belagert. Die Spectres müssen von dort fliehen, schließen sich der Phönix-Staffel an und verlagern ihre Einsätze auf Welten wie Ibaar und Garel. Ihnen wird sogar eine wichtige Mission anvertraut: Rebellensenatorin Mon Mothma zum Planeten Dantooine zu bringen. Vom Cockpit der *Ghost* aus erklärt diese dort formell die Gründung der Rebellenallianz.

Als die Crew wieder nach Lothal zurückkehrt, ist die Lage schlimmer geworden. Unter der Führung von Großadmiral Thrawn beuten die Imperialen den Planeten immer weiter aus und zwingen das Volk in den Dienst der wachsenden Kriegsmaschinerie des Imperiums. Mithilfe der Allianz starten die Spectres einen letzten Anlauf zur Befreiung Lothals und siegen, doch der Preis ist hoch: Kanan opfert sich für seine Familie, und Ezra ist in den Weiten des Alls verschollen.

Ein Leben lang

Zusammengefunden haben die Spectres als Einzelkämpfer, doch am Ende sind sie stets füreinander da. Als Lothal befreit ist, dienen Hera, Zeb und Chopper noch Jahre der Rebellion. Hera fliegt die *Ghost* in den Schlachten von Scarif und Endor und zieht ihren und Kanans Sohn Jacen groß. Nach Kriegsende führt Zeb überlebende Lasats zu einer neuen Heimatwelt. Zu Ehren von Ezra beschützt Sabine Lothal, bis das Imperium gestürzt ist. Dann bricht sie mit Ahsoka auf, um ihren verschollenen Freund zu suchen. ■

Familienbild Das von Sabine kreierte Bild der Crew der *Ghost* ziert eine Wand in Ezras altem Zuhause auf Lothal.

Blattflügler

Um die imperiale Blockade von Ibaar zu durchbrechen, fliegt Hera für eine gewagte Mission nach Shantipole. Dort hat der Mon Calamari Quarrie den hochgerüsteten Prototyp eines Jägers gebaut, den er »Blattflügler« nennt. Dieser mag den Rebellen den zur Rettung von Ibaar nötigen Vorteil verschaffen, aber es hängt von Heras Flugkünsten ab, den Schiffsbauer davon zu überzeugen, ihnen seinen Jäger zu überlassen. Mit Hera am Steuer erfüllt das stark bewaffnete und wendige Schiff alle Erwartungen.

Nach Durchbrechen der Blockade ist der Schiffsbauer so beeindruckt von Heras Flugtalent, dass er einwilligt, den Rebellen zu helfen, den Prototyp in Serie herzustellen. Dank Quarrie und Hera wird der B-Flügler zum wichtigen Teil der Rebellenflotte. Später dienen Nachfolgemodelle dem Widerstand – nicht zuletzt in der Schlacht von Exegol.

GEGEN ALLE WIDRIGKEITEN

DIE REBELLENALLIANZ

HOLOCRON-DATEN

BEZEICHNUNG
Die Rebellenallianz

HAUPTQUARTIERE
Verschiedene geheime Stützpunkte wie auf Yavin 4

ZIEL
Ende des Imperiums, um die Demokratie wiederherzustellen

STATUS
Siegreich

Nach bescheidenen Anfängen wächst die Rebellenallianz zu einer so gut organisierten und ausgerüsteten politischen und militärischen Gruppe heran, dass sie zur größten Hoffnung für die Wiederherstellung der Demokratie in der Galaxis wird. Während des Kriegs ist das Imperium sehr von seiner Dominanz überzeugt und unterschätzt fortlaufend, wozu die Allianz fähig ist, deren Mitglieder für die Freiheit alles geben. Trotz vieler Beschwernisse machen einige von ihnen den Unterschied und sichern den Rebellen unverhoffte Siege.

Der Erfolg der Rebellion steht und fällt mit den Taten einiger herausragender Helden. In der Schlacht von Scarif schaffen es Jyn Erso und ihr als »Rogue One« bekanntes Team von Renegaten, in einen gesicherten Archivturm des Imperiums einzudringen und die Pläne des Todessterns zu stehlen. Als Team haben sie Erfolg, opfern dabei aber alle ihr Leben. Ihr Mut erlaubt es Prinzessin Leia Organa, die Pläne versteckt in R2-D2 zur Rebellenallianz zu bringen. Doch die Rebellion hat nicht immer so viel Glück. Niederlagen bei Vrogas Vas, Mako-Ta und Hoth erinnern daran, dass sie oftmals zahlenmäßig und waffentechnisch unterlegen ist.

Dank umsichtigen Umgangs mit Ressourcen und Anwerben neuer Mitstreiter gelingt der Allianz bei Endor ein großer Schlag. Um den zweiten Todesstern – mitsamt dem Imperator – auszuschalten, wirft sie alles in die Waagschale. Dank des

Sternenvogel Das Symbol der Allianz wird zum Sinnbild für Freiheit und Widerstand gegen Unterdrückung.

tapferen Einsatzes von Leia, Luke Skywalker, Han Solo, Lando Calrissian und vielen anderen erringen die Rebellen einen denkwürdigen Sieg, der in der ganzen Galaxis gefeiert wird. Die Allianz hat nun eine Chance, die Demokratie wiederherzustellen, und gewinnt neue Unterstützung, bis es letztlich zur Entscheidungsschlacht über Jakku kommt. Dort erledigt die Allianz die Reste der Imperialen Flotte und

»Ihr gehört zur Allianz der Rebellen. Ihr seid eine Verräterin. Schafft sie weg!«

Darth Vader zu Leia Organa

bereitet die Bahn für Jahrzehnte des Friedens.

Starke Führung

Der Sieg der Rebellenallianz bei Endor ist das Ergebnis jahrelangen Organisierens und des Entwerfens gemeinsamer Strategien. Diverse Rebellengruppen werden zu einer Allianz unter einer Führung vereint. Die Leitung der Rebellion obliegt dem Oberkommando der Allianz und ihrer höchsten Anführerin Mon Mothma. Auch Bail Organa ist bis zu seinem Tod hilfreich, woraufhin

Rebellenflotte Admiral Raddus führt bei Scarif vom Flaggschiff *Profundity* aus die Flotte der Allianz an.

dessen Tochter Prinzessin Leia eine noch größere Rolle einnimmt. Im Rat der Allianz sitzen sowohl politische als auch hochrangige militärische Führer wie General Jan Dodonna und die Admiräle Raddus und Ackbar. Sie bieten wertvolle Orientierung, während die Flotte wächst und Staffeln sich formieren.

Als der Krieg sich dem Ende nähert, tut Mon Mothma alles dafür, »

Aufstieg der Rebellion

2 VSW4
Vereinigte Allianz
Senatorin Mon Mothma verkündet die Gründung der Allianz zur Wiederherstellung der Republik.

0 VSW4
Befreiung von Lothal
Die Rebellen kommen den Spectres zu Hilfe und vertreiben das Imperium von der Randwelt Lothal.

0 VSW4
Rogue One
Die Allianz diskutiert über einen Schlag gegen das Imperium. In der Schlacht von Scarif erringt sie ihren ersten wichtigen Sieg.

0 SW4
Schlacht von Yavin
Die Zerstörung des Todessterns ist ein Sieg für die Rebellion, die nun aber eine neue Basis finden muss.

3 NSW4
Schlacht von Hoth
Die Rebellen ziehen sich aus ihrer von Darth Vader belagerten Basis auf Hoth zurück.

4 NSW4
Rebellenspione
Bothaner bringen in Erfahrung, dass es einen neuen Todesstern gibt und Palpatine dort sein wird.

4 NSW4
Neue Verbündete
Die Rebellion erhält nach dem Sieg über Palpatine mehr Unterstützung, und Imperiale laufen über.

5 NSW4
Neue Republik
Die Imperiale Flotte wird bei Jakku besiegt und die Neue Republik offiziell gegründet.

Alphabet-Jäger Jedes dieser Schiffe der Allianz in nach einem Buchstaben des Hochgalaktischen benannt, dem es ähnelt.

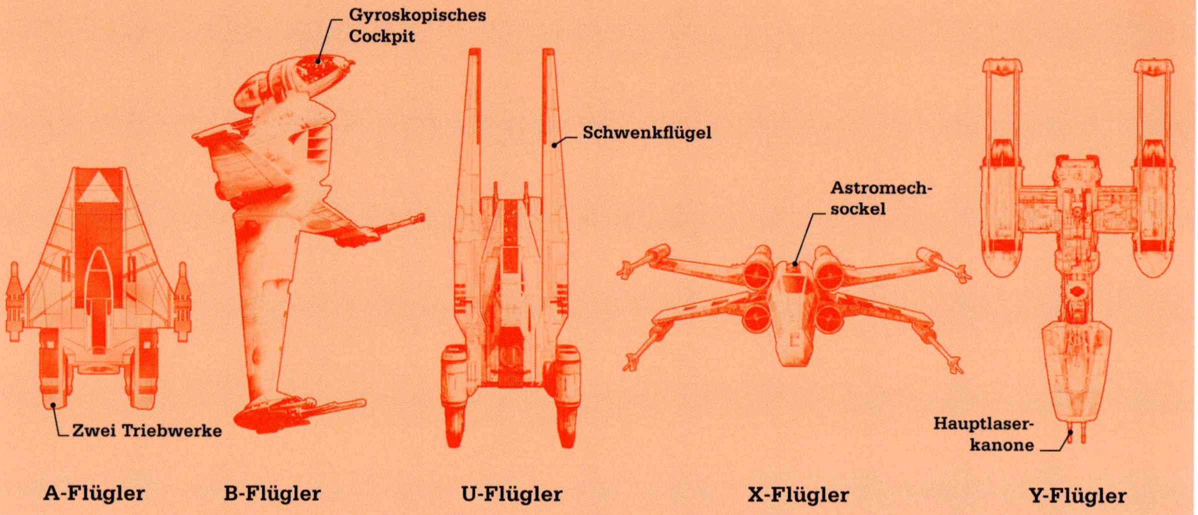

dass die Rebellion ihr Ziel verfolgt, zur Republik zurückzukehren. Sie befürchtet, die Organisation könne so werden wie die Tyrannei, gegen die sie kämpft, und bemüht sich um einen reibungslosen Übergang. Die Rebellen eint ein unerschütterlicher Wille zum Sieg, aber es soll keine Kollateralschäden, Vergeltungsakte und Kriegsverbrechen dabei geben. Diese Werte leben auch Jahrzehnte später bei der Gründung des Widerstands fort, wo sich erneut eine kleine Truppe von Rebellen gegen einen übermächtigen Feind erhebt, der aus dem Imperium erwuchs.

Das Ziel der Rebellenallianz ist es zwar, den Frieden in der Galaxis wiederherzustellen, doch dafür hält sie zunächst einen Krieg gegen das Imperium für notwendig. Die Allianz unterhält eine Reihe Stoßtrupps, Pfadfinderregimenter und andere Infanterieeinheiten, um es mit dem Feind am Boden aufzunehmen. Die Soldaten sind individuelle Rekruten oder gehören Sicherheitskräften sympathisierender Welten wie Alderaan an. Sie sind entschlossen, können jedoch nie die Uniformität erreichen, wie sie im imperialen Sturmtruppenkorps zu finden ist.

Einen Großteil der beschränkten Ressourcen verwendet die Allianz für Aufbau und Unterhaltung ihrer Sternenjägerstaffeln. Während der Y-Flügler ein älteres Modell aus den Klonkriegen ist, präsentiert sich der X-Flügler als moderner Jäger, der es quasi mit allen vergleichbaren imperialen Schiffen aufnimmt. Mit vier Kanonen, Torpedos und einem Astromechdroiden an Bord verleiht der X-Flügler den wenigen Piloten der Rebellion viele technologische Vorteile gegenüber den Jägern des Feinds. Ergänzt werden die enorm wichtigen Jägerstaffeln der Allianz um schnelle A-, schwer bewaffnete B- und vielseitige U-Flügler.

> »Alles, was ich tat, tat ich für die Rebellion. Und jedes Mal blieb etwas zurück, das ich vergessen wollte. Ich redete mir ein, dass der Zweck die Mittel heiligt. Ich habe daran geglaubt, an eine Sache, die es wert war.«
>
> **Cassian Andor**

Um dem Imperium stets einen Schritt voraus zu sein, setzt die Allianz auf eine Reihe Fregatten, Blockadebrecher und Transporter, die ihr helfen, mobil zu bleiben. Kreuzer der Mon Calamari, die nach den imperialen Übergriffen auf ihre Heimatwelt zur Rebellion stoßen, dienen dieser als Großkampfschiffe und mobile Kommandozentralen. Die Mon Cal erweisen sich dabei als wichtiger Teil der Flotte, ebenso als hohe Offiziere wie als einfache Crewmitglieder. Im Laufe der letzten Kriegsmonate richten die Nadiri-Raumdocks die eigenen Waffen des Imperiums gegen dieses, indem sie imperiale Sternenzerstörer zu

Mobile Zentrale Die Allianz ist oft auf der Flucht und nutzt Admiral Ackbars Flaggschiff, die *Heimat Fins,* als mobile Kommandozentrale.

schlagkräftigen Schlachtschiffen der *Sternfalke*-Klasse umbauen, die der Rebellenflotte eine bis dahin nicht gekannte Feuerkraft bieten.

Spione und Aufklärung

Weil die Rebellion dem Imperium zahlenmäßig immer unterlegen sein wird, setzt sie auf ein Netzwerk von Spionen, Geheimdienstoffizieren und Sympathisanten. Diese agieren im Schatten und helfen dabei, neue Rebellenzellen zu finden, nicht vom Imperium entdeckt zu werden und lohnenswerte Ziele zu bestimmen. Anführer wie die Generäle Cracken und Draven tragen Verantwortung für Agenten in der ganzen Galaxis und helfen ihnen, nicht enttarnt zu werden. Naturgemäß läuft dabei nicht immer alles glatt und oft bleibt wenig Raum für Idealismus, doch sie sind bereit, alles zu tun, damit sie Erfolg haben. Cassian Andor ist ein solcher Offizier und trägt vor der Schlacht von Yavin wesentlich dazu bei, die Existenz des Todessterns aufzudecken, auch wenn dies harte Maßnahmen erfordert. Spionage ist ein gefährliches Spiel, speziell für die Bothaner, deren Informationen zur Schlacht von Endor führen. Ihr Wissen vom Standort des zweiten Todessterns und Palpatines dortige Anwesenheit ist entscheidend, aber viele lassen dafür ihr Leben.

Täuschung erweist sich als gute Strategie für die Allianz. Bei der Operation Gelber Mond nutzen die Rebellen Leia Organas Bekanntheit, um das Imperium vor der Schlacht von Endor davon abzulenken, dass sich ihre Flotte sammelt. Fokussiert auf Leia ahnt das Imperium nicht, dass diese nur als Ablenkung dient. Die Allianz setzt auch gestohlene imperiale Transpondercodes und Fahrzeuge ein, nicht zuletzt bei den Schlachten von Scarif und Endor.

Eine Generation nach Ende des Kriegs bieten Werte, Technologien, Taktiken und Basen der Rebellion die Grundlage für den Widerstand gegen die Erste Ordnung. Leias Erfahrungen sind dabei essenziell. ■

Helden der Rebellion Luke Skywalker, Chewbacca und Han Solo werden für ihre Heldentaten in der Schlacht von Yavin ausgezeichnet.

Geheime Basen

Die Rebellenallianz schützt sich, indem sie sich geheimer Stützpunkte auf entlegenen Welten bedient. Dabei nutzt sie vorhandene Strukturen, da das Errichten neuer Gebäude nicht leistbar und wegen der häufigen Verlagerungen auch unpraktisch wäre. Auf Yavin 4 ziehen die Rebellen in einen alten Massassi-Tempel ein, der genügend Raum für eine adäquate Kommandozentrale, Mannschaftsquartiere und Sternenjägerhangars bietet. Auf Hoth werden für die Echo-Basis vorhandene Eishöhlen auf dem schneebedeckten, trostlosen Planeten weiter ausgebaut.

Neben diesen größeren Basen errichtet die Rebellion kleinere Außenposten auf Welten wie Tierfon, Horox III und Crait. Der verlassene Stützpunkt auf Crait erweist sich rund 30 Jahre später als nützlich für den Widerstand, als dieser vor der Ersten Ordnung flieht. Der Widerstand führt das Erbe der Rebellion auch mit geheimen Basen auf D'Qar und Ajan Kloss fort.

TATKRÄFTIGE REBELLEN

ROGUE ONE

HOLOCRON-DATEN

MITGLIEDER
Jyn Erso, Cassian Andor, Chirrut Îmwe, Baze Malbus, Bodhi Rook, K-2SO

SPEZIES
Menschen (außer K-2SO)

ZUGEHÖRIGKEIT
Rebellenallianz

ZIEL
Die Baupläne des Todessterns stehlen

STATUS
Getötet im Einsatz auf Scarif

Im galaktischen Kampf gegen die Mächte der Tyrannei findet die Rebellenallianz Hoffnung, wo sie sie nicht erwartet. Nachdem man jahrelang rätselhafte Vorgänge beobachtet hat, finden die Rebellen heraus, dass die Gerüchte über eine imperiale Superwaffe wahr sind. Der sogenannte Todesstern hat nicht nur genug Feuerkraft, um einen Planeten zu zerstören, er könnte auch mit der aufstrebenden Rebellion kurzen Prozess machen. Ein imperialer Überläufer, der von jemandem namens Erso geschickt wurde, hat mehr Informationen. Da die Allianz, denkt, dass dieser der Wissenschaftler Dr. Galen Erso sein muss, spürt sie dessen Tochter Jyn auf, von der man sich Hilfe erhofft.

Der frühere Kindersoldat Cassian Andor weiß schon als Junge, was Krieg heißt. In seinen Zwanzigern leistet er dem Imperium Widerstand und schließt sich den Rebellen an, wo er zum Captain aufsteigt. Für den Geheimdienst übernimmt er mit dem umprogrammierten imperialen Droiden K-2SO teils grenzwertige Missionen. Die Persönlichkeit des Droiden ist zwar neu programmiert, aber dank seines Aussehens fällt er unter Imperialen nicht auf. K-2SO hilft bei der Befreiung von Jyn Erso aus imperialer Haft. Jyn liegt zwar nicht viel an der Allianz, muss ihr aber helfen, wenn sie ihren Vater wiedersehen will.

Die wichtige Information, die man sich erhofft, kommt von unerwarteter Seite: Der Frachterpilot Bodhi Rook transportiert Kyberkristalle von seiner Heimatwelt Jedha zu einer imperialen Forschungseinrichtung auf Eadu und ist dadurch mit an der Ausbeutung Jedhas durch das Imperium beteiligt. Ermutigt von Galen Erso desertiert er jedoch.

Auf Jedha begegnen Jyn, Andor und K-2SO zwei einstigen Wächtern der Whills, Chirrut Îmwe und Baze Malbus. Diese beschützten früher Jedhas heiligste Stätte, sind aber auch in jenen dunklen Zeiten noch gute Freunde, obschon sich ihre Ansichten teils geändert haben. Wo Îmwe weiter fest an die Macht glaubt, ist Baze zum störrischen Pragmatiker geworden.

Die Todessternpläne

Bei der Mission auf Jedha erfährt Jyn, dass ihr Vater im Todesstern eine Schwachstelle eingebaut hat. Jyn, die voll Hoffnung ist, weil ihr

Wächter Als alle Hoffnung vergebens scheint, retten Baze und Chirrut Jyn und Cassian vor einer imperialen Patrouille.

Einzelkämpferin

Als Kind ist Jyn Erso Rebellion fremd. Die Tochter der Forscher Galen und Lyra Erso hat eine anfangs glückliche Kindheit und ahnt nicht, welchen Druck das Imperium auf ihren Vater ausübt. Als Galen dann beschließt, mit seiner Familie zu fliehen, führen sie eine Zeit lang ein ruhiges Leben als Farmer.

Letztlich wird ihr Versteck gefunden, und Jyn bleibt allein zurück. Saw Gerrera, ein alter Freund der Familie, nimmt Jyn in seine Obhut, und sie wächst inmitten seiner Partisanengruppe auf. Als sie 16 Jahre ist, ahnen einige ihrer Mitstreiter, wer sie ist, sodass Saw sich gezwungen sieht, sie bei einer Mission auf Tamsye Prime zurückzulassen. Jyn fühlt sich verraten und muss sich allein durchs Leben schlagen. Mit ihrer rebellischen Ader findet sie sich dabei oft auf der falschen Seite des imperialen Gesetzes wieder. Als die Allianz sie findet, legt man ihr diverse Straftaten zur Last. Sie sitzt in einem Arbeitslager auf Wobani eine Strafe ab und blickt wenig hoffnungsvoll in die Zukunft.

Vater sich nicht vollständig dem Imperium verschrieben hat, drängt die Führung der Allianz zu einem mutigen Zug, die Baupläne der Kampfstation aus einer imperialen Anlage auf Scarif zu stehlen, um sie eingehend zu analysieren. Deren Rat will jedoch erst keinen offenen Krieg mit dem Imperium riskieren und zweifelt an Jyns Informationen. Ihr leidenschaftlicher und Hoffnung versprühender Auftritt veranlasst aber Admiral Raddus, ihr seine Flotte dennoch zu Hilfe zu schicken, als Jyn ohne Erlaubnis mit einem Team unter dem Rufnamen »Rogue One« aufbricht, um auf die stark gesicherte Welt Scarif zu gelangen.

»Ich bin eins mit der Macht, die Macht ist mit mir.«

Chirrut Îmwe

Das Rogue-One-Team ist die beste Hoffnung für die Rebellion, doch die Chancen stehen nicht gut. Um an die Baupläne zu gelangen, bedarf es einiger Ablenkung vor dem Archivturm, wobei sich Chirrut, Baze, Bodhi und ihr Stoßtrupp von Kommandosoldaten der Rebellen letztlich selbst opfern. Als Jyn und Cassian sich Zugang zu den Daten verschaffen, opfert auch K-2SO sich, um damit imperiale Wachen aufzuhalten. Jyn sendet die Pläne an die Rebellenflotte im Orbit, aber auch sie und Cassian können nicht mehr entkommen: Der Todesstern trifft über Scarif ein und legt alles rund um die imperiale Anlage in Schutt und Asche.

Die Opfer sind nicht umsonst. Die von Jyn übertragenen Daten gelangen erst in die Hände von Prinzessin Leia Organa und letztlich zur Rebellenführung auf Yavin 4. Selbst angesichts der Bedrohung durch eine Planeten zerstörende Superwaffe und des Opfers vieler tapferer Rebellen bringt das mutige Rogue-One-Team der Rebellion mehr als nur die Baupläne der Kampfstation: Es gibt ihr Hoffnung, dass sie eines Tages die Freiheit in der Galaxis wiederherstellen kann. ■

Weg der Todessternpläne

In der Schlacht von Scarif müssen sich die Rebellen einiges einfallen lassen, um die erbeuteten Pläne zu übertragen.

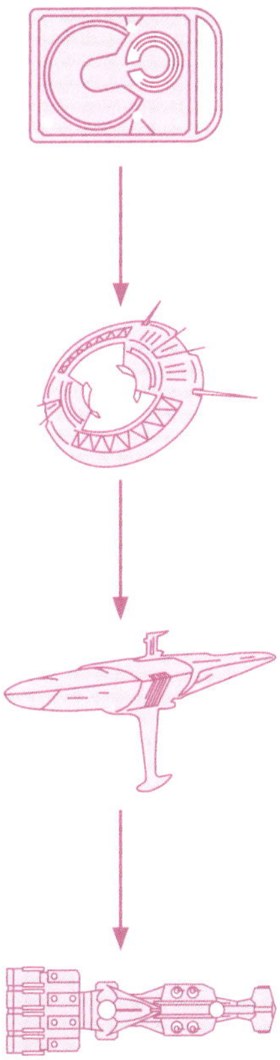

Das Rogue-One-Team dringt in den Archivturm ein und findet die Baupläne.

Die Rebellenflotte zerstört hoch über Scarif den imperialen Schildzugang, damit die erbeuteten Daten in den Orbit gesendet werden können.

Auf Admiral Raddus' Flaggschiff *Profundity* laden Soldaten die empfangenen Daten herunter und leiten sie zur angedockten *Tantive IV* weiter.

Prinzessin Leia Organa entkommt mit den Plänen an Bord der *Tantive IV*.

RAUMPILOT
HAN SOLO

HOLOCRON-DATEN

NAME
Han Solo (Nachname bei der Flucht von Corellia erhalten)

SPEZIES
Mensch

HEIMATWELT
Corellia

ZUGEHÖRIGKEIT
Rebellenallianz, Widerstand

STÄRKEN
Fliegen, Sabacc spielen

SCHIFF
Millennium Falke

FAMILIE
Leia Organa (Ehefrau), Ben Solo (Sohn)

Han Solo wirkt auf manchen wie ein Schmuggler, der nur an den eigenen Vorteil denkt, aber sein Weg vom Straßenkind zum legendären Piloten, General der Rebellen und Kämpfer für den Widerstand lässt ahnen, dass der »Schurke« sich mehr um andere sorgt, als er zugibt. Als Waisenkind auf Corellia schlägt er sich bei der Weißwürmerbande mit Diebstählen und Betrügereien durch. Han bringt sich oft in Schwierigkeiten und fliegt letztlich damit auf, als er bei einem Deal um wertvollen Hypertreibstoff ein doppeltes Spiel treibt. Mit seiner Komplizin Qi'ra will er fliehen, doch etwas geht schief, und Han muss sie zurücklassen und sich selbst bei der Imperialen Flotte einschreiben.

Sein Flugtalent ist unstrittig, aber Han ist nie vom Imperium überzeugt und nimmt es mit Befehlen nicht so genau. Zur Strafe versetzt man ihn zur Infanterie. Beim Fronteinsatz auf Mimban hat Han Verständnis für die lokale Miliz und ist fertig mit dem Imperium. Er desertiert und schließt sich mit einem neuen Verbündeten, dem Wookiee Chewbacca, einer kriminellen Bande an.

Der erfahrene Tobias Beckett ist der Anführer der Gruppe, die für das berüchtigte Verbrechersyndikat Crimson Dawn arbeitet. Han wäre gern wie er, ein Söldner mit Ehre, aber als er Qi'ra wiedertrifft, die nun Statthalterin von Crimson Dawn ist, zeigt sich, dass es für Han noch mehr gibt. Um einen gescheiterten Coup wiedergutzumachen, wollen Beckett, Solo und Co. unraffiniertes Coaxium vom Planeten Kessel stehlen. Qi'ra begleitet sie auf Wunsch von Gangsterboss Dryden Vos und holt den extravaganten Schmuggler Lando Calrissian mit ins Boot.

Als etwas schiefläuft, muss Han mit ihrem Schiff, Landos *Millennium Falken,* den Kossal-Flug in Rekordzeit schaffen. Ehe sie das Coaxium übergeben, erfährt Han, dass der illegale Handel damit dafür sorgt, dass Unschuldige leiden, weshalb er umdenkt und den Hypertreibstoff einer Rebellengruppe anbietet. Dies führt letztlich dazu, dass Beckett ihn verrät. Han ist gezwungen, ihn zu töten, und Qi'ra verlässt ihn, worauf er mit Chewie einen Neuanfang wagt.

Schmuggler und Rebell

Nachdem er bei einer Partie Sabacc den *Falken* von Lando gewonnen hat, verschreibt Han sich mit seinem Co-Piloten Chewbacca einem Leben als Schmuggler und arbeitet oft für den Verbrecherlord Jabba. Jahre später willigt Han ein, Ben Kenobi, Luke Skywalker und zwei Droiden nach Alderaan zu fliegen, und denkt, mit der Bezahlung seine Schulden bei dem Hutt begleichen zu können. Er ahnt nicht, dass dies sein Leben verändern wird. Als sie vom Imperium aufgegriffen werden, hilft Han dabei, die Rebellenanführerin Leia Organa zu befreien und mit ihr zu fliehen.

Captain Solo

Han Solo ist vieles, aber vor allem ist er Pilot. Nach dem Sammeln erster Erfahrungen auf Corellia und dem Fliegen imperialer Schiffe als Kadett, fühlt er sich am Steuer so gut wie jeden Schiffes zu Hause.

Bei einem Flug nach Kessel verliebt Han Solo sich in Lando Calrissians *Millennium Falken.* Bei der schicksalhaften Mission sitzt er erstmals im Sessel des Captains und übersteht einen lebensgefährlichen Flug durch den Mahlstrom, der den Planeten umgibt. Das wenige, das ihm dieser Job einbringt, setzt er bei einer Partie Sabacc und gewinnt so den *Falken.* Mit den Jahren baut Han das Schiff so um, dass es seinen Bedürfnissen und seinem Wesen entspricht. Es mag von außen nicht viel hermachen und muss oft repariert werden, doch der *Falke* zählt zu den schnellsten Schiffen der Galaxis. Wie Han wird der Raumfrachter zur Legende und führt fast schon ein Eigenleben.

Mit stattlicher Belohnung zieht Han von dannen, kehrt kurz darauf aber zurück, greift in der Schlacht von Yavin in den Kampf gegen das Imperium ein und wird ein Held der Rebellion. Zwar betont er, kein Teil der Allianz zu sein, ist aber oft an Missionen beteiligt. Sein altes Leben ist dabei mit Schmuggeljobs und riskanten Raumschiffrennen nie fern.

Als er mit Leia und Chewie im beschädigten *Falken* der Schlacht von Hoth entflieht, entscheidet sich Han, für Reparaturen am Schiff seinen alten Freund Lando in der Wolkenstadt zu besuchen. Doch das Imperium ist bereits vor Ort und ergreift die Rebellen – Han ahnt nicht, dass Lando keine Wahl hatte, als sie auszuliefern. Von Darth Vader in Karbonit eingefroren, wird Han vom Kopfgeldjäger Boba Fett an Jabba ausgeliefert, aber später von seinen Freunden befreit. Nun verschreibt er sich der Rebellion voll und ganz und wird zum General befördert. Solo führt in der Schlacht von Endor den Bodenangriff an, wo er die imperiale Garnison überlistet und einen wichtigen Sieg für die Rebellen erringt.

Nach Endor heiraten Han und Leia. Sie bekommen einen Sohn, den sie Ben nennen und der großes Potenzial als Jedi zeigt. Sein Onkel, der Jedi-Meister Luke Skywalker, bildet ihn aus. Aber Ben hat eine schwierige Jugend, lässt sich von finsteren Gestalten manipulieren, wendet sich der dunklen Seite der Macht zu und löscht Lukes Jedi-Orden aus. Ben Solo nennt sich nun Kylo Ren und vollbringt schreckliche Taten, was Han und Leia entzweit. Han läuft weg und kehrt mit Chewie zum Schmugglerdasein zurück.

Als die Erste Ordnung sich erhebt, hat Han den *Falken* verloren und mal wieder Schulden. Er findet sein Schiff jedoch wieder – mit der Schrottsammlerin Rey an Bord, die der reife Schmuggler unter seine Fittiche nimmt. Als sie dann von der Ersten Ordnung gefangen wird, führt Han den Bodenangriff auf deren Starkiller-Basis an, um Rey zu befreien und die Superwaffe zu zerstören. Dabei trifft er alsbald auf seinen entfremdeten Sohn und will ihn überzeugen, mit nach Hause zu kommen. Der Versuch scheitert. Kylo streckt seinen Vater nieder, womit er einem der größten Helden der Galaxis das Leben nimmt. ■

» Wissen Sie, manchmal übertreffe ich mich noch selbst. «

Han Solo

STANDHAFTER WOOKIEE
CHEWBACCA

HOLOCRON-DATEN

NAME
Chewbacca alias »Chewie«

SPEZIES
Wookiee

HEIMATWELT
Kashyyyk

ZUGEHÖRIGKEIT
Republik, Rebellenallianz, Widerstand

ALTER
230+ Jahre zur Zeit des Starkiller-Vorfalls

»Einen Wookiee ärgert man besser nicht.«

Han Solo

Einige kennen ihn als Rebell, andere als Schmuggler. Er war ein Stammesmitglied, Krieger der Republik, ein Sklave, Mechaniker, Pilot, Ehemann, Vater und Freund – in seinen über 200 Lebensjahren hat Chewbacca so einiges erlebt. Doch egal, in welcher Rolle er auftritt, in diesem Wookiee scheint stets mehr zu stecken, als man auf den ersten Blick erkennt.

Der zwei Jahrhunderte vor der Gründung der Rebellenallianz auf Kashyyyk, der Heimatwelt seiner Spezies, geborene Chewbacca führt ein von Stolz und auch Phasen des Leids geprägtes Leben. In den Klonkriegen fängt ihn eine Bande trandoshanischer Jäger und bringt ihn nach Wasskah, damit er ihnen dort als lebende Beute dient. Die Trandoshaner unterschätzen den Wookiee, der sich mit einigen Jedi-Padawanen zusammentut, die er mit seinen technischen Fähigkeiten überrascht, indem er einen Sender repariert, um Hilfe zu rufen. Später in den Klonkriegen verteidigt

Begegnung als Gefangene Hans und Chewies legendäre Partnerschaft startet in einer Schlammgrube auf Mimban.

Naturtalent Chewie ist der geborene Flieger und recht zufrieden als Co-Pilot des *Millennium Falken*.

er seine Heimat vor den Separatisten. Dabei arbeitet er mit einigen der strahlendsten Gestalten dieser Ära, dem Wookiee-Häuptling Tarfful und Jedi-Meister Yoda, dem Chewie hilft, der Order 66 zu entgehen.

Der Untergang der Republik bringt Leid über die Wookiees, die unter der Besatzung des Imperiums als Sklaven schuften müssen. Chewie endet als imperialer Gefangener auf Mimban, wo er als wilde Bestie in eine Schlammgrube gesteckt wird. Mit Han Solo, einem Imperialen wider Willen, gelingt ihm die Flucht, und mit einer Bande von Kriminellen entkommen sie vom Planeten. Bei ihrem Coup auf Kessel überrascht Chewbacca die Crew und rutscht während des berühmten Kossal-Flugs in den Co-Pilotensessel des *Millennium Falken*. Die Mission verbindet Chewie und Solo, die für die folgenden Jahrzehnte eng verbunden bleiben. Sie verdingen sich als Schmuggler und arbeiten dabei ebenso für den berüchtigten Gangster Jabba wie den berühmten Schatzjäger Dok-Ondar.

Leben als Rebell

Chewbaccas Tage als Schmuggler sind erst einmal gezählt, als sie Ben Kenobi und dessen Schützling Luke Skywalker nach Alderaan bringen. Als sie diese schließlich zusammen mit Prinzessin Leia Organa bei der Rebellenallianz abliefern, erhalten sie eine hohe Belohnung, aber Chewie drängt Han, auch bei der Schlacht von Yavin zu helfen. Der heldenhafte Wookiee setzt sich stets für andere Unterdrückte ein und dient der Rebellenallianz bis zur Gründung der Neuen Republik. Dann kehrt Chewbacca auf seine Heimatwelt zurück, um dabei zu helfen, den Planeten aus dem Griff von Großmoff Lozen Tolruck zu befreien. Der mächtige Wookiee kapert dort den Sternenzerstörer *Dominion* und zwingt das Imperium zur Kapitulation. Danach kehrt er zu seiner befreiten Familie – seiner Frau Mallatobuck und ihrem gemeinsamen Sohn Lumpawaroo zurück, begleitet Han aber weiterhin gelegentlich auf ein Abenteuer.

Ära des Widerstands

Jahrzehnte nach dem Sturz des Imperiums setzen Han Solo und Chewbacca ihr Schmugglerleben fort. Selbst nach einigen schlechten Deals und dem Verlust des *Falken* bleibt Chewie treu bei Han. Als sie ihr geliebtes Schiff wiederfinden, zieht dies das Duo in einen Krieg hinein, den Leia gegen eine neue Gefahr führt – die Erste Ordnung. Kurz darauf belastet Chewie der Verlust von Han schwer, doch in der aufstrebenden Jedi Rey findet er eine neue Partnerin. Auf der Suche nach Luke Skywalker begleitet er sie als Co-Pilot zur Welt Ahch-To. Danach greifen Rey und Chewie in die Schlacht von Crait ein und retten die Reste von Leias Widerstand.

Im Folgejahr hilft Chewie beim Wiederaufbau der Gruppe. Kurz vor der Schlacht von Exegol trommelt er mit seinem alten Freund Lando eine Flotte zur Verstärkung für den Widerstand zusammen, ohne die die Schlacht verloren gewesen wäre. Unter all den Helden, die zu Legenden in der Galaxis wurden, sind wenige klüger, loyaler und mitfühlender als Chewbacca. ■

Mutiger Krieger

Der rund 2,30 Meter große und mächtig starke Wookiee Chewbacca ist ein fähiger Krieger, der viele Schlachten geschlagen hat. Die Allianz der Rebellen greift häufig auf seine Erfahrung – und seine Muskelkraft – zurück. Als er allein auf Andelm IV abstürzt, kämpft er mit den lokalen Minenarbeitern gegen ihre Ausbeutung. Sein Kampf für unterdrückte Wesen setzt sich später auf Cymoon 1 fort, wo er hilft, die Sklaven in einer imperialen Fabrik zu befreien. Als Chewie dazu beiträgt, den imperialen Sternenzerstörer *Harbinger* zu kapern, liefert er sich nicht lange danach einen Kampf auf Leben und Tod mit einem Elitesturmtruppler der Sondereinheit 99.

TAPFERER GOLDJUNGE

C-3PO

HOLOCRON-DATEN

NAME
C-3PO

TYP
Protokolldroide

HERSTELLER
Anakin Skywalker

ZUGEHÖRIGKEIT
Republik, Rebellenallianz, Widerstand

HAUPTFUNKTION
Beherrscht und übersetzt mehr als 7 000 000 Kommunikationsformen

Ein halbes Jahrhundert lang dient C-3PO treu Republik, Rebellion und später dem Widerstand und beweist, dass sich Tapferkeit in vielerlei Gestalt zeigt. Er ist zwar weder für Heldentaten programmiert noch für Abenteuer ausgerüstet, doch dieser goldene Protokolldroide erlebt von beidem mehr als genug.

Als Assistent von Senatorin Amidala findet C-3PO sich in den Klonkriegen oft in prekärer Lage wieder. Auf Rodia arbeitet er mit dem Abgeordneten Jar Jar Binks zusammen, sorgt neben dem tollpatschigen Gungan für die nötige Ruhe und übersteht tapfer die Ergreifung durch Separatisten. Bei einer Mission auf Aleen rettet er die Welt des Mittleren Rands vor einer verheerenden Naturkatastrophe.

Im Dienste der Rebellion folgt er mutig R2-D2 in eine Rettungskapsel, sodass dieser Obi-Wan Kenobi auf Tatooine eine geheime Nachricht überbringen kann, und sorgt in Mos Eisley dafür, dass die beiden nicht vom Imperium aufgegriffen werden. Als ein Sturmtruppler sie auf dem Todesstern entdeckt, entkommen die beiden dank C-3POs kreativen Lügen. Später dient er Leia Organa auch im Widerstand und leitet ein Spionagenetz von Droiden, das wertvolle Informationen liefert – so auch, dass Han Solo, Rey, Finn und BB-8 auf Takodana sind.

Dolmetscher

Etikette und Protokoll sind auf dem Schlachtfeld kaum von Nutzen, aber dass C-3PO Millionen Sprachen übersetzen kann, erweist sich für die Rebellion als äußerst dienlich. Er kommuniziert mit dem Computer des *Millennium Falken,* als dieser nach der Schlacht von Hoth repariert werden muss, übersetzt bei der Rettung Han Solos aus den Fängen von Verbrecherlord Jabba dem Hutt dessen Huttesisch und ergründet den einzigartigen Dialekt der Ewoks auf dem Waldmond Endor, als die Rebellen zum Hauptgang bei einem Festmahl zu werden drohen.

Als Rey auf Pasaana ein Sith-Artefakt findet, das einen wertvollen Hinweis auf den Planeten Exegol geben könnte, kann C-3PO die alte Schrift darauf lesen. Leider hindert ihn seine Programmierung daran, die Übersetzung mit anderen zu teilen. Obwohl dies eine Speicherlöschung mit sich bringen wird, willigt C-3PO tapfer ein, dass ein Droidenschmied sich seiner annimmt, damit ihre Mission Erfolg haben kann. ■

» Wir sind verloren! «

C-3PO

STÄNDIGER HELD

R2-D2

HOLOCRON-DATEN

NAME
R2-D2

TYP
Astromechdroide

ZUGEHÖRIGKEIT
Königshaus von Naboo, Republik, Rebellenallianz, Widerstand

AUSGEWÄHLTE AUSSTATTUNG
Datensonden, Scanner, Mehrzweckarme, Holoprojektoren, Schubdüsen

Astromechs sind anpassungsfähige Helfer, und egal worum es geht, R2-D2 ist scheinbar stets der Richtige für den Job. Es mag daran liegen, dass sein Speicher nie gänzlich gelöscht wurde, aber der umtriebige Droide ist für seine Freunde oft Retter in der Not, indem er clever auf seine umfassende Ausstattung zugreift.

R2-D2 beginnt seine Laufbahn an Bord von Amidalas Königlichem Raumschiff. Bei dem Versuch, die Blockade des Planeten durch die Handelsföderation zu durchbrechen, schafft er es, den Schildgenerator des Schiffs zu reparieren, und rettet so die ganze Crew inklusive der Königin selbst – nur die erste von vielen heldenhaften Rettungstaten.

Jahre später lässt Prinzessin Leia den Droiden die erbeuteten Pläne des Todessterns zu Obi-Wan Kenobi bringen. Bei dieser Mission bewahrt er die Prinzessin und ihre Gefährten auch davor, in einer Müllpresse zerquetscht zu werden. Als die Erste Ordnung sich erhebt, ist R2 weiter an Leias Seite. Nach einer Ruhephase fährt er rechtzeitig wieder hoch, um den Teil einer Sternkarte beizusteuern, der den Widerstand zu Luke Skywalker führt.

Jedi-Gefährte

Über mehrere Generationen dient R2-D2 an der Seite großer Jedi. Bei Ausbruch der Klonkriege begleitet er Padawan Anakin Skywalker nach Geonosis und bleibt auch, als dieser Ritter ist, den Großteil des Kriegs an seiner Seite. In der Schlacht von Coruscant erledigt R2-D2 feindliche Droiden, damit Anakin und Obi-Wan Kenobi ihre Mission zur Rettung des Kanzlers erfüllen können. Er ist Luke Skywalkers Droide im Galaktischen Bürgerkrieg und danach. Bei der Flucht aus der Wolkenstadt repariert er den Hyperantrieb des *Millennium Falken,* damit seine Freunde Darth Vader entkommen können.

Viele Jahre später überzeugt R2 seinen alten Meister, Rey zur Jedi auszubilden, indem er ihm eine alte Nachricht vorspielt: das Hologramm von Prinzessin Leia, die »Ihr seid meine letzte Hoffnung« sagt, bringt Luke dazu, Rey eine Chance zu geben, wodurch die Jedi wieder eine Zukunft in der Galaxis haben. ■

Überflieger R2-D2 hat in seine Beine integrierte Schubdüsen, die aber nach den Klonkriegen beschädigt werden.

HELD MIT GESCHÄFTSSINN
LANDO CALRISSIAN

HOLOCRON-DATEN

NAME
Landonis Balthazar Calrissian

SPEZIES
Mensch

HEIMATWELT
Socorro

ZUGEHÖRIGKEIT
Unabhängig, Rebellen-allianz, Widerstand

TÄTIGKEIT
Unternehmer, Baron-Administrator, Eremit

STÄRKEN
Charisma, Stil, Betrügereien

Von seinen Anfängen als Pilot bis zu seinem Sieg bei Exegol gleicht Lando Calrissians Leben einem einzigen großen Glücksspiel. Auch wenn er nicht mit jedem Blatt gewinnt, wer beim Sabacc auf diesen Charmeur setzt, weiß, dass das Glück Lando nie lange verlässt. Der umtriebige Unternehmer beweist nur zu oft ein gutes Händchen und findet immer zurück ins Spiel.

Als junger Mann bietet Lando seine Dienste als Schmuggler und Captain des *Millennium Falken* an. Der von ihm in seinem erlesenen Stil stark umgebaute corellianische Frachter ist sein ganzer Stolz. Er erzählt gern von seinen Abenteuern auf Felucia und im Rafa-System, Begegnungen mit der berüchtigten Kopfgeldjägerin Aurra Sing und der Plünderung des heiligen Tempels der Sharu, um nur einige zu nennen. Allzu gefährliche Jobs will er zwar künftig vermeiden, aber nach einem Waffenschmuggel nach Kullgroon landet sein Schiff auf einem imperialen Abschlepphof. So willigt er ein, als Qi'ra ihm einen Job für das Verbrechersyndikat Crimson Dawn anbietet. Sie und ihr Team, darunter Han Solo und Chewbacca, müssen ins Kessel-System. Als dabei sein geliebtes Schiff fast zerstört wird und auf Savareen weiterer Ärger droht, muss Lando passen und lässt die anderen allein. Völlig vom Glück verlassen, verliert er bei einer Partie Sabacc danach den *Falken* an Solo.

Galaktischer Entrepreneur

Der Verlust seines Schiffs bremst Lando nicht lange aus, und er findet immer kreativere Wege, an Credits zu gelangen. Vom Schmuggeln von Ballonsauen auf Lothal bis hin zum Handel mit Rüstungsgütern, er hat immer ein Ass im Ärmel. Verglichen mit dem letztlichen kommerziellen Erfolg als Baron-Administrator der Wolkenstadt, einer hübschen, in der oberen Atmosphäre des Gasriesen Bespin schwebenden Minenkolonie, verblassen diese kleinen Jobs aber.

Schrottmühle
Seit der *Millennium Falke* Lando zum ersten Mal ins Auge stach, wurde er oft umgebaut und aufgerüstet.

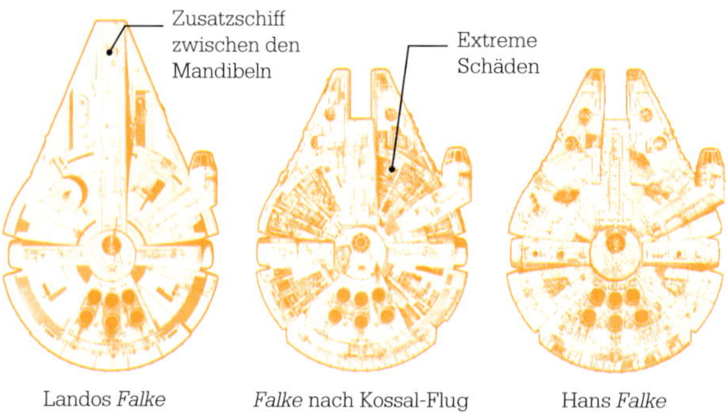

Landos Partner

Im Laufe der Jahrzehnte hat Lando einige enge Partner an seiner Seite, deren Vertrauen in Calrissian Erfolg und Tragik mit sich bringt. Als er den *Falken* besitzt, ist der Droide L3-37 seine Co-Pilotin. Sie ist betont unabhängig, erfinderisch und verfügt über unvergleichliche Navigationsfähigkeiten. Doch nachdem sie auf Kessel einen Droidenaufstand angezettelt hat, erwischt ein Blasterschuss L3. Da Lando ihren Neuralkern in den Computer des *Falken* integriert, schafft die Crew den Kossal-Flug in Rekordzeit.

Lando tut sich auch mit dem kybernetisch erweiterten Menschen Lobot zusammen. Seine Implantate stammen von einer früheren Tätigkeit als imperialer Analyst. Bei einem unheilvollen Job will Lando ein wertvolles Artefakt von Bord der *Imperialis* stehlen – ohne zu ahnen, dass es die Privatyacht des Imperators ist. Das Ganze läuft schief, Lobot wird verletzt, und im geschwächten Zustand übernehmen die Implantate die Kontrolle über seinen Verstand. Seine Persönlichkeit ist danach für immer verändert.

Gerade als es so richtig gut für ihn läuft, taucht Han wieder auf, was für unerwünschte Aufmerksamkeit des Imperiums sorgt. Lando muss Solo an Darth Vader ausliefern, riskiert aber sein Leben, um Hans Freunde Chewbacca und Prinzessin Leia zu retten. Mit dem Jedi Luke Skywalker fliehen sie von Bespin, und Lando schließt sich der Rebellion an, wo er wegen seiner Beteiligung an Solos Befreiung aus Jabbas Fängen den Rang eines Generals erhält. In der Schlacht von Endor führt Lando mit dem *Falken* den erfolgreichen Angriff auf den zweiten Todesstern an.

Nach seiner Zeit in der Rebellion wird Lando sesshaft und gründet eine Familie, doch dann wird seine kleine Tochter entführt. Erst später wird klar, dass die Erste Ordnung für ihr rätselhaftes Verschwinden verantwortlich war, da sie Kinder früherer Anführer der Allianz ins Visier genommen hatte. Lando hilft Luke Skywalker, Gerüchten über Sith-Aktivitäten nachzugehen, aber als ihre Spur auf Pasaana im Sande verläuft, bleibt er auf dem Planeten, um dort ein beschauliches Leben als Eremit zu führen. Seine Zeit als Held ist jedoch noch nicht vorbei.

» Alles, was du über mich gehört hast, ist wahr. «

Lando Calrissian

Wieder in Aktion

Als er an die Seite von Leia Organa zurückkehrt, trägt Lando wieder die Fackel der Rebellion und schließt sich dem Widerstand gegen die Erste Ordnung an. Mit dem *Falken* trommeln er und Chewbacca eine riesige Flotte zusammen, mit der sie gerade rechtzeitig in die Schlacht von Exegol eingreifen, um dem Widerstand zum Sieg zu verhelfen. Während die Letzte Ordnung in der Galaxis zerfällt, blickt Lando nach vorn, bietet der Ex-Sturmtrupplerin Jannah an, ihr bei der Suche nach ihrer Familie zu helfen, und hofft, dass sie beide ihre vor Langem verlorenen Verwandten finden. ■

Ungebrochen
Lando hat manches Unglück erlebt, aber er sieht der Zukunft mit einem Lächeln entgegen.

RÜCKKEHR ZUR DEMOKRATIE

DER GALAKTISCHE BÜRGERKRIEG

HOLOCRON-DATEN

BEZEICHNUNG
Galaktischer Bürgerkrieg

SCHAUPLATZ
Die Galaxis

BETEILIGTE
Das Imperium gegen die Rebellenallianz

ANFÜHRER
Imperator Palpatine (Imperium), Mon Mothma (Rebellenallianz)

AUSGANG
Imperiale Kapitulation und Unterzeichnung der Galaktischen Konkordanz

Crashkurs Dank einer genialen Idee und großer Opfer der Rebellen stoßen zwei imperiale Sternenzerstörer zusammen und durchbrechen Scarifs Schildzugang.

Die unerbittliche Herrschaft des Imperiums fordert Aufstände geradezu heraus. Doch vor der Schlacht von Scarif sind Rebellenaktionen gemäßigt und lokal begrenzt. Nach Jahren kleinerer Revolten in der Galaxis zwingen Nachrichten über einen Planetenkiller die Allianz, zur Tat zu schreiten, bevor sie bereit ist. Der Bau dieses Todessterns – einer Raumstation, die jeden Widerstand im Keim ersticken soll – führt zum Galaktischen Bürgerkrieg. Bei Scarif und in vielen weiteren Schlachten steht die Rebellion oft kurz vor dem Scheitern, schafft es aber, gegen den mächtigen Feind zu bestehen.

Die Schlacht von Scarif

Das Imperium tut einiges, damit die Galaxis nichts vom Todesstern erfährt, aber als der Geheimdienst der Allianz die Bestätigung erhält, dass er existiert, kommt es unter

Rot Fünf Als Rebellenneuling Luke Skywalker erstmalig im Cockpit eines X-Flüglers sitzt, beteiligt er sich gleich am Angriff auf den Todesstern.

ihren Anführern zu Diskussionen. Für einige bedeutet eine solche Waffe das Ende der Rebellion, ließe sie ihnen doch keine Wahl, als sich dem Regime zu unterwerfen – oder die totale Vernichtung ihrer Welten mit anzusehen. Kurz vor endgültiger Fertigstellung der Station bricht ein »Rogue One« genanntes Team zu einem Himmelfahrtskommando auf, um deren Baupläne zu stehlen. Beim Eindringen in den Archivturm auf Scarif trifft die von Admiral Raddus angeführte Rebellenflotte zur Unterstützung ein. Obwohl das Team am Boden die Pläne findet, verhindert ein Orbitalschild, sie der Flotte zu senden. Ein improvisierter, allerdings koordinierter Angriff von Y-Flüglern und einer Hammerhai-Korvette der Allianz führt dazu, dass zwei imperiale Sternenzerstörer auf den Schildzugang herabstürzen und die Flotte das Signal vom Planeten empfangen kann. Gerade als die Daten an das Rebellenflaggschiff *Profundity* übertragen wurden, taucht der Todesstern neben Darth Vaders Flaggschiff, der *Devastator,* auf. Die Kampfstation feuert auf Scarif und tötet Rebellen ebenso wie Imperiale, während Vader die *Profundity* entert. Er ist fast am Ziel, als Prinzessin Leia Organa an Bord der zuvor angedockten *Tantive IV* mit den Plänen entkommt.

» Dem Imperium ist ein kritischer Fehler unterlaufen. Wir müssen angreifen. «

Mon Mothma

Die Schlacht von Yavin

Organas Mission, die Pläne des Todessterns zur Allianz zu bringen, ist erfolgreich, und die Techniker der Rebellenbasis auf dem Mond Yavin 4 finden eine Schwachstelle. Der imperiale Anführer Großmoff Tarkin folgt den Rebellen derweil zu ihrer Basis, um mit dem Todesstern den ganzen Mond und so endgültig auch die Rebellion zu vernichten. Zwei Sternenjägerstaffeln der Rebellen versuchen verzweifelt, die Schwachstelle der Kampfstation auszunutzen, ehe sie auf die Basis schießen kann. Luke Skywalker, dem letzten ihrer Piloten, bleiben nur noch Sekunden, als er das Ziel ins Visier nimmt und den entscheidenden Treffer landet.

Die Feierlichkeiten sind kurz, da die Rebellion kaum Zeit hat, ihren Sieg zu genießen. Der Todesstern ist zwar zerstört, aber das Imperium gerät davon nicht ins Wanken, und Darth Vader sinnt auf Rache wegen der Schmach, dass seine Truppen die Allianz nicht aufhalten konnten.

Die Rebellen zerstreuen sich, um ein neues Hauptquartier zu finden, aber die Imperiale Flotte setzt große Ressourcen ein, um sie zu jagen. Sondendroiden kommen zum Einsatz, um entlegenste Teile der Galaxis zu durchkämmen. »

Die Schlacht von Hoth

Am Ende der unermüdlichen Suche nach der neuen Basis der Rebellen entdeckt ein Sondendroide sie auf einer unbewohnten Eiswelt im Hoth-System. Darth Vaders persönliche Flotte, die von Admiral Ozzel befehligte Todesschwadron, nimmt Kurs auf den Planeten. Da Ozzel sie jedoch in Sensorreichweite der Basis den Hyperraum verlassen lässt, haben die Rebellen Zeit, ihren planetaren Schild zu aktivieren und die Evakuierung einzuleiten – wofür Darth Vader Ozzel mit seinem Leben bezahlen lässt. Weil so kein Orbitalbombardement möglich ist, verlegt sich das Imperium auf einen Bodenangriff mit AT-AT- und AT-ST-Läufern, denen die Rebellen nichts entgegenzusetzen haben. Sie improvisieren einen Angriff mit Schleppkabeln, um einige zu Fall zu bringen und Zeit zu gewinnen, sodass der Großteil der Rebellen fliehen kann. Die Transporter der Allianz schaffen es dank der v-150-Ionenkanonen am Boden, die die Sternenzerstörer im Orbit temporär lahmlegen, aus dem System zu entkommen. Einmal mehr kann die Rebellion fast ausgemerzt werden, doch ein kritischer Fehler auf Führungsebene – und die Kreativität der Rebellen – vereitelt es.

Imperialer Angriff Drei von General Veers angeführte AT-ATs nehmen den Schildgenerator der Allianz ins Visier.

Die Schlacht von Endor

Als die Rebellion von einem zweiten Todesstern erfährt – und dass sich Imperator Palpatine dort einfindet –, bietet sich die perfekte Gelegenheit zuzuschlagen. In der Annahme, die Imperiale Flotte sei in der Galaxis verstreut und die Waffen der Station noch nicht einsatzbereit, geht die Allianz aufs Ganze. Ein von Han Solo angeführter Stoßtrupp soll auf dem Waldmond Endor landen, um den Energieschild zu deaktivieren, der die Station im Orbit schützt, während die Kreuzer im All die Umgebung sichern, damit General Lando Calrissian mit einigen Jägern in den Todesstern eindringen und den Hauptreaktor zerstören kann. Niemand ahnt, dass die erhaltenen Informationen falsch waren und der Imperator die Rebellion damit zur finalen Schlacht verleiten wollte.

Als die Rebellenflotte bei Endor eintrifft, ist der Schutzschild noch aktiv, eine riesige imperiale Flotte erwartet sie, und die Station ist voll einsatzbereit. Der Stoßtrupp gerät am Boden in Gefangenschaft, die Allianz erleidet schwere Verluste, und alle Hoffnung scheint verloren. Doch dann eilt ein Ewok-Stamm zu Hilfe. Der Überraschungsangriff der Einheimischen mit ihren primitiven Waffen verwirrt die Imperialen, und Solos Team sprengt rechtzeitig den Schildgenerator, damit Calrissian seinen Angriff auf den Hauptreaktor starten kann. Der Imperator hat sich verrechnet. Er wird besiegt und sein Todesstern zerstört.

Schlacht von Endor Die Allianz startet einen Angriff an mehreren Fronten, um die imperiale Superwaffe zu zerstören.

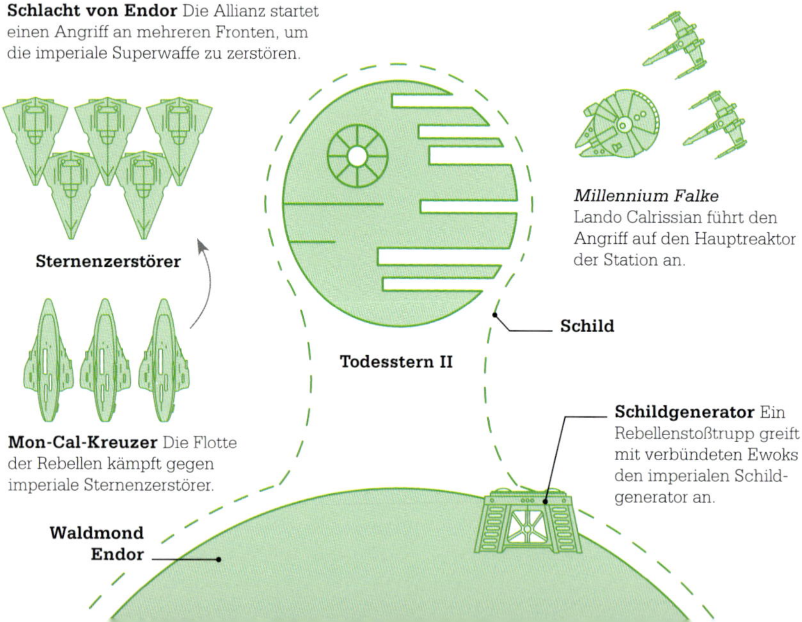

Gauner in Kriegszeiten

Als Krieg in der Galaxis Einzug hält, werden einige mit hineingezogen, die lieber nicht in der Schusslinie stünden, darunter eine Reihe von Schmugglern, Gaunern und Kopfgeldjägern. Für Han Solo und Chewbacca ändert sich alles, als sie in die Schlacht von Yavin eingreifen. Han will sich zuerst nicht weiter beteiligen, doch als Kriegsheld ist es schwer, den Imperialen zu entgehen. Diese führt er auch zu seinem alten Partner Lando Calrissian, der hoffte, in seiner geliebten Wolkenstadt Aufsehen zu vermeiden. Als er das Imperium hintergeht, um Hans Freunden zu helfen, hat auch Lando keine Wahl und schließt sich der Allianz an.

Doktor Chelli Aphra *(Bild)* zieht ihr Interesse an Reichtum in den Bürgerkrieg hinein, als Darth Vader die Archäologin anheuert. Sie hängt selbst keiner Seite an, doch ihre Verstrickungen mit dem Sith-Lord sorgen dafür, dass sie ein doppeltes Spiel spielen muss, um zu überleben.

Entscheidungsschlacht

Ohne den tot geglaubten Imperator herrscht keine Ordnung mehr in der Imperialen Flotte. Zum ersten Mal scheinen Rebellion und Imperium sich ebenbürtig. Da ihre Chancen auf einen Sieg sichtlich gestiegen sind, schließen sich immer mehr Mitstreiter der Allianz an, während das Imperium angesichts interner Machtkämpfe und Abtrünniger allmählich auseinanderbricht.

Der Krieg geht rasant weiter, bis es über Jakku zur letzten erbitterten Konfrontation kommt. Gegen die neu gebauten Schlachtschiffe der *Sternfalke*-Klasse der Rebellion haben die Imperialen keine Chance. Als ihre Flotte in Trümmern liegt, es zivile Unruhen in ihren Territorien gibt und viele ihrer maßgeblichen Anführer sich in die Unbekannten Regionen zurückziehen, willigt das Imperium ein, mit der Galaktischen Konkordanz ein Abkommen zu unterzeichnen, das den Bürgerkrieg offiziell beendet. Die Rebellion, nun als Neue Republik bekannt, obsiegt und stellt Senat und Demokratie wieder her. Doch einige Reste des Imperiums ignorieren die neue Übereinkunft und geben nicht auf. ■

Schiffsfriedhof Nach der Schlacht von Jakku ist der Planet von Schiffswracks der Rebellen und Imperialen übersät.

Der Galaktische Bürgerkrieg

0 VSW4
Schlacht von Scarif
Ein Rebellenteam stiehlt auf der Suche nach einer Schwachstelle die Baupläne des Todessterns.

0 SW4
Schlacht von Yavin
Rebellenpiloten gelingt ein großer Schlag gegen das Imperium, indem sie den Todesstern zerstören.

0 NSW4
Schlacht von Vrogas Vas
Unter der Führung von Darth Vader erringt das Imperium einen Sieg gegen die Rebellenflotte.

3 NSW4
Schlacht von Hoth
Das Imperium entdeckt die Echo-Basis. Nach dem darauffolgenden Angriff sind die Rebellen in der Galaxis verstreut.

4 NSW4
Schlacht von Endor
Die Rebellenflotte versammelt sich zum Angriff auf Palpatine und den zweiten Todesstern. Ihr Sieg führt zur Zerstreuung der Reste der Imperialen Flotte.

5 NSW4
Schlacht von Jakku
Die Imperiale Flotte wird über Jakku besiegt, und der Galaktische Bürgerkrieg endet.

AUS DER ASCHE DES IMPERIUMS

DIE NEUE REPUBLIK

HOLOCRON-DATEN

BEZEICHNUNG
Die Neue Republik

HAUPTWELT
Mobil (Chandrila und Hosnian Prime dienten zuletzt als Hauptwelten)

ZIELE
Friedlich vereinte Galaxis, demokratische Regierung

STATUS
Vernichtet von der Ersten Ordnung

Nach den Klonkriegen und dem jüngeren Galaktischen Bürgerkrieg schwört sich die Führung der siegreichen Allianz, frühere Fehler nicht zu wiederholen. In der Neuen Republik bedarf es Vorkehrungen, damit nie wieder eine Einzelperson so viel Macht wie Palpatine auf sich vereint. Die neue Regierungsstruktur ist dezentralisiert und die Welten haben mehr Einfluss bei galaktischen Angelegenheiten. Mit als Erstes wird die Galaktische Konkordanz unterzeichnet, die den Bürgerkrieg offiziell beendet.

Die Neue Republik hat einiges damit zu tun, dafür zu sorgen, dass kriminelle Elemente das Chaos der Revolution nicht zu ihrem Vorteil ausnutzen. Zudem ging der letzte große Krieg vor dem Imperium auf separatistische Bestrebungen von Welten zurück, die nicht mehr Teil der Republik sein wollten. Sie zu überzeugen, dass nun alles anders wird, ist eine Herausforderung.

Das Gesetz zur Abrüstung des Militärs führt dazu, dass die Neue Republik Flotten und Armeen zur galaktischen Kriegsführung auflöst. Die so reduzierte Flotte ist klein im Vergleich mit ihren Vorläufern der Galaktischen Republik und des Imperiums, setzt aber damit neue Standards. Tatsächlich ist auch die Neue Republik selbst kleiner als Galaktische Republik und Imperium. Immer mehr Systeme und Sektoren setzen auf Eigenständigkeit.

> »Ist die Welt friedvoller geworden seit der Revolution? Ich sehe nichts außer Tod und Chaos.«
>
> **Der Klient**

Trotz des Friedens bringt die Neue Republik nicht die mit dem Sieg über das Imperium verheißene Einheit. Mangelnder Zusammenhalt führt zum Zusammenbruch wichtiger Dienstleistungen und Unachtsamkeit hinsichtlich gefährlicher Tendenzen. Viele Welten stellen den Wert einer Mitgliedschaft in der Republik infrage und treten aus. Um Spannungen in den eigenen Reihen zu vermeiden, lässt die Republik sie ziehen. In diesem unsicheren Klima säen Agenten der im Geheimen agierenden Ersten Ordnung Unfriede und versprechen eine effektivere Zentralregierung.

Nach über zwei Jahrzehnten an der Macht steht die Neue Republik vor der Frage, wie es weitergehen soll. Als mögliche Lösung wird die Einführung des Amts eines Ersten Senators vorgebracht, der gewisse Autorität über den Senat hat – ein kontroverser Vorschlag, besonders für jene, die sich an Palpatines Weg zu absoluter Macht erinnern. Ein politisches Patt und von Agenten

Reste des Imperiums

Ein Jahr nach der Schlacht von Endor wird von Mon Mothma für die Neue Republik und von Mas Amedda für das Imperium ein Vertrag unterzeichnet, mit dem der Galaktische Bürgerkrieg beendet ist. An den Rändern der Galaxis weigern sich einige imperiale Bastionen jedoch, das Abkommen anzuerkennen. Im Anoat-Sektor schließt Moff Adelhard die Grenzen, um über sein Reich zu herrschen, indem er Berichte, dass Imperator Palpatine tot ist, als Propaganda abtut.

Ohne es zu ahnen, führen einige Imperiale Darth Sidious' Notfallplan aus und bauen in den Unbekannten Regionen heimlich eine Machtpräsenz auf, andere häufen für sich selbst Macht und Reichtum an. Ein berüchtigter Warlord, dessen Ziele im Dunkeln liegen, ist Moff Gideon *(Bild)*. Seine Leute auf Nevarro heuern für die Suche nach einem machtsensitiven Kind einen nur als Mandalorianer bekannten Kopfgeldjäger an. Doch der überlegt es sich anders und macht sich Gideons Truppen zum Feind.

Ende der Republik Auf der Hauptwelt Hosnian Prime sehen erschrockene Bürger den Schuss des Starkillers.

der Ersten Ordnung angezettelte Gewaltakte führen zu einer neuen Separatistenkrise. Welten, die sich für eine starke Zentralregierung aussprechen, spalten sich ab und führen in ihren Grenzen eigene Machtstrukturen ein. Senatorin Leia Organa ist eine der wenigen in der Neuen Republik, die ihre Vorbehalte äußern. Sie findet, dass die Zentristen genau im Blick gehalten werden müssen. Doch Leia ist gezwungen, sich wegen eines Skandals aus der Politik zurückzuziehen.

Die Neue Republik besteht unter diesen neuen Vorzeichen weitere fünf Jahre, die von Spannungen mit den öffentlich nun als Erste Ordnung bekannten, zentristischen Systemen geprägt sind. Inmitten all dessen unternimmt der von Leia aus Furcht vor einem neuen galaktischen Krieg gegründete Widerstand unabhängig Aufklärungsmissionen. Ihre Sorgen sind berechtigt. Die Erste Ordnung hat über Jahrzehnte ein starkes Militär zur Vernichtung der Neuen Republik aufgebaut. Mit dem Einsatz der Starkiller-Basis erreicht sie dieses Ziel und löscht ihre Hauptwelt Hosnian Prime mitsamt dem Großteil ihrer Flotte aus. ■

Symbole der Hoffnung Im Laufe der 30 Jahre ihres Bestehens benutzt die Neue Republik verschiedene Symbole.

Strahlenförmiges Emblem Dieses Siegel zeigt eine Aufbruch verheißende Sternexplosion hinter dem Phönix der Rebellenallianz.

Rundes Emblem Ein schlichteres Siegel zeigt einen für Einheit stehenden Ring von Sternen. Es findet sich bei Sicherheitskräften.

BEUGT EUCH IHRER MACHT

DIE ERSTE ORDNUNG

HOLOCRON-DATEN

HAUPTWELT
Mobil (ein entscheidendes Machtzentrum ist Exegol)

ZIELE
Vernichtung der Neuen Republik, Verhängen von Kriegsrecht und Ausmerzen jeglichen Widerstands, damit die Sith uneingeschränkt herrschen können

STATUS
Besiegt

Aus der Asche des Galaktischen Imperiums erhebt sich die Erste Ordnung als nahtlose Fortsetzung von Darth Sidious' Plan, ewig über die Galaxis zu herrschen. Palpatines Komplotte und Notfallpläne blieben dabei stets im Dunkeln und seine Absichten unentdeckt, bis es viel zu spät war, etwas dagegen zu tun.

Die Erste Ordnung ist das Ergebnis diverser Verschwörungen, um das Imperium auch nach der Zerstörung des zweiten Todessterns und der Niederlage des Imperators in der Schlacht von Endor fortzuführen. Militärisch besteht es fort durch die Flucht eines Teils der Imperialen Flotte in die Unbekannten Regionen und Umlenkung von Ressourcen großer Unternehmen zu geheimen Schiffswerften. Der politische Arm entsteht durch Drängen auf mehr Zentralgewalt im Senat der Neuen Republik, was zu einer Pattsituation und dann zur Abspaltung von Welten führt, die sich selbst Erste Ordnung nennen. Spirituell setzt es sich fort durch den Kult der Sith-Ewigen auf der verborgenen Welt Exegol, wo Palpatine mit dunkler Wissenschaft wiedererweckt wird. Gemeinsam ergibt all dies die Bedrohung der Ersten Ordnung.

Nach der Schlacht von Endor zerfällt das Imperium, da es keinen klaren Plan für die Nachfolge gibt, sollte das Undenkbare – der Tod des Imperators – eintreten. Die Regionalgouverneure und Admiräle streiten sich um die Macht, während lange unter imperialer Herrschaft stehende

Hexagon Das Symbol der Ersten Ordnung stellt eine explosive Kraft dar, die sich gegen Eindämmung stemmt.

Welten aufbegehren und Aufstände sich wie ein Lauffeuer in der Galaxis verbreiten. In diesen unruhigen Zeiten versucht die Neue Republik, das Chaos in den Griff zu bekommen. Noch vom Imperator eingesetzte Mechanismen lösen die Operation Asche aus: Orbitalangriffe sollen bewirken, dass weder Feinde noch Nachfolger hinter die Geheimnisse des Imperators kommen.

Einige wenige Imperiale kennen Teile des allumfassenden Plans des Imperators, aber keiner weiß alles. Flottenadmiral Gallius Rax, General Brendol Hux, Großadmiral Rae

Sloane und andere tragen dazu bei, dass Reste der Imperialen Flotte nach der Schlacht von Jakku in die Unbekannten Regionen vordringen. Nach harten Jahren, in denen sie sich den Weg durch schlecht kartografierte Systeme bahnen, fassen sie Fuß auf heimlich vom Imperium erkundeten Welten. Auf Coruscant verbleibt Mas Amedda de facto als Staatschef und unterzeichnet einen Vertrag mit der Neuen Republik, der den Galaktischen Bürgerkrieg offiziell beendet. Die Neue Republik baut ein egalitäreres Regierungssystem auf und versucht, Fehler der Vergangenheit zu vermeiden.

Um einen weiteren galaktischen Krieg zu verhindern, schränkt die Neue Republik die Militarisierung ihrer Mitgliedswelten ein und fährt die Produktion von Rüstungsfirmen herunter. Die mächtigen Konzerne finden aber Wege, die Restriktionen zu umgehen, und gründen in unabhängigen Gebieten Tochterfirmen, die weiter Rüstungsgüter herstellen und an die wachsende Erste Ordnung liefern. So werden die TIE-Jäger und Sternenzerstörer des Imperiums zu moderneren Modellen weiterentwickelt, deren Wurzeln jedoch unverkennbar sind.

Obschon die Flotte der Ersten Ordnung von der Größe her nicht an die des Imperiums auf der Höhe seiner Macht heranreicht, stellt sie die gewaltigste Ansammlung von ››

Versammlung General Hux spricht zu den auf der Basis stationierten Truppen, bevor der Starkiller entfesselt wird.

Aufstieg der Ersten Ordnung

4 NSW4
Schlacht von Endor
Die Imperialen erleiden eine herbe Niederlage durch die Rebellenallianz.

5 NSW4
Schlacht von Jakku
Nach verlorener Schlacht führt Großadmiral Rae Sloane einige Imperiale, die überlebt haben, in die Unbekannten Regionen.

22 NSW4
Parnassos
Die Überlebenden der Imperialen Flotte erreichen Parnassos.

29 NSW4
Zentristenschisma
Politische Spaltung in der Neuen Republik führt zum Entstehen des politischen Arms der Ersten Ordnung.

34 NSW4
Rückkehr an die Macht
Der Starkiller löscht das Hosnian-System mit der Hauptwelt der Neuen Republik aus.

35 NSW4
Ende einer Ära
Die Letzte Ordnung wird vernichtend geschlagen.

» Heute erleben wir das Ende der Republik – das Ende eines Regimes, das stillschweigend die Unordnung toleriert! «

General Armitage Hux

Schlagkräftige Truppen Captain Phasma befehligt die loyalen Sturmtruppen der Ersten Ordnung.

Kriegsschiffen in einer Galaxis dar, in der die Rüstung heruntergefahren wurde. Mächtige Sternenzerstörer der *Resurgenz*-Klasse sind fast doppelt so groß wie die Schiffe der *Imperium*-Klasse. Diese wiederum wirken neben Welten verwüstenden Schlachtschiffen der *Mandator IV*-Klasse geradezu klein. Doch kein Schiff ist größer als die *Supremacy*, das einzigartige Flaggschiff des Obersten Anführers Snoke, welches eine Spannweite von 60 Kilometern hat. Als kleinere Jagdschiffe setzt die Erste Ordnung TIE/EO-Jäger ein, die über Schilde und teils auch Hyperantrieb verfügen. Neuere TIEs wie Bomber, Angriffsshuttles, der Silencer, der Wisperjäger oder der TIE der Spezialeinheiten verleihen dem Sternenjägerkorps der Ersten Ordnung Flexibilität im Einsatz.

Wie das Imperium zuvor setzt die Erste Ordnung auf Sturmtruppen als Standardinfanterie, weiß gerüstete, bestens für den Kampf ausgebildete Soldaten. General Brendol Hux entwickelt basierend auf Erkenntnissen aus seiner Zeit an der Akademie von Arkanis ein Ausbildungsprogramm, bei dem junge Anwärter gründlich indoktriniert und jeder Individualität beraubt werden. Ursprünglich sind die Soldaten der Ersten Ordnung, die nur Nummern statt Namen erhalten, oft Kinder von eroberten Welten.

Die zerstörerischste unter den Waffen der Ersten Ordnung ist der Starkiller, für den die Forschung an der Nutzung von Kyberkristallen für den Waffenbau fortgeführt wurde, die den Superlaser des Todessterns ermöglichte. Die Starkiller-Basis ist jedoch keine künstliche Raumstation, sondern ein zur Waffenplattform transformierter Zwergplanet. Die Kyberkristallvorkommen im Kern der einst als Ilum bekannten Welt liefern Energie für eine unvorstellbare Hyperraumkanone, die die Energie einer Sonne verschlingt und ihre Zerstörungskraft quer durch die Galaxis entfesselt. Der Starkiller feuert nur einmal und löscht dabei das gesamte Hosnian-System aus, Regierungssitz der Neuen Republik.

Welten, die bereits mit der Ersten Ordnung im Bunde sind, sehen ihre einzigartige Stärke. Systeme, die

Die Sith-Flotte

In verborgenen Schiffswerften unter der Oberfläche Exegols werden Tausende Kriegsschiffe gebaut – die Flotte der Letzten Ordnung. Die Sternenzerstörer der *Xyston*-Klasse sind größer als traditionelle Modelle der *Imperium*-Klasse. Ein Großteil der Reaktorleistung wird zudem einem Planeten zerberstenden ventralen Superlaser zugeführt.

Zur Demonstration seiner schrecklichen Macht startet einer dieser Sternenzerstörer von Exegol nach Kijimi und zerstört den Planeten, der Flüchtigen Unterschlupf gewährt hatte. Neben Sith-Sternenzerstörern werden von Exegol TIE-Dolchjäger und rote Rüstung tragende Sith-Sturmtruppler entsandt. Letztere können die Macht nicht nutzen, verfolgen aber treu die dunklen Ziele der Sith-Ewigen.

Einige innerhalb der Ersten Ordnung fühlen sich nicht wohl nach Enthüllung dieser neuen Verbündeten und setzen lieber auf Technik und militärische Präzision als auf das okkulte, mystische Auftreten der Sith.

sich eher neutral halten, kapitulieren ob solch einer Machtdemonstration. Mit einem Schuss beweist die Erste Ordnung ihre Dominanz und zwingt die Galaxis in die Knie. Doch dies erweist sich erst als Startphase eines großen Eroberungsplans.

Der Oberste Anführer Kylo Ren, der sich des Titels durch den Mord

» Alle übrigen Systeme werden auf die Knie fallen vor der Ersten Ordnung und sich an diesen besonderen Tag erinnern – als den letzten Tag der Republik! «

General Armitage Hux

an seinem Meister Snoke bemächtigt hat, stößt auf eine verborgene Ebene in der Hierarchie der Ersten Ordnung – eine zuvor unsichtbare Beteiligung der Sith.

Aus den Tiefen der Unbekannten Regionen erschallt die Stimme des wiedererweckten Imperators, der verkündet, dass der Tag der Rache, der Tag der Sith, bevorstehe. Ren sammelt genug Wissen, um einen alten Sith-Wegfinder aufzuspüren, der den Weg zum fernen Exegol weist. Dort stößt er auf die Flotte der Letzten Ordnung – genügend Sternenzerstörer, um die Feuerkraft der Flotte der Ersten Ordnung zehntausendfach zu verstärken. Zudem trifft Ren in einer alten Zitadelle den wiedererweckten Darth Sidious, der offenbart, dass er die ganze Zeit hinter der Ersten Ordnung steckte und nun kurz davor ist, sein großes Ziel zu erreichen: den Jedi-Orden ein für alle Mal zu vernichten, den Tod zu besiegen und die Ziele des Kults der Sith-Ewigen zu erfüllen. ■

Sturmtruppen der Ersten Ordnung

Sturmtruppler Der reguläre, von frühester Kindheit an ausgebildete Infanteriesoldat der Ersten Ordnung

Flammentruppler Ein Soldat mit Flammenwerfer und Spezialrüstung für Brandangriffe

Schneetruppler Soldat für Angriffe in kaltem Klima mit auf unwirtliche Umgebung abgestimmter Ausrüstung

Jettruppler Mit Jetpack ausgerüsteter Soldat für begrenzte Luftangriffe

Gebirgstruppler Flexibel gepanzerter, besser fürs Feld ausgerüsteter Soldat

Exekutionstruppler Für den Scharfrichterdienst abgestellter, regulärer Soldat

Tauchtruppler Soldat für Sabotageaktionen und sonstige Angriffe unter Wasser

Plünderer Spezialisierter Elitetruppler, der für den Obersten Anführer Machtartefakte sucht

Kettengleiterpilot Soldat mit flexibler Rüstung, die sich zum Fahren von Kettengleitern eignet

ERBITTERTE RIVALITÄT

ARMITAGE HUX

HOLOCRON-DATEN

NAME
Armitage Hux

SPEZIES
Mensch

HEIMATWELT
Arkanis

ZUGEHÖRIGKEIT
Erste Ordnung

ZIELE
Ende der Neuen Republik, persönliche Macht an der Spitze der Ersten Ordnung

STATUS
Hingerichtet wegen Verrats

Als sich die Erste Ordnung aus der Asche des Imperiums erhebt, führt sie die Tradition interner Machtkämpfe innerhalb der eigenen Führungsriege fort. Speziell General Armitage Hux' Laufbahn ist nur so von Neid, Missgunst und Konflikten geprägt.

Armitage, der uneheliche Sohn des imperialen Kommandanten Brendol Hux, verschreibt sich voll und ganz dem Dienst für die Erste Ordnung. Die Beziehung der beiden ist belastet, da Brendol seinen Sohn hart rannimmt, weshalb dieser sich mit Phasma verschwört, um Brendol zu ermorden. Die einzige Forderung: Sie soll keine Spuren hinterlassen. So kann Armitage den Platz seines Vaters bei der Leitung der Sturmtruppenausbildung einnehmen.

Hux hartnäckigster Rivale ist Kylo Ren, ein gefallener Jedi und Schüler des Obersten Anführers Snoke. Dieser spielt Kylo und Hux regelmäßig gegeneinander aus und nutzt Hux' Erfolge, um Missgunst in Ren zu schüren. Doch es ist Hux, der Kylo um seine Nähe zu Snoke beneidet. Nach dessen Tod erklärt Ren sich zum Obersten Anführer, sodass Hux ihm untersteht. Mithilfe der Macht unterstreicht Ren gegenüber Hux seine Vormachtstellung.

Mit Kylos Aufstieg und General Pryde an der Spitze des Militärs der Ersten Ordnung sieht sich Hux zu drastischen Maßnahmen genötigt, um Ren zu stürzen. Er treibt ein doppeltes Spiel und behält seinen Posten in der Ersten Ordnung, gibt aber wichtige Informationen an den Widerstand weiter. Er befreit sogar feindliche Gefangene, damit Ren schlecht dasteht, aber damit geht er zu weit. General Pryde erkennt Hux' Verrat und lässt ihn auf der Stelle hinrichten. Armitage Hux ist so weit oben, doch eigene Unsicherheiten und Neid sind sein Verderben – und letztlich das der Ersten Ordnung. ■

Auf die Knie! Auf der Starkiller-Basis verkündet Hux das Ende der Neuen Republik und befiehlt die Auslöschung des Hosnian-Systems.

MASKIERTER VERRAT

CAPTAIN PHASMA

HOLOCRON-DATEN

NAME
Phasma

SPEZIES
Mensch

HEIMATWELT
Parnassos

ZUGEHÖRIGKEIT
Erste Ordnung

ZIEL
Eiserne Ausbildung der Sturmtruppen der Ersten Ordnung

Letzte Momente Mit ihrem Quecksilberstab bewaffnet geht Phasma auf ihren ehemaligen Untergebenen los.

Als Anführerin fordert Captain Phasma unerschütterliche Treue von ihren Truppen, dabei ist ihre eigene Vergangenheit von Verrat im großen Stil geprägt.

Auf dem verwüsteten Planeten Parnassos geboren, ist Phasmas Leben früh vom ewigen Kampf ums Überleben bestimmt. Um sich und ihrem Bruder Keldo dies zu sichern, verschwört sie sich mit dem Scyre-Clan und lässt ihre Eltern töten. Die Loyalität zu Keldo und den Scyre hält aber nicht ewig, und sie wendet sich gegen diese, als Brendol Hux, Kommandant der Ersten Ordnung, auf ihrer Heimatwelt abstürzt. Hux wirbt sie für sein Sturmtruppenkorps an. Später tut Phasma sich mit Brendols Sohn Armitage Hux zusammen, um dessen Vater zu vergiften – ein Verrat, den sie für ihren Aufstieg innerhalb der Ersten Ordnung als notwendig erachtet.

Phasma steht General Armitage Hux viele Jahre treu zur Seite, in denen sie sich der Ausbildung der Sturmtruppen der Ersten Ordnung annimmt. Sie zieht Indoktrination vor, auch wenn dies zu gesteigerter Brutalität unter den Soldaten führen kann. Als FN-2187 auf Jakku ihre Befehle verweigert und desertiert, nimmt Phasma dies persönlich.

»Du bist ein Fehler im System!«

Phasma zu Finn

Der nun Finn genannte FN-2187 kehrt zur Starkiller-Basis zurück und zwingt Phasma, deren planetaren Schild zu deaktivieren – ein Verrat, der zur Zerstörung der kompletten Basis führt. Sie selbst kann jedoch fliehen und beschließt, jeden zu töten, der etwas von ihrem Fehltritt mitbekommen haben könnte.

Finn und Phasma kämpfen ein letztes Mal miteinander, als man ihn beim Eindringen auf Snokes Schiff, der *Supremacy,* gefangen nimmt. Nach kurzem, aber heftigem Duell streckt Finn Phasma nieder. Wie passend für jemanden, dessen Leben so von Verrat geprägt ist, am Ende selbst von einem Verräter getötet zu werden. ■

DER FUNKE, DER DAS FEUER ENTFACHT

DER WIDERSTAND

HOLOCRON-DATEN

BEZEICHNUNG
Der Widerstand

ANFÜHRER
General Leia Organa, General Poe Dameron, General Finn

BEKANNTE BASEN
D'Qar, Crait (temporäres Lager), Anoat (temporäres Lager), Batuu (Außenposten für Rekrutierungen), Ajan Kloss

ZIEL
Die Erste Ordnung aufhalten

STATUS
Siegreich

Die Friedensjahre nach dem Galaktischen Bürgerkrieg gehen aufseiten der Neuen Republik mit einem Mangel an Wachsamkeit einher. Maßnahmen, um die Zentralisierung von Macht zu verhindern, die zum Aufstieg des Imperiums führte, schwächen die Neue Republik, als es darum geht, sich zunehmendem Autoritarismus in von Gesetzlosigkeit geplagten Systemen entgegenzustellen. Als Senatorin der Neuen Republik will Leia Organa etwas dagegen tun, wird von politischen Gegnern aber nur als Panikmacherin oder gar Kriegstreiberin gebrandmarkt. Als dann eine Rivalin, Senatorin Carise Sindian, dafür sorgt, dass Leias familiäre Bande zu Darth Vader offenbart werden, kommt es zum Skandal, und Leia ist für die Politik nicht mehr tragbar.

Leia tritt zurück, doch ihr Kampf ist nicht beendet. Sie wendet sich an alte Freunde, die sie über die Jahre im Kampf für die Freiheit gewonnen hat, um unabhängig von der Neuen Republik mit dem Widerstand eine paramilitärische Gruppe zu gründen. Sie hofft zwar, dass es nicht zum Krieg kommen wird, erkennt jedoch die Warnzeichen. Zu Beginn ist der Widerstand in Zeiten des Kalten Kriegs zwischen Neuer Republik und aufkeimender Erster Ordnung in erster Linie zum Sammeln von Informationen gedacht. Aggressives Vorgehen im Territorium der Ersten Ordnung kann zum Ausbruch eines Kriegs führen, daher muss der Widerstand vorsichtig vorgehen.

General Organa Leia bringt Erfahrung aus Jahrzehnten bei der Führung des neu gegründeten Widerstands mit ein.

Leia baut den Widerstand nach Vorbild der Rebellenallianz auf und nimmt ihren alten Generalsrang ein. Ihr treuer Protokolldroide C-3PO übernimmt eine wichtige Funktion, indem er als Koordinator eines Netzwerks von in den Weiten der Galaxis verteilten Spionagedroiden dient. Veteranen des Galaktischen

Bürgerkriegs wie Admiral Ackbar, Major Caluan Ematt, Admiral Ushos Statura und Vizeadmiral Amilyn Holdo gehören zu den Ersten, die helfen, Strategien für den Einsatz am Boden und im All zu entwickeln. Der Widerstand muss sich dabei mit aussortierten Sternenjägern begnügen, aber junge Piloten, die an Leias Seite Geschichte machen wollen, schließen sich ihr dennoch an – darunter Poe Dameron, Temmin »Snap« Wexley, Stomeroni Starck, Tallie Lintra und Jaycris Tubbs.

Zu den Raumstreitkräften des Widerstands gehören einige wenige Großkampfschiffe, unter denen ein ausgemusterter Mon-Calamari-Kreuzer der Neuen Republik, die *Raddus,* das größte ist. Schiffe wie alte corellianische Korvetten und Bunkerbrecher sowie Eskort- und Frachtfregatten stehen ergänzend zur Verfügung. Zu den eingesetzten Sternenjägern zählen mit der Zeit alte X-, Y-, B- und auch A-Flügler. Schwere Bomber des Typs MG-100 SternenFestung warten – in Form der Staffeln Kobalt und Karmin – mit starker Sprengkraft auf.

Der Widerstand ist allerdings chronisch unterbesetzt, sodass das Personal – wie in der Frühzeit der Rebellion – verschiedene Aufgaben erfüllen muss. Techniker dienen so auch als Infanteriesoldaten, falls es nötig ist. Zwar ist der Widerstand notgedrungen locker organisiert, es gibt jedoch eine klare Hierarchie. Offiziere tragen Rangabzeichen, die an jene der Rebellion erinnern, wobei Rot für Dienst in der Armee und Blau für Flottenzugehörigkeit steht – auch wenn der Widerstand so klein ist, dass die Begriffe »Armee« und »Flotte« recht hochgegriffen sind. »

An Bord der *Raddus* Vizeadmiral Holdo spricht in einem der schlimmsten Momente für den Widerstand zu den Überlebenden der Evakuierung D'Qars.

Aufstieg des Widerstands

28 NSW4
Politische Enthüllungen
Leia wird durch einen Skandal um ihre Herkunft aus der Politik der Neuen Republik gedrängt.

29–34 NSW4
Kalter Krieg
Die Fronten zwischen Neuer Republik und Erster Ordnung verhärten sich.

33 NSW4
Der Widerstand wappnet sich
Der Widerstand ist weitgehend einsatzbereit, und Leia beginnt ihre Suche nach Luke.

34 NSW4
Schlacht um die Starkiller-Basis
Der Widerstand zerstört die Starkiller-Basis.

34 NSW4
Schlacht von Crait
Der Widerstand wird auf Crait fast ausgelöscht.

35 NSW4
Schlacht von Exegol
Die Galaxis unterstützt den Widerstand in der Schlacht von Exegol.

Leia erkennt, dass lange, bevor die Erste Ordnung als Bedrohung ersichtlich war, bereits verdeckte Operationen liefen, durch die alte Anführer der Rebellion entweder ermordet wurden oder Tragödien dafür sorgen sollten, dass sie keine ernsthaften Gegner mehr darstellen würden. So muss Lando Calrissian das Verschwinden seiner Tochter verarbeiten. Leia bricht es das Herz, als ihr Sohn, Ben Solo, der dunklen Seite verfällt und ihr Bruder, Luke Skywalker, verschwindet. Mit dem Obersten Anführer Snoke und seinem Schüler Kylo Ren an der Spitze der Ersten Ordnung wird Leia bewusst, wie dringend sie Lukes Hilfe benötigt.

General Organa beauftragt den Piloten Poe Dameron, Skywalker zu finden. Der Gelehrte Lor San Tekka, ein alter Freund der Familie, mag dabei laut Leia eine Hilfe sein. Poe hat zuvor beim weiteren Ausbau des Spionagenetzwerks geholfen, indem er Kazuda Xiono, einen Piloten der Neuen Republik, rekrutiert hat, um auf Castilon, einer Meereswelt am Rande des Territoriums der Ersten Ordnung, die Augen offen zu halten. Nun jedoch konzentriert Poe sich zunächst auf San Tekka, der ihm den Teil einer Karte überreicht, die zum ersten Jedi-Tempel auf Ahch-To führt, wo Luke vermutet wird.

Während dieser Suche offenbart die Erste Ordnung ihre finsteren Absichten und bringt die Starkiller-Basis, einen zu einer Superwaffe transformierten Zwergplaneten, zum Einsatz, um mit einer schrecklichen Machtdemonstration die Hauptwelt der Neuen Republik auszulöschen. Damit bleibt der kleine Widerstand die einzige Streitmacht, die sich der Ersten Ordnung entgegenstellt. Ehe diese auch ihre Basis auf D'Qar vernichten kann, entsendet Organa X-Flügler zum Angriff. Dameron gelingt der entscheidende Treffer auf den Generator der Superwaffe, worauf die gigantischen Energien im Planeten diesen zerstören.

> »Die Erste Ordnung gewinnt, indem sie uns glauben lässt, wir wären allein. Aber wir sind nicht allein. Viele werden kämpfen, wenn wir sie anführen.«
>
> **General Poe Dameron**

Der Widerstand kann diesen Sieg nur kurz genießen, ist der Preis dafür doch hoch. Organas Ehemann Han Solo wird während der Starkiller-Mission vom eigenen Sohn, Kylo Ren, getötet. Ehe D'Qar nun zudem von der Flotte der Ersten Ordnung zerstört wird, leitet der Widerstand eilends die Evakuierung ein, wird mittels Hyperraumortungstechnik jedoch unerbittlich verfolgt.

Endkampf Unorthodoxe Taktiken treten zutage, als der Widerstand in einer finalen Schlacht gegen die Letzte Ordnung antritt.

Hierarchie Im Widerstand geht es deutlich lockerer zu als selbst in der bunt gemischten Rebellion, aber ein klares militärisches Rangsystem gibt es dennoch.

General/Admiral

Colonel

Commander

Major

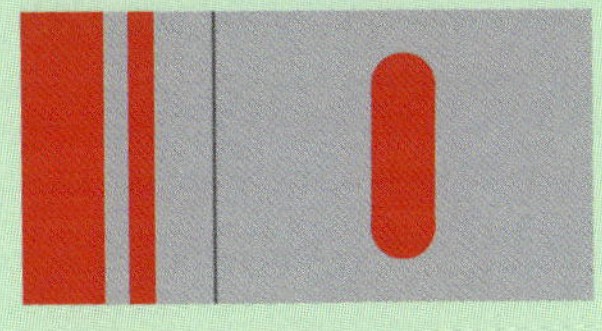

Captain

Lieutenant

Das Folgejahr ist bestimmt von Flucht. Obwohl der Widerstand zunächst auf ein einziges Schiff, den *Millennium Falken,* reduziert ist, werden ernste Anstrengungen zum Wiederaufbau unternommen. In der Galaxis weckt die Kunde von Luke Skywalkers Opfer auf Crait neue Hoffnung. Welten beginnen, sich aufzulehnen, und zwingen die Erste Ordnung, den Blick mehr auf lokale Aufstände als auf den Widerstand zu richten. General Organa und ihre jungen Offiziere gewinnen derweil auf Planeten wie Mon Cala, Batuu, Minfar und Tevel Unterstützung.

Als die verstörende Nachricht des wiedererweckten Imperators sich in der Galaxis verbreitet, lässt General Organa Agenten nach handfesten Informationen suchen. Eine Kontaktperson in der Sinta-Gletscherkolonie hat schockierende Details zu der Flotte der Letzten Ordnung, die nicht nur droht, den Widerstand, sondern alle freien Welten, die sich ihr nicht beugen, auszulöschen. Von großer Hilfe ist dabei ein Spion in den höchsten Rängen der Ersten Ordnung – General Armitage Hux, der Kylo Ren unbedingt scheitern sehen will.

Leia Organa erlebt das Ende des Konflikts leider nicht. Bevor sie in die Macht übergeht, hinterlässt sie Anweisungen für Poe und Finn, die den Kampf – nun als Generäle – ohne sie weiterführen sollen. Ihrem Beispiel folgend, gewinnen sie neue Verbündete und verlagern den Kampf zum Zentrum des Feinds auf Exegol – gefolgt von einer spontan zusammengeführten Armada ziviler Schiffe. Dort erweist der Widerstand sich als siegreich im letzten Vorstoß gegen die Mächte der Dunkelheit. ■

Schwarze Staffel

In den frühen Tagen des Widerstands übernimmt eine vielseitige Gruppe von Piloten unter dem Kommando von Poe Dameron, die Schwarze Staffel, viele Sondereinsätze und greift dabei vorwiegend auf T-70-X-Flügler zurück. Zu den Piloten der Staffel zählen Snap Wexley, Karé Kun, L'ulo L'ampar, Jess Pava sowie Suralinda Javos. General Leia Organa beauftragt Dameron mit der Suche nach Lor San Tekka, einem Abenteurer, der Luke Skywalker in den Jahren nach Sturz des Imperiums dabei half, Artefakte und Tempel der Jedi zu finden.

Zur Plage der Schwarzen Staffel entwickelt sich ein Offizier des Sicherheitsbüros der Ersten Ordnung namens Terex, der besessen ist, die Piloten zu erledigen, die so schamlos ins Territorium der Ersten Ordnung eindringen und ihre Einsätze behindern.

Sternenjägereinheiten des Widerstands müssen flexibel sein und werden je nach Bedarf umgruppiert und umbenannt. Viele Veteranen der Schwarzen Staffel fliegen beim Angriff auf die Starkiller-Basis so in der Blauen Staffel.

ZU GRÖSSEREM BESTIMMT

POE DAMERON

HOLOCRON-DATEN

NAME
Poe Dameron

SPEZIES
Mensch

HEIMATWELT
Yavin 4

ZUGEHÖRIGKEIT
Neue Republik, Widerstand

STÄRKEN
Fliegerass, mitreißender Anführer

Als Naturtalent bringt es der Heißsporn Poe weit als Pilot. Seine Rolle im Widerstand ändert sich aber, und er lernt auf die harte Tour, dass ein Anführer mehr als ein Draufgänger sein muss.

Nach Streit mit seinem Vater schließt sich der junge, großspurige Poe eine Weile den Gewürzschmugglern von Kijimi an, tritt dann aber der Flotte der Neuen Republik bei. Poe erweist sich als Spitzenpilot, worauf General Leia Organa ihn rekrutiert. Sie schätzt seine unbekümmerte Art und macht ihn zum Kommandanten der Jägerstaffeln des Widerstands.

Leia vertraut Poe die Mission an, Luke Skywalkers Aufenthaltsort zu finden. Er gerät in Gefangenschaft, gibt zuvor erlangte Informationen aber seinem geliebten Astromech BB-8 weiter. Später entkommt Poe der Ersten Ordnung mithilfe von Sturmtruppler Finn und führt seine Piloten auf Takodana und gegen die Starkiller-Basis sowie kurz darauf bei der Verteidigung D'Qars an. Dort missachtet er aber Befehle, weil er unbedingt ein Schlachtschiff der Ersten Ordnung zerstören will. Erneut hat Poe Erfolg mit seinem Wagemut, doch die Verluste sind hoch, was Leia zutiefst enttäuscht.

Als Leia zwischenzeitlich außer Gefecht ist, gerät der degradierte Poe mit Vizeadmiral Amilyn Holdo, der neuen Anführerin, aneinander, weil er nicht erkennt, dass er mit seinem Hang zum Kämpfen Leben riskiert. Erst in der Schlacht von Crait lernt Poe, wann es Zeit ist, sich zurückzuziehen, und führt die Evakuierung des Widerstands an.

Vor der finalen Schlacht gegen die Erste Ordnung hadert Poe mit der Verantwortung, die er nach Leias Tod zusammen mit Finn nun als General trägt. Doch Poe hat seine Lektionen gelernt und leitet den Luftangriff auf Exegol nicht als selbstsüchtiges Fliegerass, sondern als inspirierender Anführer. ■

Verzweiflungstat Trotz verschwindend geringer Chancen führt Poe seine Leute gegen die Sith-Flotte in die Schlacht.

» Wir sind der Funke, der das Feuer entfacht, das die Erste Ordnung vernichten wird. «

Poe Dameron

DROIDEN-GEFÄHRTE

BB-8

HOLOCRON-DATEN

NAME
BB-8

TYP
Astromechdroide

HERSTELLUNGSORT
Hosnian Prime

ZUGEHÖRIGKEIT
Neue Republik, Widerstand

ALTER
Zur Zeit des Starkiller-Vorfalls 4 Jahre alt

STÄRKEN
Austauschbare Werkzeugfächer mit vielen Hilfsmitteln

»Eine BB-Einheit, orange und weiß. Ein wahres Unikat.«

Poe Dameron

Egal ob man ihnen misstraut oder sie aus Prinzip nicht groß beachtet, die meisten Droiden verrichten ihre Arbeit, ohne dass organische Wesen Notiz von ihnen nehmen. Doch einige ziehen mehr Aufmerksamkeit auf sich – wie BB-8, der mit seiner verlässlichen und liebenswerten Art ein wahrer Freund ist. Als Astromech ist seine Hauptfunktion Hilfe bei Reparatur und Navigation von Raumschiffen. Damit leistet er Poe Dameron gute Dienste und kommt mit dem Piloten zum Widerstand. BB-8 ist ihm ein treuer Gefährte beim Ausspionieren der Ersten Ordnung ebenso wie bei ihrer Mission auf Jakku und beim Angriff auf die Starkiller-Basis.

In der Schlacht von D'Qar äußert BB-8 seine Bedenken zu einem Frontalangriff auf ein Schlachtschiff und bewahrt Poe und sich vor dem sicheren Tod. Die Freundschaft zu dem Droiden zeigt sich bestens an der Zuneigung, die Poe ihm entgegenbringt, sobald sie nach längerer Trennung wieder vereint sind.

BB-8 ist alsbald auch Rey und Finn ein treuer Freund, nachdem Erstere sich besonders um den Droiden kümmert, als sie ihm auf dem Planeten Jakku begegnet, und der Ex-Sturmtruppler wenig später zu ihnen stößt. Diese Begegnung verändert das Leben von Rey und Finn und führt sie zum Widerstand. BB-8 arbeitet bei einigen Missionen mit Rey, Poe und Finn zusammen und begleitet Rey nach der Schlacht von Exegol nach Tatooine. ■

Treuer Co-Pilot Ohne BB-8 hätte Poe über D'Qar womöglich nicht überlebt.

MEHR, ALS MAN DENKT

DIE *COLOSSUS*

HOLOCRON-DATEN

NAME
Colossus

BESCHREIBUNG
Als Betankungsstation genutztes Raumschiff

AUSGEWÄHLTE BEWOHNER
Imanuel Doza, Jarek Yeager, Kazuda Xiono, Tam Ryvora, Neeku Vozo

Der Meeresplanet Castilon grenzt fernab im Äußeren Rand an Wilden Raum. Nur wenige nennen diese Welt zwar ihr Zuhause, aber viele aus der weiten Galaxis besuchen die ehemalige imperiale Betankungsstation, die *Colossus*, um sich mit Treibstoff und Vorräten einzudecken. In den tiefen Meeresgräben des Planeten leben eigentümliche Fische und Tentakelwesen, über dem Wasser wird die *Colossus* von den Assen beschützt, Elitepiloten, die die Bewohner mit Rennen unterhalten, aber auch Eindringlinge abwehren – wie Kragan Gorrs Piratenbande. Ein Mechaniker, der unbeholfene, aber gutherzige Neuzugang Kazuda »Kaz« Xiono, hat ebenfalls Talent für das Fliegen. Tatsächlich ist er ein von General Organa und Poe Dameron angeworbener Spion des Widerstands. Diesem fällt auf, dass die Erste Ordnung sich stark für die *Colossus* interessiert. Poe und Leia wollen Informationen sammeln, um diese davon abhalten zu können, die Station für ihre Pläne zu nutzen.

» Wir sind jetzt der Widerstand. «

Kazuda Xiono

Trautes Heim

Die *Colossus* ist eine geschäftige Station, die einer auf dem Meer treibenden Stadt gleicht. Es gibt einen Markt, auf dem Lebensmittel verkauft werden, Tante Zs Taverne, wo Piloten und Reisende sich entspannen, eine vom früheren Piloten Jarek Yeager betriebene Werkstatt und manch Sehenswertes mehr. Yeager genießt den Frieden und die Ruhe, die er sich nach dem Kampf gegen das Imperium im Bürgerkrieg verdient hat. Er ist der Einzige auf der *Colossus*, der weiß, dass Kaz ein Spion ist, und ist für den jungen Rebellen eine Art Mentor.

Yeager hält engen Kontakt zum Captain der *Colossus*, Imanuel Doza, der die Bewohner der Station auf Distanz hält und sich bewusst ist, dass die Erste Ordnung eine echte Gefahr darstellt. Diese findet Wege, Dozas Station immer weiter zu erkunden, was zu Spannungen und Angst unter jenen führt, die auf der *Colossus* leben und arbeiten.

Auf ins All

Kaz freundet sich mit Mechanikerin Tam Ryvora an, die gern Pilotin wäre. Als sie mitbekommt, dass Kaz ein Spion ist, beginnt sie, ihm zu misstrauen. Die Besatzung durch die Erste Ordnung sorgt Tam nicht so sehr, wie der Umstand, dass Kaz Geheimnisse vor ihr hat. So schließt sie sich der Ersten Ordnung an, als Agentin Tierny vom Sicherheitsbüro ihr verspricht, dass sie Pilotin wird.

Vorboten von Hosnian Prime

Poe Dameron, der beste Pilot des Widerstands, sieht etwas im ungelenk wirkenden Kazuda »Kaz« Xiono. Kaz ist ein guter Pilot und will dem Widerstand gern gegen die Erste Ordnung helfen. Noch zu Beginn seines Undercover-Einsatzes erhalten die beiden bei einer Übung einen Notruf und entdecken ein beschädigtes Schiff, das von Piraten angegriffen wurde. Als dort ein riesiger kowakianischer Echsenaffe über sie herfällt, treten sie die Flucht an.

Ein anderes Abenteuer führt die beiden Piloten zur Station Theta Black, die von der Ersten Ordnung zerstört wird. Sie sind sich einig, dass diese etwas zu verbergen hat. Nichts bereitet sie jedoch auf die Entdeckung des Planeten Najra-Va vor, der komplett entkernt wurde, oder darauf, dass dessen Sonne verschwunden ist. Poe muss zu einer wichtigen Mission nach Jakku aufbrechen, aber beide glauben, dass etwas Böses und nie Dagewesenes bevorsteht.

Kaz hat keine Zeit, den Verlust seiner Freundin zu betrauern, da die Erste Ordnung ihre Invasion beginnt. Durch Zufall entdecken Kaz und sein Mechanikerfreund Neeku Vozo, ein Nikto, dass die *Colossus* einen Hyperantrieb hat und mit ein paar Anpassungen tatsächlich fliegen kann, obwohl es fast 20 Jahre her ist, dass dies das letzte Mal getestet wurde. Mit der Erlaubnis von Captain Doza bringen Kaz und Neeku, den Antrieb wieder zum Laufen und lassen das Wasser aus dem Schiff ab, um die Truppen der Ersten Ordnung herauszuspülen und ins All zu starten. Dann treten sie in den Hyperraum ein, um ein neues Kapitel zu beginnen.

Zeit für Veränderung

Die nicht länger stationäre *Colossus* ist nun ein fliegendes Raumschiff. Als sie Castilon hinter sich gelassen haben, setzt Kaz Kurs auf D'Qar, um zum Widerstand zurückzukehren. Als sie dort eintreffen, finden sie jedoch nur Spuren einer großen Schlacht – und scheinbar keinerlei Überlebende. Auf der Suche nach Vorräten und Coaxium, das die *Colossus* zum Fliegen benötigt, brechen Kaz und seine Freunde zu verschiedenen Welten auf, um Hilfe zu finden, und bleiben der Ersten Ordnung stets einen Schritt voraus. Kaz versucht auch, Kontakt zu Tam aufzunehmen, da er hofft, dass sie zu Sinnen kommt, aber sie ist noch nicht bereit, ihm zu vertrauen. Ihr Aufenthalt und ihre Ausbildung bei der Ersten Ordnung haben nur noch mehr Verwirrung in ihr gesät.

Neeku und Kaz dringen in einen Supertanker der Ersten Ordnung ein. Tam erkennt ihre Freunde, lässt sie aber entkommen. Letztlich kehrt Kaz nach Castilon zurück und trifft Tam dort wieder, die sich sodann von der Ersten Ordnung abwendet. Der fortwährenden Fehlschläge müde, befiehlt der Oberste Anführer Kylo Ren, dass die *Colossus* von Commander Pyres Sternenzerstörer erledigt werden soll. Kaz und seine Freunde geraten in dessen Traktorstrahl, können aber fliehen, wobei CB-23 den Schildgenerator des Schiffs deaktiviert und es zerstört wird. In Tante Zs Taverne sind Kaz und die anderen wieder vereint.

Doch die Atempause ist kurz. Als sie ein Notruf von Lando Calrissian erreicht, greifen die Schiffe des Widerstands und die *Colossus* in die Schlacht von Exegol ein, um die Tyrannei der Ersten Ordnung ein für alle Mal zu beenden. ■

Die Asse

Jeder Pilot der Ass-Staffel fliegt ein stark auf den eigenen Flugstil angepasstes Schiff.

Torra Doza
Blaues Ass

Hype Fazon
Grünes Ass

Bo Keevil
Gelbes Ass

Griff Halloran
Schwarzes Ass

Freya Fenris
Rotes Ass

EHEMALIGER STURMTRUPPLER

FINN

HOLOCRON-DATEN

NAME
Finn (vormals FN-2187)

SPEZIES
Mensch

HEIMATWELT
Unbekannt

ZUGEHÖRIGKEIT
Erste Ordnung (früher), Widerstand

STATUS
Vor der Schlacht von Exegol zum General des Widerstands ernannt

»Ich wurde zum Kämpfen großgezogen. Zum ersten Mal habe ich etwas, für das ich kämpfen kann.«

Poe Dameron

Nur wenige haben mit einem solch persönlichen Wandel gerungen wie Finn. Dabei wird er vom anonymen Soldaten zum General des Widerstands. Doch sein Weg verläuft nicht geradlinig, da er zwischen seiner Loyalität zur Ersten Ordnung, sich selbst, seinen Freunden und dem Widerstand hin- und hergerissen ist.

Wie andere Sturmtruppler der Ersten Ordnung wird FN-2187 als Kind der Familie entrissen und von klein auf zum Soldaten ausgebildet. Erschüttert von den Schrecken des Kriegs werden Finn die Gräueltaten der Ersten Ordnung bewusst, und das Leid, das er auf Jakku sieht, lässt ihn desertieren. Das eigene Überleben im Blick und aus Angst, dass die Erste Ordnung ihn erwischt, lügt er die Schrottsammlerin Rey und Rebellenheld Han Solo an, was seine Vergangenheit betrifft, und will auch sie verlassen. Als er sieht, wie Rey von Kylo Ren verschleppt wird, will er seine neue Freundin jedoch befreien, auch wenn ihm am Widerstand nicht viel liegt.

Nach Zerstörung der Starkiller-Basis will Finn vom Widerstand fliehen, um Rey zu retten, wird aber von Rose Tico erwischt. In der Schlacht von Crait zeigt ihm ihr gemeinsames Abenteuer, dass der Glaube an etwas Größeres helfen kann, jene zu retten, die man liebt.

Als der Widerstand auf Crait fast ausgelöscht wird, steht Finn nun voll und ganz zu seinen Freunden und tut alles, damit der Widerstand neue Waffen und Truppen gewinnt.

In der Schlacht von Exegol erweist Finn sich als selbstloser Anführer. Durch seine Heldentaten und die Bereitschaft, sein Leben zu geben, um die Flotte der Letzten Ordnung zu vernichten, schließt sich für ihn der Kreis. Er überlebt und wird als einer der großen Helden des Widerstands bejubelt. ■

Voller Einsatz
Finn eignet sich gern neue Fähigkeiten an.

FELSENFESTER GLAUBE

ROSE TICO

HOLOCRON-DATEN

NAME
Rose Tico

SPEZIES
Mensch

HEIMATWELT
Hays Minor

ZUGEHÖRIGKEIT
Widerstand

STÄRKEN
Mechanik, Analyse von Bauplänen und Systemen

ZIEL
Die Galaxis vor der Ersten Ordnung retten

»Entschuldige, ich mach den ganzen Tag Wartungsarbeiten. Mit Helden des Widerstands zu reden, ist nicht gerade meine Stärke.«

Rose Tico

Von ihrer Kindheit auf dem verarmten Hays Minor bis zu den düsteren Momenten in der Schlacht von D'Qar – Rose Ticos größte Stärke ist ihr felsenfester Glaube an das höhere Ziel. Rose' Weg zum Widerstand beginnt auf ihrer Heimatwelt, die von der Ersten Ordnung rigoros für ihre militärische Aufrüstung ausgebeutet wird. Mit ihrer Schwester Paige schließt sie sich dem Widerstand an, um andere Welten vor Ähnlichem zu bewahren.

Rebellischer Geist Um ihren Freunden beim Widerstand zu helfen, geht Rose auf der *Supremacy* undercover.

Getroffen von Paiges Tod in der Schlacht von D'Qar bleibt Rose dem Widerstand treu und bewacht die Rettungskapsel an Bord der *Raddus,* um Deserteure zu hindern, das Schiff zu verlassen. Einer, der es versucht, ist Finn. Sie begleitet ihn auf eine verzweifelte Mission nach Canto Bight, um den Meister-Codeknacker zu finden, der dem Widerstand helfen kann, der Ersten Ordnung zu entfliehen. Dabei zeigt sie Finn, dass es wichtig ist, jede Art von Korruption zu bekämpfen.

In der Schlacht von Crait fliegen Rose und Finn Ski-Speeder, um das Vorrücken der Bodentruppen der Ersten Ordnung zu verzögern. Dabei hindert sie Finn, sich selbst zu opfern, und erinnert ihn daran, dass sie das Böse besiegen werden, indem sie retten, was sie lieben.

Rose' unerschütterlicher Glaube an das Gute zahlt sich letztlich aus. Als Leiterin des Ingenieurkorps bereitet sie den Widerstand auf die Schlacht von Exegol vor. Nach ihrer Beteiligung am Bodenangriff erlebt Rose endlich das Ende der Ersten Ordnung. Sie hat viel geopfert und viele Freunde dabei verloren, doch ihren Glauben verliert sie nie und ist ein Musterbeispiel dafür, was es bedeutet, Widerstand zu leisten. ■

UNERWARTETE VERBÜNDETE

JANNAH

HOLOCRON-DATEN

NAME
Jannah

SPEZIES
Mensch

HEIMATWELT
Kef Bir

ZUGEHÖRIGKEIT
Kompanie 77, Widerstand

STÄRKEN
Orbak-Reiten, Bogenschießen

ZIEL
Ein Leben frei von der Ersten Ordnung

Die innerhalb der Ersten Ordnung einst als Sturmtrupplerin TZ-1719 der Kompanie 77 bekannte Jannah flieht, um ein selbstbestimmtes Leben in Freiheit zu führen. Als Kind entriss man sie ihren Eltern und impfte ihr Gehorsam gegenüber der Ersten Ordnung ein. Jannah und ihre Kompanie meutern jedoch in der Schlacht der Ansett-Insel, da sie nicht auf unschuldige Zivilisten schießen wollen. Die Gruppe flieht und lässt sich auf dem Meeresmond Kef Bir im Endor-System nieder, wo Jannah ihre Anführerin wird und sie Orbaks zähmen und das Wrack des zweiten Todessterns ausschlachten.

Als die Widerstandshelden Rey, Finn und Poe auf Kef Bir landen, hilft Jannah bei der Suche nach einem Sith-Wegfinder. Finn, wie sie ein Deserteur der Ersten Ordnung, hat nicht gewusst, dass andere es ihm gleichgetan haben. Jannah und er verstehen sich schnell und bilden später in der Schlacht von Exegol ein perfektes Team. Sie führt die Kompanie 77 auf Orbaks gegen die neu ausgerufene Letzte Ordnung ins Gefecht, und die fähigen Krieger verhelfen dem Widerstand zu einer Gelegenheit, den Start der feindlichen Flotte zu vereiteln.

Nach gewonnener Schlacht nimmt Jannah das Angebot des legendären Lando Calrissian an, in der Galaxis nach ihrer Familie zu suchen. Er fühlt mit ihr, da auch sein Kind vor Jahren entführt worden war. Die unerwartete Verbündete des Widerstands, hat selbst einen solchen gefunden. ■

» Man befahl uns, auf Zivilisten zu schießen. Wir haben uns geweigert. Wir legten unsere Waffen nieder. «

Jannah

Erfinderisch
Jannah und ihre Kompanie passen sich ans Leben auf Kef Bir an. Material aus dem Wrack des zweiten Todessterns dient zum Basteln neuer Ausrüstung.

ENTSCHEIDUNG FÜR EINE SEITE

ZORII BLISS

HOLOCRON-DATEN

NAME
Zorii Bliss

SPEZIES
Mensch

HEIMATWELT
Kijimi

ZUGEHÖRIGKEIT
Gewürzschmuggler von Kijimi

SCHIFF
BTA-NR2-Y-Flügler (modifiziert)

»Das war's, du Ungetüm!«

Zorii Bliss

Die schon als Jugendliche in der kriminellen Unterwelt lebende Zorii Bliss ist keine typische Heldin. Als gewandte Kämpferin und talentierte Pilotin erpresst sie Einheimische und steigt ins Geschäft mit auch als »Gewürz« bekanntem Spice ein. Wie der junge, rebellische Poe Dameron schließt sie sich den Gewürzschmugglern von Kijimi an und steigt einige Zeit nach dessen bitterem Abgang zu deren Anführerin auf.

Als die Erste Ordnung ihre Kontrolle über die Galaxis ausweitet, ist das unabhängige Söldnerdasein der Gewürzschmuggler bedroht. Wie andere Kriminelle ohne politische Überzeugung muss Zorii sich nach einem langen, lukrativen Leben am Rande der Legalität letztlich für eine Seite entscheiden.

Bliss ist zur Wahl gezwungen, als Poe, nun Held des Widerstands, auf der Suche nach dem Planeten Exegol nach Kijimi zurückkehrt. Sie stellt ihn zur Rede, hilft ihm aber, indem sie Poe und seine Freunde zum Droidenschmied Babu Frik führt. Zorii schenkt ihm auch die Plakette eines Offiziers der Ersten Ordnung, mit der sie ihren Freund Chewbacca vom Sternenzerstörer *Steadfast* im Orbit befreien können.

Alte Freunde Für Poe und Zorii hat sich ihr Leben seit ihrer Zeit als Teenager, als sie sich gegenseitig viel beibrachten, drastisch geändert.

Als der wiederauferstandene Imperator Palpatine, der wahre Anführer der Ersten Ordnung, ein Exempel statuieren will, gerät Kijimi ob Zoriis Hilfe für den Widerstand ins Visier. Sie schafft es, mit Frik der Vernichtung Kijimis durch einen Sith-Sternenzerstörer zu entgehen. Nach dem Aufruf von Rebellenheld Lando Calrissian schließen sie sich der Flotte an, die es in der Schlacht von Exegol mit der Letzten Ordnung aufnimmt. Neben anderen Gaunern wie Zulay Ulor und Sidon Ithano gibt Zorii alles, um den Aufstieg der Sith zu verhindern und die Freiheit in der Galaxis wiederherzustellen. ■

ERNEUTER BÜRGERKRIEG

ERSTE ORDNUNG GEGEN WIDERSTAND

HOLOCRON-DATEN

BEZEICHNUNG
Krieg der Ersten Ordnung gegen den Widerstand

SCHLACHTFELDER
Takodana, D'Qar, Crait, Batuu, Minfar, Mon Cala, Exegol

SIEGER
Der Widerstand

Schlacht von Takodana Der Angriff der Ersten Ordnung auf Maz' Schloss auf Takodana legt dieses in Trümmer.

Der Oberste Anführer Snoke befiehlt, den letzten der Jedi zu finden und zu töten, damit er die Pläne der Ersten Ordnung, über die Galaxis zu herrschen, nicht durchkreuzt. Darauf kommt es zum brutalen Angriff auf ein ziviles Lager auf dem abgeschiedenen Planeten Jakku. Auf der Suche nach Luke Skywalker metzelt der furchtlose Kylo Ren jeden nieder, der ihm im Weg ist. Die Erste Ordnung ergreift Widerstandspilot Poe Dameron, der preisgibt, dass er den Teil einer zu Luke Skywalker führenden Karte in seinem Droiden BB-8 versteckt hat, der nun allein die Wüste von Jakku durchstreift.

Die Erste Ordnung entsendet Truppen, um BB-8 zu finden, aber die heimische Schrottsammlerin Rey stößt zuerst auf ihn und erhält Hilfe vom desertierten Sturmtruppler Finn. Rey und Finn fliehen in einem ramponierten Raumfrachter vor der Ersten Ordnung, der, wie sich zeigt, der *Millennium Falke* ist. Unterwegs zur Basis des Widerstands wird das Schiff von der *Eravana* aufgegriffen, einem Großfrachter des früheren Rebellengenerals Han Solo und seines Co-Piloten Chewbacca. Rey und Finn rechnen mit der Ersten Ordnung, sehen sich stattdessen aber Solo und Chewie gegenüber. Han ist froh, sein altes Schiff wiederzuhaben, aber überrascht, dass Rey und Finn BB-8 zum Widerstand bringen wollen. Er willigt ein, ihnen zu helfen, obwohl er damit riskiert, seiner Frau Leia Organa zu begegnen, von der er getrennt lebt.

Han fliegt den *Millennium Falken* nach Takodana, um die alte Piratin Maz Kanata, eine Verbündete von Leia, zu treffen. Auf der Welt des Mittleren Rands werden sie Zeuge der Vernichtung des fernen Hosnian-Systems durch die Starkiller-Basis der Ersten Ordnung. Mit nur einem Schuss sind Senat und Flotte der Neuen Republik ausgelöscht – und im entbrannten Krieg verbleibt nur noch der Widerstand, um sich dem Feind entgegenzustellen. Spione in Maz' Schloss setzen Erste Ordnung und Widerstand in Kenntnis, dass der gesuchte BB-8 auf Takodana ist. Die Erste Ordnung greift den Planeten an und legt Maz' Schloss in Schutt und Asche, wobei es Kylo Ren gelingt, Rey zu ergreifen. Um die gesuchten Informationen statt von BB-8 von ihr zu erlangen, bringt er sie zum Verhör auf die Starkiller-Basis. Der Widerstand vertreibt derweil die restlichen Streitkräfte der Ersten Ordnung und bringt Han, Finn und BB-8 sicher zurück zur eigenen Basis auf D'Qar.

Der Widerstand wertet detailliert gesammelte Informationen über die Starkiller-Basis aus und plant mit Insiderwissen des Ex-Sturmtrupplers Finn den Angriff auf die Superwaffe. Derweil konzentriert Finn sich ganz darauf, Rey aus Kylo Rens Fängen zu befreien. Der *Millennium Falke* durchdringt – dank der verrückten und brandgefährlichen Flugweise von Han Solo – erfolgreich die Schilde des Starkillers. Im Innern der Basis gelingt es Han, Finn und Chewie, die Schilde zu deaktivieren. Rey, der mit ihren Machtkräften eigenständig die Flucht gelingt, stößt ebenfalls wieder zu ihnen.

Zwei X-Flügler-Staffeln nehmen den Thermalgenerator der Starkiller-Basis ins Visier, durchdringen dessen Panzerung und lösen eine Kettenreaktion aus, die den ganzen Planeten vernichtet. Han stellt »

Angriff auf die Starkiller-Basis
Jahrzehnte nach dem Angriff der Rebellen auf den Todesstern gelingt dem Widerstand ein ähnlicher Erfolg.

» Nur so werden wir gewinnen. Nicht bekämpfen, was wir hassen, sondern retten, was wir lieben! «

Rose Tico

Krieg der Ersten Ordnung gegen den Widerstand

34 NSW4
Die Hosnian-Katastrophe
Die Erste Ordnung löscht das Hosnian-System aus.

34 NSW4
Schlacht von Takodana
Auf Takodana sind die Erste Ordnung und der Widerstand auf der Suche nach BB-8, der eine Karte zu Luke Skywalker in sich trägt.

34 NSW4
Schlacht um die Starkiller-Basis
Der Widerstand zerstört die Superwaffe der Ersten Ordnung.

34 NSW4
Schlacht von D'Qar
Auf D'Qar evakuiert der Widerstand wegen eines Gegenschlags der Ersten Ordnung seine Basis.

34 NSW4
Schlacht von Crait
Die letzten Jedi bewahren den Widerstand vor der Auslöschung.

34 NSW4
Schlacht von Batuu
Agenten des Widerstands infiltrieren Kylo Rens Sternenzerstörer und beschädigen ihn schwer.

35 NSW4
Schlacht von Exegol
Der Widerstand und Verbündete aus der ganzen Galaxis gewinnen die finale Schlacht.

Flucht von D'Qar Auf Poe Damerons Befehl versuchen Widerstandsbomber, ein Schlachtschiff auszuschalten.

sich zuvor seinem Sohn, der als Kylo Ren der Ersten Ordnung dient, und fleht ihn an, sich von der dunklen Seite abzuwenden, der aber weigert sich und tötet seinen Vater. Dann kämpft er mit Rey, die ihn schwer verwundet und mit dem *Millennium Falken* entkommt. Die Starkiller-Basis ist keine Gefahr mehr, aber der Krieg hat gerade erst begonnen.

Der Widerstand hat zwar die unmittelbare Bedrohung durch den Starkiller eliminiert, doch die Erste Ordnung weiß nun, dass die Basis des Widerstands auf D'Qar ist. Dies macht eine schnelle Evakuierung erforderlich. Poe startet dabei einen gewagten Angriff auf ein Schlachtschiff der Ersten Ordnung. Dieser hat Erfolg, aber der Preis ist hoch. Als Poe nicht abdrehen will, führt dies zu enormen eigenen Verlusten. Doch der letzte Bomber des Widerstands kann seine explosive Fracht erfolgreich über dem Reaktorgehäuse des Schlachtschiffs abladen und dieses so zerstören.

Die kleine Flotte des Widerstands entkommt in den Hyperraum, aber überraschenderweise verfolgt der Feind sie weiter – mitsamt seines Kommandoschiffs *Supremacy*. Die Erste Ordnung hat die Geheimnisse der Hyperraumortung ergründet, und der Widerstand entkommt ihr auch mit Lichtgeschwindigkeit nicht.

General Leia Organa wird bei der Flucht von D'Qar verwundet, und Vizeadmiral Amilyn Holdo fällt das Kommando über den fliehenden Widerstand zu. Dies führt zwischen Poe Dameron und Holdo zu starken Spannungen, da diese ihren Plan für sich behält, die verbliebenen Truppen des Widerstands auf den nahe gelegenen Planeten Crait zu evakuieren. Damit dies möglich wird, opfert Holdo sich am Ende sogar selbst, indem sie mit Leias Kreuzer, der *Raddus,* spektakulär auf Lichtgeschwindigkeit geht und dabei die *Supremacy* entzweireißt.

Grabenkampf In der Hoffnung, dass Leias Notruf erhört wird, versucht der Widerstand verschanzt in den Gräben auf Crait, Zeit zu gewinnen.

Die wenigen Überlebenden des Widerstands verschanzen sich auf Crait, ein Mineralplanet mit einem alten Außenposten aus Zeiten der Rebellion, und die Erste Ordnung landet Bodenstreitkräfte. Kylo Ren, nach Snokes Ermordung nun selbst Oberster Anführer, führt den Angriff an. Als Luke Skywalker wundersam auf dem Schlachtfeld erscheint, lockt dies Ren heraus und erkauft dem Widerstand Zeit für die Flucht

Verzweiflungstat Einige Überlebende des Widerstands versuchen, die Truppen der Ersten Ordnung in klappigen Ski-Speedern anzugreifen.

von Crait. Tatsächlich ist Skywalker eine Machtprojektion, die Luke die letzte Lebenskraft kostet. Als diese sich auflöst, steht Ren mit leeren Händen da.

Der Widerstand zieht sich für den Wiederaufbau zurück und errichtet eine Basis auf dem Dschungelmond Ajan Kloss. Dann bestätigt sich das Undenkbare: Imperator Palpatine lebt nicht nur, er steht auch kurz davor, eine riesige Flotte zu starten, die ihm endgültig seine Herrschaft über die Galaxis sichern kann. Der Widerstand sucht Antworten, wie Palpatine überleben konnte und wie sich seine Flotte aufhalten lässt. Diese ist angreifbar, solange sie Exegol noch nicht verlassen hat.

Die als Letzte Ordnung bekannte Flotte ist nicht nur groß, sondern auch äußerst schlagkräftig: Jeder der neuen Sternenzerstörer verfügt über einen axialen Superlaser, der einen Planeten vernichten kann. Die ob der unvorhersehbaren Natur der Unbekannten Regionen chaotische Atmosphäre auf Exegol sorgt dafür, dass die Flotte zusätzlicher Hilfe beim Start bedarf. Der Nebel, der sie verbirgt, ist auch ihre Schwäche. Ein Navigationsturm sendet ein Signal, das einen Aufstieg bis in sichere Höhe ermöglicht, während dem die Deflektorschilde deaktiviert sind. So bietet sich dem Widerstand ein enges Fenster zuzuschlagen.

General Poe Dameron führt den Sternenjägerangriff des Widerstands an, der Deckung für den von General Finn und der früheren Sturmtruplerin Jannah angeführten Bodenangriff bietet. Sie reiten auf Orbaks über die Außenhülle des Kommandoschiffs der Ersten Ordnung, der *Steadfast,* und zerstören den Sendeturm. Mit dem *Millennium Falken* führt General Lando Calrissian zudem zivile Schiffe aus der ganzen Galaxis gegen die Letzte Ordnung in die Schlacht. ■

Schlacht von Exegol Die Orbak-Reiter der Kompanie 77 greifen mit dem Widerstand den Sternenzerstörer *Steadfast* der Ersten Ordnung an.

Das Holdo-Manöver

Vizeadmiral Holdo opfert mit einem extrem unkonventionellen Manöver die *Raddus,* um mit einem gezielten Sprung in den Hyperraum die *Supremacy* zu zerstören und diverse Sternenzerstörer der Ersten Ordnung schwer zu beschädigen. Dies ähnelt einem Manöver, auf das Anakin Skywalker sich in den Klonkriegen verlegt hat, um die *Malevolence* mit dem Toten Mond von Antar kollidieren zu lassen. Damit so ein Manöver funktioniert, muss das Schiff, das den Sprung macht, eine beachtliche Größe haben, was es sehr kostspielig macht. Die *Raddus* ist über drei Kilometer lang. Ihre Sprungbahn muss exakt so gewählt sein, dass das Ziel beim Übergang auf Lichtgeschwindigkeit gekreuzt wird, wenn Sprungkollisionen am wahrscheinlichsten sind.

Holdo zahlt für das immense Ergebnis mit dem Leben. Ihr zu Ehren trägt das Manöver nun ihren Namen. Auch gegen einen Sternenzerstörer über Endor kommt es zum Einsatz.

BEWOHN
DER GAL

ER
AXIS

In der Galaxis finden sich viele verschiedene Kulturen mit ihren typischen Heimatwelten, kuriosen Ansichten und prominenten Vertretern. Einige zieht es in große Ereignisse hinein – sie entscheiden sich, für mehr zu kämpfen als nur sich selbst oder die eigene Spezies. Andere sind deutlich egoistischer und verfolgen mit dem Erlangen von Reichtum, Macht, Ruhm oder Unabhängigkeit ureigene Ziele.

FÄNGE UND KLAUEN

WILDE KREATUREN

HOLOCRON-DATEN

AUSGEWÄHLTE BEISPIELE
Rancor, Sarlacc, Rathtar, Gundark, Wampa, Acklay, Nexu, Reek, Opee-Killerfisch, Colo-Klauenfisch, Sando-Aquamonster, Exegorth

VORKOMMEN
In den Weiten der Galaxis

Neben Gefahren durch Sith, Sturmtruppler und Politiker lauern in der Galaxis auch etliche weniger hoch entwickelte, tödliche Kreaturen aller Größe und Gestalt. Per Definition lassen sie sich von Instinkten leiten, sind stets eine mögliche Gefahr und sollten nie unterschätzt werden, erzählt man sich von einigen doch wahre Schauermärchen. Die vielleicht berüchtigtsten unter ihnen sind die monströsen Rancoren. Über ihren Ursprung ist man sich nicht einig, aber diese großen, reptilienartigen Fleischfresser, an sich verträgliche Wesen, neigen zu extremer Gewalt, wenn man sie reizt oder schlecht behandelt. Auf Felucia teilen sie sich friedlich den Lebensraum mit lokalen Farmern. Leider wird der Rancor ob seiner scharfen Zähne und Panzerhaut von Verbrecherlords geschätzt. Jabba hält einen unter seinem Palast, um jeden, der den Hutt verärgert, an ihn zu verfüttern.

Der seltene Sarlacc, eine weitere Lieblingskreatur von Jabba, ist von Geburt an furchterregend. Er ist erst nach 30 000 Jahren ausgewachsen und gräbt sich dann im Boden ein – oft auf Wüstenwelten wie Tatooine. Dort wartet er auf glücklose Wesen, die in seinen gewaltigen Schlund stürzen, wobei er mit seinen langen Tentakeln mitunter nachhilft. Ein Sarlacc verabreicht seinen Opfern Nervengift und verdaut sie langsam über einen Zeitraum von 1000 Jahren. Ob er als Tier oder Pflanze einzuordnen ist, gilt noch als strittig.

Ähnlich zähnestarrend sind die mit Sarlaccs verwandten und als gefährlichste Kreaturen der Galaxis geltenden Rathtare. Die in Rudeln jagenden Tentakelwesen sind seit dem Trillia-Massaker geradezu berüchtigt. Bei der Jagd auf ihre Beute rollen sie sich kugelförmig zusammen und verschlingen diese dann mit ihren mächtigen Mäulern.

Der Gundark, ein zweibeiniges, wildes Raubtier, bereitet selbst den härtesten Schurken der Galaxis Albträume. Er hat vier Arme mit 16 Krallen und ein exzellentes Gehör, weshalb ein unbewaffneter Gegner quasi chancenlos gegen ihn ist. Als Spitzenräuber gehört er zu den höher entwickelten, nicht vernunftbegabten Kreaturen der Galaxis.

Weitere zweibeinige Monster sind die Wampas von Hoth. Auch sie haben scharfe Krallen und Zähne, setzen aber vor allem auf die gute Tarnung, die ihnen ihr weißes Fell auf der Eiswelt bietet. Diese Untiere leben bevorzugt in Höhlen, wo sie ihre Beute kopfüber aufhängen, ehe sie sie fressen.

Der Nexu ist ein vierbeiniges Pelztier mit geteiltem Greifschwanz,

Rudeljäger Als versehentlich drei Rathtare auf Han Solos Großfrachter freigelassen werden, bricht Chaos aus.

Nicht vernunftbegabte, domestizierte Spezies Diese Reit- und Lasttiere gehören zu den am besten zähmbaren, nicht tödlichen Kreaturen der Galaxis. Sie werden für Arbeiten eingesetzt, die andere nicht tun können – oder wollen.

Tauntaun Schneeechse von Hoth, dichtes Fell, zahm, gut für Patrouillenritte

Blurrg Nach Zähmung sehr treu, dient den Twi'leks auf Ryloth im Kampf

Luggabiest Teils Tier, teils Maschine, auf Grenzwelten wie Jakku zu finden

Fambaa Schleppt auf Naboo immense Lasten, dient den Gungans in ihrer Großen Armee

Taurücken Langsames, aber zuverlässiges Reptil, dient in Tatooines Wüste Sturmtrupplern

Varactyl Vierbeiniger Reptavian, gutes Reittier, heimisch im Utapau-System

Kaadu Vogelartiger Zweibeiner ohne Flügel, sehr schnell, gezähmt von Gungans

Bantha Beliebt bei den Tusken-Räubern von Tatooine, bauen enge Bande auf

Mairaner Semiintelligenter Empath, kann Gedanken lesen, Saw Gerrera hält einen auf Jedha

das als schnell und aggressiv gilt. Stacheln ragen ihm aus dem Rückgrat. Auch Reeks sind Vierbeiner. Sie besitzen drei auffällige Hörner am Kopf und sind Pflanzenfresser, ernähren sich ausgehungert aber auch von Fleisch. Ihre Hautfarbe variiert je nach Heimatwelt. Der sechsbeinige Acklay ist deutlich größer und gefährlicher und ragt mit seinen scharfen Klauen und Zähnen über seiner Beute auf. Er fühlt sich an Land und im Wasser zu Hause. Alle drei sind ähnlich intelligent.

» Es gibt immer einen noch größeren Fisch. «

Qui-Gon Jinn

Prähistorische Größe

Nicht vernunftbegabte Arten können sich in den Gewässern der Galaxis ungestörter entwickeln als an Land. Reist man zu Naboos Planetenkern, riskiert man, auf Seeungeheuer wie den Opee-Killerfisch zu treffen. Der Opee ist ein leiser Jäger, der reglos auf Felsvorsprüngen ausharrt und seine lange Zunge vorschnellen lässt, um Beute zu verschlingen.

Der Colo-Klauenfisch dagegen ist rund doppelt so groß und hat giftige Fangzähne in seinem spitz zulaufenden Maul. Er hat einen leuchtenden Schwanz und lauert seiner Beute bevorzugt in engen Unterwasserpassagen auf.

Nochmals um einiges größer ist das riesige Sando-Aquamonster. Es lauert in der Tiefsee Naboos und kann seine Beute – wie andere Meereskreaturen oder ein Gungan-U-Boot – am Stück verschlingen. Was räuberische Instinkte betrifft, scheint es etwas höher entwickelt zu sein als die übrigen in den tiefen Gewässern Naboos lebenden Tiere.

Die Weltraumschnecke, auch Exogorth genannt, gehört mit bis zu 900 Metern Länge zu den größten Wesen der Galaxis. Sie lauert in Asteroiden darauf, dass arglose Piloten in ihrem Maul landen. ■

Das legendäre Zillo-Biest

In einer hitzigen Schlacht der Klonkriege wird auf Malastare ein 97 Meter langes Fabelwesen geweckt, das wild wütet und so für große Gefahr sorgt. Lange hielt man dieses sogenannte Zillo-Biest für ausgestorben. Seine zähe Reptilienhaut ist für Waffen undurchdringbar – selbst für Lichtschwerter. Mit acht mächtigen Stacheln am Schwanz schlägt es auf Gebäude, Schiffe und andere Hindernisse ein. Als Anakin Skywalker und die Klontruppen es überwältigen wollen, kämpft es erbittert um sein Leben.

Mit Gas betäubt bringt man es letztlich nach Coruscant, wo der Oberste Kanzler Palpatine die Bestie klonen will. Besonders deren undurchdringbare Haut weckt sein Interesse, und er ist sich zunehmend sicher, dass die Kreatur ein höheres Bewusstsein besitzt. Es gelingt dem Zillo-Biest, sich zu befreien und Chaos auf der Hauptwelt der Republik zu stiften, bis Kanonenboote es mit Giftgas erledigen.

VERBRECHEN KANN SICH LOHNEN

KRIMINELLE

HOLOCRON-DATEN

BEZEICHNUNG
Kriminelle

AUFENTHALTSORTE
Überall in der Galaxis

AUSGEWÄHLTE VERTRETER
Schwarze Sonne, Pykes, Hutts, Schattenkollektiv, Crimson Dawn, Crymorah, Tobias Beckett, Maz Kanata, DJ

ZIEL
Reichtum und Macht anhäufen

STATUS
Treiben sich frei herum

Im Schatten größerer Konflikte floriert in der ganzen Galaxis das Verbrechen. Nicht selten machen Kriminelle Deals mit jedem, der genug Einfluss hat, und nutzen die Kriegswirren zum eigenen Vorteil. In der Blütezeit der Republik können die Jedi eine gewisse Ordnung aufrechterhalten, obschon viele Kriminelle dennoch im Dunkeln operieren. Mit Aufstieg des Imperiums ist dem Verbrechen Tür und Tor geöffnet, solange man Palpatine damit nicht im Weg ist.

Die Zeit der Klonkriege

Die vorherrschenden kriminellen Vereinigungen streben nach Macht und Kontrolle. An einem speziellen Punkt der galaktischen Geschichte, in den Klonkriegen, entsteht ein prekäres Bündnis, als Maul seine Machtstellung in der Galaxis wieder einnehmen will und Death Watch, Crimson Dawn, Schwarze Sonne, Pyke-Syndikat und Hutt-Clan zum Schattenkollektiv zusammenführt. Mit dieser Allianz kann Maul eine Zeit lang von Mandalore aus beiden Kriegsparteien trotzen. Doch eine aufrührerische Gruppe begehrt auf, woraufhin es zum Bruch kommt und Maul den Planeten und seine Rolle als Verbrecherboss aufgeben muss.

Die Schwarze Sonne gewinnt in den Klonkriegen an Einfluss, da die Jedi als traditionelle Friedenshüter nun mehr mit militärischen Fragen beschäftigt sind. Die Gruppe hat ihre Zentren hauptsächlich auf Ord Mantell und Mustafar und besteht vorwiegend aus Angehörigen der Spezies der Falleen. Angeführt wird sie von Xomit Grunseit, bis Maul diesen tötet und die Gruppe sich dem früheren Sith anschließt.

Deals mit Dryden Bevor Han Solo zum Aushängeschild der Rebellion wird, ist ihm Verbrechen nicht fremd.

Die Piratenkönigin

Maz Kanatas kleine Statur spiegelt nicht unbedingt ihren Ruf und großen Einfluss in der Unterwelt wider, ist sie doch die vielleicht am besten vernetzte Schmugglerin der Galaxis. In den über 1000 Jahren ihres Lebens hat sie viel Gutes wie Übles gesehen. Maz ist keine Jedi, aber sie spürt den Fluss der Macht. Sie hat ein Talent dafür, in anderen zu lesen, und hilft aufstrebenden Schmugglern gern auf die Spur.

Maz hält sich politisch in Zeiten galaktischer Konflikte lieber heraus und bleibt in ihrem Schloss auf Takodana. Doch als ihr alter Freund Han Solo unbeabsichtigt die Aufmerksamkeit der Ersten Ordnung auf ihren Unterschlupf lenkt, ist sie wenig erfreut, dass dieser zerstört wird. Nach diesem Verlust unterstützt Maz den Widerstand und wird für General Leia Organa in deren letzten Tagen zur engen Vertrauten und Beraterin.

Das Pyke-Syndikat ist Teil des Spicekartells und hat weitgehende Kontrolle über die auch »Gewürz« genannt Droge und den Planeten, auf dem es sie gewinnt: Kessel. Es pflegt, selbst zu Zeiten, als alle fünf Gruppen dem Schattenkollektiv angehören, brüchige Beziehungen zur Schwarzen Sonne. Die Pykes sind auch für den Tod von Jedi-Meister Sifo-Dyas verantwortlich.

Der Hutt-Clan ist mit seinen fünf großen Familien mit die mächtigste Verbrecherorganisation der Galaxis. Im Laufe der Zeit sind die Hutts, je nachdem, was ihnen Vorteile bringt, mal mit der Republik, mal mit dem Schattenkollektiv und auch mit dem Imperium im Bunde. Jabba ist der angesehenste und gefürchtetste der Hutts. Sie kontrollieren in den Klonkriegen große Hyperraumrouten.

Nicht alle Kriminellen gehören großen Syndikaten an. Gruppen wie die Crymorah folgen weniger einem Kodex als amoralischen Gelüsten, während Piraten wie Hondo Ohnaka nur von ihren Launen geleitet sind. In der Tat macht Hondo sich ebenso schnell Freunde, wie er sie wieder hintergeht, wenn es Profit verheißt. Mit seiner selbstsüchtigen Art und seinem Charme sorgt er bei Jedi, Kopfgeldjägern und Rebellen gleichermaßen für Verwirrung.

Illegalität im Imperium

Zur Zeit des Imperiums dominieren fünf große Verbrechersyndikate die Galaxis: Crimson Dawn, Schwarze Sonne, das Crymorah-Syndikat, der Hutt-Clan und das Pyke-Syndikat. In diesen unruhigen Zeiten kehrt Maul nach längerer Abwesenheit zurück, um insgeheim Crimson Dawn zu übernehmen – mit Dryden Vos als öffentlichem Oberhaupt. Dieser hat den Ruf, gnadenlos zu sein, wenn man ihn hintergeht oder sonst wie erzürnt. Profidieb Tobias Beckett und seine Bande lässt er Coaxium von den Pykes stehlen.

Freigeister

Das Schicksal und den Zorn Darth Vaders herausfordernd, durchstreift Doktor Chelli Lona Aphra auf der Suche nach antiken Waffen und Jedi-Artefakten die Galaxis. Die hochintelligente Archäologin steht sich selbst am nächsten. Wenn es um ihr Leben oder höhere Gewinne geht, wechselt sie schnell die Seiten. Aphra hilft ebenso der Rebellion wie dem Imperium und ist wenig vertrauenswürdig.

Als die Erste Ordnung sich erhebt, hält sich der einsame Wolf DJ in Canto Bight im Schatten, wo er unbeeindruckt von der zur Schau gestellten Gier die eigene Habsucht befriedigt. Er schließt sich weder Erster Ordnung noch Widerstand an, da er all diese Gruppen für korrupt hält. DJ ist ein Zyniker, den der Kampf um die Galaxis nicht schert, und bietet stets dem seine Dienste als Hacker und Betrüger an, der am meisten zahlt. Wo er sich derzeit herumtreibt, ist nicht bekannt. ■

» Geh deinen eigenen Weg. «

DJ

Vaders Schülerin Darth Vader heuert Aphra wegen ihrer Talente an und will sie töten, sobald sie ihm nichts mehr nützt. Umso überraschter ist er, als sie ihn austrickst und überlebt.

SCHLEIMIGE GANGSTER

DIE HUTTS

HOLOCRON-DATEN

AUSGEWÄHLTE VERTRETER
Jabba, Ziro, Marlo, Arok, Gorga, Oruba, Gardulla

OPERATIONSBASEN
Nal Hutta, Tatooine

ZIEL
Mithilfe von Manipulation und kriminellen Geschäften Macht und Kontrolle erlangen

Die Hutts sind eine riesige, schneckenartige Spezies vom Planeten Nal Hutta. Ihnen eilt völlig zu Recht der Ruf voraus, gnadenlose Gangster zu sein, die in Schmuggel und andere illegale Aktivitäten verwickelt sind. Angeführt werden sie von ihrem Großen Rat, fünf Hutts, die aufgrund interner Machtkämpfe und ständiger Intrigen ebenso einander wie auch ihre Geschäftspartner hintergehen. Meist sind sie fettleibig und leben ungesund, werden aber oft Jahrhunderte alt.

Zur Führung des Hutt-Clans gehören Jabba, Marlo, Arok, Gorga und Oruba. Jabba, der Gefährlichste unter ihnen und Nachkomme der Hutt-Ältesten Mama, herrscht von Tatooine aus, doch sein Einfluss reicht weit über den Wüstenplaneten hinaus. Wie viele Hutts führt Jabba ein ausschweifendes Leben, aber er herrscht mit eiserner Faust.

Gardulla die Hutt ist eine clevere Verbrecherlady und Vertraute von Jabba, die ebenfalls auf Tatooine lebt. Zeitweise befinden sich Shmi und Anakin Skywalker als Sklaven in ihrem Besitz, aber sie verliert sie bei einer Wette an Watto, einen toydarianischen Schrotthändler.

Während der Herrschaft des Imperiums heuert Jabba Boba Fett an, um Han Solo zu ergreifen, der wertvolle Fracht des Hutts verloren hat. Eingefroren in Karbonit wird Han zu Jabbas Wanddekoration, doch dies ruft die Rebellenhelden Luke Skywalker und Leia Organa auf den Plan. Leia nutzt die Trägheit und Selbstüberschätzung des Hutts zu ihrem Vorteil und erwürgt Jabba mit eben der Kette, mit der er sie an sich gekettet und erniedrigt hatte. Dies führt zu einem Machtvakuum an der Spitze des Hutt-Rats.

Hüter des Hofs Jabba wird gerne unterhalten und hält Tänzerinnen und Musiker wie Sklaven, damit sie tun, was immer ihm gefällt. Ansonsten wirft er sie seinen Bestien zum Fraß vor.

Hutt-Historie

Jabba ist nicht der erste Hutt, den Luke trifft. Vier Jahre zuvor haben er und seine Freunde es mit dem Hutt Grakkus zu tun, der sich sehr von anderen Hutts unterscheidet. Er hat kybernetische Beine, um sich fortzubewegen, und sammelt Jedi-

Mobiler Hutt Der unter seinesgleichen wohl einzigartige Grakkus ist muskulös und beweglich. Mit seiner Körperkraft ringt er sogar Luke zu Boden.

Artefakte. In seinem Besitz finden sich unzählige Lichtschwerter und Holocrons sowie andere unter dem Imperium illegale Raritäten. Am Ende landet er deswegen in Haft – bis er 30 Jahre später einen Deal mit Widerstandspilot Poe Dameron macht, der ihn für Hinweise auf den Historiker Lor San Tekka befreit.

Jabbas Tod hinterlässt ein gewaltiges Machtvakuum im Hutt-Clan, dessen Mitglieder letztlich ihre Macht verlieren. Ihren Platz in der kriminellen Unterwelt nehmen Nikto-Verbrecherkartelle ein. Die beiden Fraktionen der Neuen Republik, die Zentristen und Populisten, haben von den Hutts wegen ihrer langen Historie von Falschheit, Gewalt und Hinterhältigkeit nie viel gehalten.

Der Große Rat der Hutts

Jabba der Hutt
Verbrecherlord und infamer Anführer der Hutts, herrscht vom Palast auf Tatooine aus

Marlo
Mitanführer des Hutt-Clans, handelt mit zygerrianischen Sklaven

Gorga
Buchhalter des Hutt-Rats, Jabbas Neffe

Arok
Mitglied der Hutt-Familie in den Klonkriegen, Gewohnheitsraucher

Oruba
Kleidung tragender Hutt, nach Preisgabe von Jabbas Aufenthaltsort von Savage Opress getötet

Der überlebende Hutt Vranki der Blaue schafft es allerdings, sich als Besitzer eines Hotels und Casinos ein profitables Geschäft aufzubauen. Vranki beteuert, anders als andere Hutts zu sein, beweist aber schnell das Gegenteil. Als Feinde der Ersten Ordnung nach der Chance suchen, etwas Geld zu machen, veranstaltet Vranki einige Rennen, aber betrügt direkt. Die Piloten kommen jedoch hinter sein System und schlagen ihn mit den eigenen Waffen. Zumindest in einer Beziehung erweist Vranki sich als anders, denn er gibt den Siegern ihre Gewinne und lässt sie ziehen, ohne Vergeltung fürchten zu müssen. So etwas wäre unter dem Großen Rat der Hutts noch in den Klonkriegen undenkbar gewesen. ■

Rache für Rotta

In den Klonkriegen ist der Hutt-Clan auf der Höhe seiner Macht und versucht, sich in dem galaxisweiten Konflikt auf keine Seite zu schlagen. Der Separatistenanführer Dooku will dies nicht akzeptieren. Er lässt Jabbas Sohn, Rotta den Huttling, entführen und hängt es den Jedi an, um Jabba davon zu überzeugen, sich ihm anzuschließen. Doch der Jedi Anakin Skywalker und seine neue Padawanschülerin Ahsoka Tano befreien den Huttling und bringen ihn zu Jabba zurück. Dieser steht daraufhin eine Weile aufseiten der Republik.

Alsbald stellt sich heraus, dass kein Geringerer als Jabbas Onkel Ziro der Hutt die Entführung seines Sohns eingefädelt hat. Jabba heuert Kopfgeldjäger Cad Bane an, um Ziro aus dem Gefängnis der Republik zu befreien, damit er an Aufzeichnungen aus Ziros Besitz gelangen kann. Zudem setzt er dessen frühere Geliebte Sy Snootles darauf an, ihn zu ermorden, um die Machenschaften der Hutts geheim zu halten und sich für Rottas Entführung zu rächen. Die Botschaft ist klar: Leg dich nicht mit Jabba an!

GERISSENE SÖLDNER

KOPFGELDJÄGER

HOLOCRON-DATEN

BEZEICHNUNG
Kopfgeldjäger

AUFENTHALTSORTE
Überall in der Galaxis

AUSGEWÄHLTE VERTRETER
4-LOM, Aurra Sing, Beilert Valance, Boba Fett, Bossk, C-21 Highsinger, Cad Bane, Dengar, Greedo, IG-88, IG-11, Jango Fett, Latts Razzi, Toro Calican, Zam Wesell, Zuckuss

ZIEL
Für Höchstbietenden arbeiten

STATUS
Weiterhin aktiv und tödlich

Kopfgeldjäger bieten jedem ihre schlagkräftigen Dienste an, der gut zahlt – was nicht selten Verbrecherlords sind. Doch Kopfgeldjäger helfen auch bei der Strafverfolgung, indem sie Kriminelle und Kautionsflüchtlinge ergreifen, die sich dem Zugriff der Behörden entziehen. Meist sind sie aber mindestens ebenso skrupellos und gefährlich wie ihre Zielpersonen.

Ein kompliziertes Gewerbe

Zur Zeit der Republik und des Imperiums ist für die Kopfgeldjagd eine Zulassung erforderlich, die den legalen Umgang mit Gesuchten und die Auszahlung eines ausgesetzten Kopfgelds gewährleisten soll. Als Mitglied in der Kopfgeldjägergilde erspart man sich viele bürokratische Hürden, um nötige Genehmigungen zu erhalten. Ein Gildenjäger hat

Wie der Vater, so der Sohn Jango und Boba Fett sind zwei der wohl berüchtigtsten Kopfgeldjäger der galaktischen Geschichte.

Dringend gesucht Um Han Solo aufzuspüren, vertraut Darth Vader auf Boba Fett und weitere Kopfgeldjäger.

dabei Zugriff auf Aufträge, die ein Gildenvertreter vermittelt, in einem Gildenbüro einsehbar sind oder für Einsätze in der Ferne auf einem Holopuck angezeigt werden.

Ein Kopfgeldbescheid zeigt dabei wichtige Details an: die gebotene Belohnung, die Umstände (oder Straftaten), die zur Aussetzung des Kopfgelds geführt haben, die bei der Jagd erlaubten Mittel sowie spezielle Konditionen (wie »tot oder lebendig«). Wenn ein Kopfgeldjäger den Auftrag annimmt, erhält er den zugehörigen Identifikationscode, der ausgewählte biografische und auch biometrische Informationen enthält. Dieser beeinflusst die Parameter eines Kurzstreckenpeilgeräts, das

» Kopfgeldjäger … Diesen Abschaum brauchen wir nicht! «

Admiral Firmus Piett

auf die Daten abgestimmt ist. Bei Ergreifung und Auslieferung einer Zielperson führen Gildenmitglieder einen Sensorcheck aus, um die so erhaltenen Daten mit denen des Identifikationscodes im Peilgerät zu vergleichen und die erfolgreiche Akquise zu bestätigen.

Nach dem Zusammenbruch des Imperiums fehlt die bürokratische Infrastruktur für die Listung legaler Kopfgeldbescheide, worauf quasi nur die Gilde als Anbieter verbleibt. Deren neutrale Haltung nach dem »

Alles im Blick Ob Aurra Sing beim Boonta Eve Classic eine Kopfgeldjagd zum Abschluss bringen oder nur das Rennen sehen will, ist nicht bestätigt.

Namhafte Kopfgeldjäger

Die Kopfgeldjagd ist ein Gewerbe, dem viele nachgehen, doch nur wenige bringen es zu galaktischer Bekanntheit. Einige sind berühmt für ihr Können, andere haben einfach nur Pech.

Aurra Sing

Die von Statur und Auftreten her auffällige Aurra Sing ist eine berüchtigte Jägerin in den letzten Tagen der Republik. Als Partnerin von Jango Fett nimmt sie den verwaisten Boba Fett unter ihre Fittiche. Man erzählt sich, Revolverheld Tobias Beckett habe ihre Karriere endgültig beendet.

Bossk

Trandoshaner Bossk ist seit Jahrzehnten im Geschäft. Dabei kommt ihm die Fähigkeit seiner Spezies zugute, Teile des Körpers nachwachsen zu lassen. Trandoshaner sind Großwildjäger und haben traditionell einen Hass auf Wookiees. Bossk ist besonders scharf auf das Kopfgeld für Chewbacca.

Toro Calican

Der junge Heißsporn Toro Calican möchte im Chaos nach dem Sturz des Imperiums in die Kopfgeldjägergilde, indem er jemand Kapitales wie Fennec Shand ergreift. Der mysteriöse, nur als der Mandalorianer bekannte Jäger erkennt, wie unerfahren Toro ist, und lässt sich auf Tatooine auf eine kurze, aber nützliche Partnerschaft ein, um ihm zu helfen. Statt die Belohnung zu teilen, schaltet Calican die Zielperson aber aus und versucht, das von der Gilde auf den Mandalorianer ausgesetzte Kopfgeld zu kassieren. Doch der lässt sich nicht so leicht austricksen und erschießt das Großmaul.

Zam Wesell

Clawditin Zam Wesell ist Gestaltwandlerin, was für sie sowohl als Kopfgeldjägerin wie auch als Attentäterin von Vorteil ist. Sie versucht, Senatorin Padmé Amidala vor der Abstimmung über die Aufstellung einer Armee zu töten, doch die Jedi Obi-Wan Kenobi und Anakin Skywalker vereiteln es.

Greedo

Der Rodianer Greedo hat jahrelang kein rechtes Glück als Jäger und will den gesuchten Schmuggler Han Solo in der Cantina von Mos Eisley dingfest machen, um das Kopfgeld für ihn zu kassieren. Der greift jedoch unter dem Tisch zum Blaster und erledigt Greedo zu Jabbas Verdruss.

IG-88

IG-88 ist ein brutaler und gefährlicher Jäger, der vom Töten anderer besessen ist. Es heißt, er habe sogar seine Erbauer kurz nach seiner Aktivierung getötet. Dieser Droide ist seit Jahrzehnten im Einsatz, hat eine Vorliebe für Pyrotechnik und ist geduldiger als jeder organische Jäger.

Latts Razzi

Latts Razzi ist eine akrobatische Theelin, die der »Klaue des Krayts«, einem Team des jungen Boba Fett angehört. Ihre Spezialität sind exotische Waffen wie die segmentierte Kampfboa, die Latts wie ein Lasso einsetzt. Mit dieser Waffe nimmt sie es mit mehreren Gegnern gleichzeitig auf.

IG-11

Als einer von diversen Attentäterdroiden der IG-Serie ist IG-11 ein vollwertiges Mitglied der Kopfgeldjägergilde. Seine Programmierung macht ihn zum furchtlosen Jäger und Pedanten in puncto Gildenregeln. Auf Arvala-7 arbeitet er bei einer lukrativen Jagd mit dem Mandalorianer zusammen.

Beilert Valance

Der imperiale Kadett Beilert Valance wird zum Cyborg, nachdem er schwere Verletzungen erlitten hat. Er nutzt sein militärisches Können bei der Kopfgeldjagd und gönnt sich nach jeder veritablen Belohnung Upgrades für seine kybernetischen Systeme. So wird er immer mehr zur Killermaschine.

Dengar

Der corellianische Jäger Dengar hat die besten Jahre hinter sich. In den Klonkriegen ist er noch in akzeptabler Kampfform, im Galaktischen Bürgerkrieg ist er schon viel ramponierter. Jahre später erkennt man ihn kaum wieder, nachdem er sich kybernetischen Eingriffen unterzog, um weiter mithalten zu können.

Zuckuss

Der Gand Zuckuss ist Spezialist für geheime Jagdrituale seines Volks, die ihm beim Aufspüren von Zielpersonen scheinbar übersinnliche Vorteile verschaffen. Gands atmen Ammoniak, deshalb benötigt Zuckuss in sauerstoffreicher Umgebung ein Atemgerät. Er bildet oft mit 4-LOM ein Team.

4-LOM

Wie es heißt, wurde der Droide 4-LOM zum Kopfgeldjäger, indem er selbst seine frühere Programmierung überschrieb. Sein altes Leben als Protokolldroide an Bord eines Luxuskreuzers verleiht ihm eher Vorteile in Sachen Taktik, Analyse und Deduktion als spezieller Kampffähigkeiten.

Cad Bane

Cad Bane, ein wortkarger, gut ausgerüsteter Duros, ist einer der führenden Jäger in den Klonkriegen. Jahrzehntelange Erfahrung hat ihm ein Arsenal beschert, mit dem er sich selbst gegen Jedi behauptet. Seine Raketenstiefel erlauben ihm weite Sprünge wie ein Machtnutzer, gegen seinen Flammenwerfer an der Armschiene sind auch Lichtschwerter nutzlos. Im Kampf mit Jedi-Rittern wie Obi-Wan Kenobi, Anakin Skywalker, Mace Windu, Ahsoka Tano und Quinlan Vos beweist er im Lauf seiner Karriere, was er draufhat – und weiß damit zu prahlen.

Der Sith-Lord Darth Sidious heuert Bane an, um ein Jedi-Holocron aus dem Jedi-Tempel zu stehlen – was ihm auch gelingt. Bane interessiert sich für den jungen Boba Fett und bringt ihm einiges für die Jagd bei, ehe er von der Bühne der galaktischen Unterwelt verschwindet.

Krieg sorgt dafür, dass Aufträge der Neuen Republik ebenso wie von Ex-Rebellen, Ex-Imperialen und Kriminellen akzeptiert werden, solange der Gildenkodex beachtet wird. Kopfgeldjäger dürfen nicht gegeneinander arbeiten und sich Aufträge sichern, nachdem andere die harte Arbeit bereits getan haben. Zudem dürfen sie nie einen Deal aufkündigen, besonders nicht, wenn die Bezahlung schon erfolgt ist. Wer gegen Regeln wie diese verstößt, zieht den Zorn anderer Jäger auf sich und wird selbst zum Gejagten.

Die Galaktische Republik billigt die Kopfgeldjagd als Berufsfeld, solange sie ordentlich erledigt wird. Im gesetzlosen Äußeren Rand, wo es kaum Überwachung gibt, sind Kopfgeldjäger allerdings oft kaum mehr als Auftragsmörder im Dienst von Verbrecherlords. Mit Ausbruch der Klonkriege setzen die Separatisten hohe Kopfgelder auf Jedi-Ritter und Senatoren der Republik aus – wobei jeder Kopfgeldjäger, der sich darauf einlässt, auf eigene Faust arbeitet.

Dem Imperium stehen mehr offizielle Ressourcen für die Jagd von Flüchtigen zur Verfügung. Das Militärregime hat Geheimdienste wie das Imperiale Sicherheitsbüro und sogar exotische Jäger wie die Inquisitoren, um Gesuchten habhaft zu werden. Aber auch das Imperium setzt mitunter auf Kopfgeldjäger – nicht zuletzt, weil sie oft an den Rändern der Galaxis operieren, wo flüchtige Rebellen Zuflucht suchen.

Unabhängig vom politischen System, das gerade vorherrscht, scheint es für Kopfgeldjäger, die in der weiten Galaxis Personen aufspüren, stets Bedarf zu geben. ■

Schnelle Schüsse Schmuggler Han Solo lässt sich von Kopfgeldjägern nicht einschüchtern und redet, oder schießt, sich aus jeder Lage heraus.

» Ich kann dich warm ausliefern oder auch kalt. «

Der Mandalorianer

DER BESTE SEINER ZUNFT

BOBA FETT

HOLOCRON-DATEN

NAME
Boba Fett

SPEZIES
Mensch (Klon)

HEIMATWELT
Kamino

ZUGEHÖRIGKEIT
Kopfgeldjäger

ZIEL
Die nächste Zielperson finden

STATUS
Zuletzt im Sarlacc gesichtet

Kopfgeldjäger Jango Fett wird angeworben, um als Vorlage für die Klonarmee der Republik zu dienen, und willigt ein – unter der Bedingung, dass er einen Klon von den Kaminoanern erhält, den er als Sohn großziehen kann. Der Boba genannte Junge wird von klein auf als Kopfgeldjäger ausgebildet und erweist sich als gewiefter Kämpfer mit enormen Schießkünsten, der sich voll und ganz seiner Profession verschreibt.

In der Schlacht von Geonosis sieht Boba mit an, wie Jedi-Meister Windu mit dem Lichtschwert seinen Vater köpft. Als Waise und voll Hass auf die Jedi schließt Boba sich dem Kopfgeldjägerteam von Aurra Sing an, um weiter dazuzulernen, und tötet bei einer Mission fast Mace Windu. Der Versuch scheitert, und Boba wird inhaftiert. Als er wieder frei ist, gründet der junge, erfahrene Jäger sein eigenes Team, die Klaue des Krayts, und trägt wie sein Vater eine mandalorianische Rüstung.

In der Ära des Imperiums wird Boba Fett selbst zum legendären Kopfgeldjäger und erweist sich als listenreich und gnadenlos. Seine Rüstung schmückt er dabei gern mit Jagdtrophäen. Oft übernimmt er Jobs für Verbrecherlord Jabba den Hutt und den imperialen Anführer Darth Vader. Zu zwei von Bobas berüchtigtsten Missionen für Vader zählen die Aufdeckung der Identität des Piloten, der den Todesstern zerstört hat, und die Verfolgung des *Millennium Falken* nach der Schlacht von Hoth.

Listiger Söldner Nachdem er für Darth Vader den *Falken* aufgespürt hat, schnappt Boba sich Han, um bei Jabba das Kopfgeld für ihn zu kassieren.

Boba hält sich bei Jabba auf, als die Rebellen Han Solo befreien. Um seinen Klienten zu schützen, greift Boba in den Kampf ein, wobei sein Jetpack beschädigt wird und er in den Schlund des Sarlacc stürzt. Trotz dieses misslichen Ereignisses erinnert man sich an Boba weiter als einen der besten Kopfgeldjäger der Galaxis – dessen Ruf den seines Vaters noch übersteigt. ■

» Tot nützt er mir nichts. «

Boba Fett

IMMER IM SPIEL BLEIBEN

QI'RA

HOLOCRON-DATEN

NAME
Qi'ra

SPEZIES
Mensch

HEIMATWELT
Corellia

ZUGEHÖRIGKEIT
Weißwürmer, Crimson Dawn

STÄRKEN
Gut im Verhandeln, Meisterin des Teräs Käsi

ZIEL
Überleben

STATUS
Unbekannt

Die schnell und strategisch denkende Qi'ra wächst auf Corellia als »Wühlratte« in Lady Proximas Weißwürmerbande auf, wo sie bis zum Ersten Mädchen der Gruppe aufsteigt. Mit ihrem Partner Han, wie sie eine Wühlratte, will Qi'ra von Corellia fliehen, um sich ein neues Leben in Freiheit aufzubauen, wird aber beim Fluchtversuch von den Weißwürmern gefasst. Erzürnt ob des Verrats, verkauft Proxima sie kurzum in die Sklaverei, wo sie beim skrupellosen Dryden Vos endet, dem öffentlichen Anführer des Verbrechersyndikats Crimson Dawn.

Vos erkennt Qi'ras Potenzial und bietet ihr unter Forderung völliger Loyalität eine hohe Position an, in der sie sich auszeichnet, eine von Vos' führenden Statthaltern wird und sich rasch viele Dinge wie die Kampfkunst Teräs Käsi aneignet.

Abgehärtet nach Jahren bei der Crimson Dawn, trifft Qi'ra auf Vandor den noch immer idealistischen Han wieder. Dryden ist außer sich, dass Han und seine Gefährten wertvolle Fracht an Enfys Nests Piratenbande verloren haben. Qi'ra handelt aber geschickt einen Deal zwischen den beiden Parteien aus und begleitet Solos Team bei der Folgemission, für Vos Coaxium aus den Minen von Kessel zu stehlen.

Ohne Qi'ras Fähigkeiten und Kontakte wäre die Mission wohl gescheitert. Als sie sich mit Vos auf Savareen treffen, beteiligt Qi'ra sich an Hans Plan, ihn zu hintergehen. Sie verrät erst Vos – den sie mit dem eigenen Petar tötet – und dann Solo, indem sie ihn auf Savareen zurücklässt, um nach Dathomir zu Maul zu fliegen, dem insgeheimen Crimson-Dawn-Oberhaupt. Ob sie dies tut, um Han zu schützen, da sie ihrem Leben nicht entfliehen kann, oder weil sie eine Aufstiegschance für sich sieht, ist ungewiss. Sie bleibt eine anpassungsfähige Realistin, die nun selbst ihren Weg bestimmt. ■

Listige Kämpferin
Mit einem Schwert an Hans Brust scheint Qi'ra entschlossen, ihn zu töten, wendet sich dann aber stattdessen gegen ihren Boss.

BEWAHRER DES WEGS

MANDALORIANER

HOLOCRON-DATEN

BEZEICHNUNG
Mandalorianer

HEIMATWELT
Mandalore (aber inzwischen in der Galaxis verstreut)

ZIEL
Die Heimatwelt Mandalore wieder einnehmen

STATUS
Im Exil

Mandalore, eine Hightech-welt mit einer bekannten, vielfältigen menschlichen Kultur, hat eine Tradition stolzer Krieger und eine lange Geschichte von Konflikten. In früheren Zeiten kämpften Jedi gegen mandalorianische Krieger, die selbst für erfahrene Meister harte Gegner waren. Durch Expansionsbestrebungen früherer Herrscher verbreitete sich ihre Kultur auf über tausend Welten im mandalorianischen Raum.

Über die mandalorianische Gesellschaft herrscht der Manda'lor, der von Protektoren beschützt wird. Die wichtigsten Häuser – große Familien – unterstehen direkt dem Manda'lor, geringere Clans verteilen sich auf diese Häuser. Die Familien wählen oft eine zentrale Heimatwelt im mandalorianischen Raum für sich. Das Haus Kryze hat so seinen Sitz auf Kalevala, Wren auf Krownest und Vizsla auf Mandalore selbst.

Mandalorianer sind bekannt für die Gewinnung und Verarbeitung von Beskar, ein Metall, das sich nur auf mandalorianischen Welten findet. In den Händen eines guten Schmieds lässt es sich zu einer undurchdringlichen Rüstung formen. Reinstes Beskar kann sogar kurz ein Lichtschwert abwehren. All die Legenden um mandalorianische Krieger haben seit jeher Einfluss auf die Streitkräfte der Galaxis, selbst die Klonsoldaten der Großen Armee der Republik, die später zu den imperialen Sturmtruppen werden.

In ihrer Historie kommt es unter mandalorianischen Häusern immer wieder zu Intrigen und offenem Krieg. Ihre Heimatwelt wird sogar im Mandalorianischen Bürgerkrieg so sehr verwüstet, dass Mandalore zu weiten Teilen eine weiße Ödnis ist, aus der sich Kuppelstädte erhoben. Innerhalb dieser Kuppeln leben die Mandalorianer in hermetischen, würfelförmigen Hightechgebäuden.

Bürgerkrieg Der mit Beskarrüstung getarnte Obi-Wan Kenobi wird Zeuge, wie auf Mandalore Krieg ausbricht.

Nach dieser Umweltkatastrophe versuchen Pazifisten unter den Mandalorianern, ihre Gesellschaft zu verändern, indem sie sich aus sämtlichen galaktischen Konflikten zurückziehen und ihre Krieger auf den Mond Concordia verbannen. Diese aber werden noch extremer und bilden eine Splittergruppe, die Death Watch, um in den Klonkriegen Mandalore zu übernehmen und die pazifistische Herzogin Satine abzusetzen. Mandalore versucht, im Krieg neutral zu bleiben, doch durch Intervention von außen – vor allem durch den früheren Sith-Lord Maul – wird

Das Dunkelschwert

Das Dunkelschwert ist ein einmaliges Lichtschwert, das vor über tausend Jahren von Tarre Vizsla gebaut wurde, dem einzigen Mandalorianer, der je dem Jedi-Orden beitrat. Nach Vizslas Tod bewahren die Jedi das Schwert im Jedi-Tempel auf. Im Chaos, das zum Ende der Alten Republik und der Auslöschung der Sith führt, stehlen Mitglieder des Vizsla-Clans das Schwert und bringen es nach Mandalore. Als mächtiges Symbol des Hauses Vizsla wird es zum Instrument der Vereinigung unter den vielen Clans.

Als die Death Watch sich in den Klonkriegen erhebt, besitzt Pre Vizsla das Dunkelschwert, verliert es – und sein Leben – aber im Kampf mit Maul, der in der Zeit seiner Herrschaft auf Mandalore die Death Watch anführt. Später nimmt Sabine Wren es Maul auf Dathomir ab und überlässt es Bo-Katan Kryze. Nachdem Mandalore ans Imperium gefallen ist, gelangt es in die Hände von Moff Gideon.

der Planet in den galaktischen Konflikt hineingezogen, sodass die Republik eingreifen muss. Maul entkommt zwar, aber die Präsenz der Republik auf Mandalore ebnet den Weg für die spätere imperiale Besatzung.

Mandalorianer wie Gar und Tiber Saxon unterstützen die Präsenz des Imperiums und werden hochrangige imperiale Mandalorianer. Bo-Katan Kryze versucht mithilfe der Crew der *Ghost* und der Mandalorianerin Sabine Wren, die Saxons zu entmachten, und vereint die Clans mit dem Dunkelschwert, einem Symbol mandalorianischer Herrschaft. Das Imperium schlägt diese Rebellion aber nieder, und viele Mandalorianer werden bei der folgenden Säuberung getötet oder vertrieben.

> »Ich bin ein Mandalorianer. Waffen sind Teil meiner Religion.«
>
> **Der Mandalorianer**

In den ungewissen Zeiten der Neuen Republik ist das Volk der Mandalorianer weit verstreut. Kleine Nester mandalorianischer Clans leben in Unterschlüpfen verborgen auf Welten wie Nevarro im Äußeren Rand. Das Dunkelschwert fällt Moff Gideon, einem imperialen Warlord, in die Hände, und die Mandalorianer scheinen in dieser Ära ziellos. Die Orthodoxesten unter ihnen bemühen sich, den Weg hochzuhalten, einen Verhaltenskodex und Traditionen, die das mandalorianische Erbe ehren. ■

Mandalorianische Siegel Clans sind oft an Schultersiegeln zu erkennen, die für eine würdige Tötung oder Eroberung stehen.

Kast
Schlangenartiges Vexis-Siegel des Hauses Kast

Eldar
Löwenartiges Siegel des Clans Eldar

Vizsla
Ein Siegel des Hauses Vizsla aus Friedenszeiten, vor dem Coup der Death Watch

Schlammhorn
Schlammhornsiegel von Din Djarin und dem Kind, einem Clan von zweien

Mythosaurier
Ein oft als mandalorianisches Symbol getragenes Fabeltier

DER MANDA-LORIANER

DIN DJARIN

HOLOCRON-DATEN

NAME
Din Djarin

SPEZIES
Mensch

ZUGEHÖRIGKEIT
Mandalorianer, Kopfgeldjägergilde

STÄRKEN
Nahkampf, Waffengebrauch, Fliegen

ZIELE
Lebensunterhalt bestreiten, das Kind beschützen

STATUS
Aktiv in der Anfangszeit der Neuen Republik

Der Mann, der den meisten nur als Mandalorianer oder kurz Mando bekannt ist, führt ein einsames Dasein als Kopfgeldjäger, ein komplizierter Beruf, speziell in den gesetzlosen Zeiten nach dem Zusammenbruch des Imperiums. Selbst in diesen turbulenten ersten Jahren der Neuen Republik sticht er unter Kopfgeldjägerkollegen heraus und genießt einen ausgezeichneten Ruf. Der Mandalorianer baut ein freundschaftliches Verhältnis zu Greef Karga von der Kopfgeldjägergilde auf, der an seinem Erfolg beteiligt ist. Gegen einen »Finderlohn« versorgt er ihn mit Aufträgen.

Wenn der Mandalorianer nicht mit seinem Schiff, der *Razor Crest,* von Welt zu Welt eilt, sucht er einen mandalorianischen Unterschlupf in der Kanalisation von Nevarro auf. Eine Waffenschmiedin hält seine Beskarrüstung dort in Schuss, und er teilt Profite mit seinem Volk, um dessen Zukunft zu sichern. Das Geld kommt Findelkindern jeglicher Clane zugute – Schutzbedürftigen, die gerettet und als Mandalorianer aufgezogen werden. Der scheinbar untypisch selbstlose Akt erinnert an die eigene leidvolle Vergangenheit.

Er ist nur als der Mandalorianer bekannt, war einst aber ein Junge namens Din Djarin. Als gnadenlose Kampfdroiden seine Heimat Aq Vetina angreifen, verstecken Dins Eltern ihn in einem Keller, wo er überlebt – dank des Eingreifens mandalorianischer Truppen. Die Krieger mit dem Zeichen der Death Watch nehmen das Findelkind an

Stets mobil Der Mandalorianer fliegt die *Razor Crest*. Das antiquierte Kanonenboot leistet ihm gute Dienste.

sich, damit es als Mandalorianer aufwachsen kann. Wegen seiner orthodoxen Erziehung glaubt Din, dass er seinen Helm in Gegenwart anderer Lebewesen nie abnehmen darf, da er sonst den Anspruch auf sein mandalorianisches Erbe verliere.

Wie sehr der Mandalorianer dem Kodex der Kopfgeldjägergilde folgt, wird auf die Probe gestellt, als er einen nicht registrierten Auftrag für einen mysteriösen imperialen Klienten übernimmt. Trotz vager Informationen spürt er das Ziel auf Arvala-7 auf, wo er überrascht ein Kind vorfindet. Der Mandalorianer liefert es ab, doch dann kommen

Rüstung des Mandalorianers Für seine gefährlichen Einsätze verbessert der Mandalorianer seine Rüstung laufend.

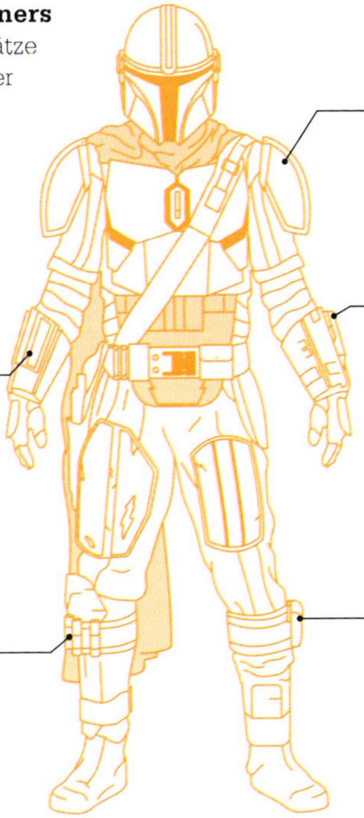

Schulterplatte Schulterplatte aus reinem Beskar mit Siegelfläche

Linke Armschiene Zielsuchraketenwerfer vom Typ »Zwitschervogel«

Rechte Armschiene Kontrollen zu Aktivierung des Anzugssystems

Schienbeinzeug Ausrüstungstasche für kleine Gegenstände

Schienbeinzeug Munitionszellen für Disruptorgewehr

ihm Bedenken. Er verstößt gegen das Abkommen, bricht ins Gebäude der Überreste des Imperiums ein, befreit das Kind und flieht mit ihm. Wegen des Verstoßes gegen den Kodex der Gilde werden die beiden von anderen Jägern, auch Greef Karga, ins Visier genommen. Nur dank der zu Hilfe eilenden anderen Mandalorianer gewinnt er die nötige Zeit, um sicher mit dem Kind zu entkommen.

Der Mandalorianer taucht unter und sucht ein Farmerdorf auf dem Waldplaneten Sorgan, Tatooines Raumhafen Mos Eisley und eine Feuchtfarm auf Arvala-7 auf. Dabei erhält er Hilfe von ungewöhnlichen Verbündeten wie dem Farmer und Mechaniker Kuiil, einem Ugnaught, Cara Dune, einst Stoßtruppsoldatin der Rebellen, und IG-11, einem umprogrammierten Attentäterdroiden. Gemeinsam mit Greef Karga, der seine Meinung geändert hat, wollen sie das Problem mit dem imperialen Klienten auf Nevarro lösen, ohne das Kind auszuliefern. Der Mando will ihn töten, doch Moff Gideon, der mysteriöse Hintermann des Auftraggebers, kommt ihm zuvor.

Der Mandalorianer, Cara, Greef und das Kind entgehen den Fängen von Moff Gideon nur knapp und machen sich den imperialen Warlord zum gefährlichen Feind. ■

Razor Crest Die *Razor Crest* ist mehr als ein Schiff, sie ist das Zuhause des Mandalorianers.

Das Kind

Man weiß nur wenig über das Kind, das vom Gejagten zum Schützling des Mandalorianers wurde. Er findet es in einem von Niktos bewachten Gebäude auf Arvala-7 in einer Repulsorwiege. Woher es kam, ist unbekannt.

Bruchstückhaften Daten nach ist das Kind 50 Standardjahre alt, wirkt und verhält sich aber wie ein Kleinkind. Seine unbekannte Spezies entspricht der des verstorbenen Jedi-Meisters Yoda. Mit seinen großen Augen baut das Kind eine enge Beziehung zum Mandalorianer auf und schützt ihn mit seinen latenten, aber starken Machtkräften. Wenn es sich konzentriert, kann es mit der Macht ein angreifendes Schlammhorn aufhalten und telekinetisch in die Luft heben, ist dann aber sehr erschöpft. Der Schmiedin des mandalorianischen Unterschlupfs auf Navarro zufolge bilden der Mandalorianer und das Kind einen Clan von zweien, da sie sich gegenseitig beschützen.

ÜBERZEUGTE PAZIFISTEN

DIE NABOO

HOLOCRON-DATEN

BEZEICHNUNG
Die Naboo

SPEZIES
Mensch

HEIMATWELT
Naboo

ZUGEHÖRIGKEIT
Republik

HAUPTSTADT
Theed

REGIERUNG
Wahlmonarchie

Das Volk der Naboo, Bewohner eines ruhigen, eindrucksvollen Planeten, spielt eine unerwartete Rolle für das Schicksal der Galaxis in den letzten Tagen der Republik. Diese Welt von Pazifisten zeichnet sich durch von ihrer Bewunderung für Kunst, Architektur und Kultur herrührende Eleganz aus. Umso mehr wundert es, dass sie so viel Aufruhr ereilt, erst durch die Blockade der Handelsföderation und später die Klonkriege. Noch schockierender ist, dass der Sith-Lord Darth Sidious von dort stammt.

Anders als bei Erbmonarchien wählt das Volk der Naboo seinen Herrscher alle zwei Jahre. An sich kann jeder der nächste König oder die nächste Königin werden, aber das Volk wählt meist junge Frauen, die die gefragte Führungsqualität ausstrahlen. Jeder Monarch kann nur für zwei Amtszeiten in Folge regieren, was fast zur Änderung der Verfassung führt, damit Amidala weiter herrschen kann, nachdem sie die Krise um die Handelsföderation so hervorragend gemeistert hat. Sie lehnt jedoch ab, sodass Königin Réillata ins Amt kommt, gefolgt von Jamillia, Neeyutnee und Apailana.

Mit Gründung des Imperiums haben folgende Monarchen fast nur noch repräsentative Funktion, weil der imperiale Gouverneur sich aller wichtigen Fragen annimmt. Nach Sturz des Imperiums fliegt Königin Soruna an der Seite der Rebellen tapfer einen N-1-Sternenjäger, um Naboo zu beschützen.

Vom prächtigen Königspalast in der Hauptstadt Theed regierend, wird der Monarch von einem Beirat, Dienern und Wachen unterstützt. Die Königlichen Sicherheitskräfte der Naboo sind eine bescheidene Truppe, deren kunstvolle Uniformen und handgefertigte Sternenjäger Spiegelbild ihrer Gesellschaft sind. Trotz zahlenmäßiger Unterlegenheit schlagen sie sich in der Krise tapfer gegen die Handelsföderation, die vielleicht prägendste Phase in der jüngeren Geschichte Naboos. Dies festigt Padmé Amidala im Amt und befördert Senator Palpatine zum Obersten Kanzler – ein wichtiger Schritt des insgeheimen Sith-Lords auf dem Weg zur Alleinherrschaft. ■

Palasthof Einige Bereiche von Theed werden während der Blockade zerstört, aber von den Naboo wieder aufgebaut. Der neue Palasthof ist ein Beispiel.

AUS WÄSSRIGER TIEFE

DIE GUNGANS

HOLOCRON-DATEN

SPEZIES
Gungan

HEIMATWELT
Naboo

ZUGEHÖRIGKEIT
Republik (vormals unabhängig)

HAUPTSTADT
Otoh Gunga

REGIERUNG
Hoher Rat (Rep-Rat)

Sie teilen sich zwar einen Planeten mit den Naboo, doch die Gungans stellen eine komplett eigenständige Kultur dar, und selbst ihre Sprache ist ein spezieller Dialekt des Galaktischen Basics. Sie haben eigene Götter, und einige praktizieren eine Art Gungan-Magie. Die aquatische Spezies lebt in Unterwasserstädten, und ihre Hauptstadt Otoh Gunga ist Versammlungsort des Hohen Rats, dessen Vorsitzender, der »Boss«, mit Beratern Allianzen schmiedet, Militärstrategien festlegt, Strafen auferlegt und Bürger verbannt.

Gungan-Städte Die Gungans leben in funkelnden, blasenartigen Sphären aus in der Umgebung gewonnenem Plasma.

Der freimütige und aufgeblähte Boss Nass führt die Gungans in der Krise mit der Handelsföderation an. Wie viele Gungans hütet sich Nass vor den Naboo und denkt, dass sein Volk im Verborgenen die besten Chancen hat. Dank der Hilfe des verbannten Gungans Jar Jar Binks kann Naboos Königin Amidala ihn letztlich überzeugen, dass beide Kulturen einen symbiotischen Kreis bilden, woraufhin er einem Bündnis gegen die Invasoren zustimmt. Die Große Armee der Gungans stellt sich dabei den Kampfdroiden der Föderation auf dem Schlachtfeld. Mit ihren Booma-Energiewaffen halten die Infanterie der Gungans und ihre Kaadus reitende Kavallerie lang genug aus, um die Truppen abzulenken, während die Schlacht anderswo gewonnen wird.

Der gemeinsame Kampf führt zu einer neuen Ära der Kooperation zwischen Naboo und Gungans, die eine Siegesparade organisieren, um Frieden untereinander zu erklären.

Ein Jahrzehnt später ist Gungan-Held Jar Jar Binks Abgeordneter im Senat der Republik. In Vertretung von Senatorin Amidala initiiert er arglos einen politischen Vorstoß, dem Obersten Kanzler mehr Macht zu verleihen, um den drohenden Krieg zu bewältigen, was letztlich zum Untergang der Republik führt. Trotz seiner mutigen Taten in den Klonkriegen wird Jar Jar ob seiner Rolle beim Ende der Demokratie erneut von seinem Volk verbannt. ■

KOMMERZIELLE KLONER

DIE KAMINOANER

HOLOCRON-DATEN

SPEZIES
Kaminoaner

HEIMATWELT
Kamino

ZUGEHÖRIGKEIT
Republik, Sith (heimlich)

STÄRKEN
Klontechnik

ZIEL
Profit

Der jenseits des Äußeren Rands verborgene Meeresplanet Kamino ist Heimat der hoch entwickelten, geheimnisvollen Kaminoaner, die für ihre Expertise im Bereich der Klontechnik bekannt sind. Da auf ihrer Welt oft Unwetter toben, die die Wasseroberfläche zu hohen Wellen aufpeitschen, bauen die Bewohner geniale Kuppelstädte auf hohen Plattformen, in denen sie geschützt sind, während sie Kunst und Geschäft des Klonens perfektionieren. Ihr wichtigster Kunde ist die Galaktische Republik, deren Bestellung einer Klonarmee ebenso rätselhaft wie nützlich ist, als diese für die Klonkriege gebraucht wird.

Die Kaminoaner sind sehr stolz auf ihre Arbeit, bei der sie mithilfe der DNS nur einer Person Millionen lebender Kopien erschaffen. Zum Prozess gehören Aufzucht, Ausbildung und Ausrüstung der Armee, wobei Rüstungsfirmen und Kopfgeldjäger mit ins Boot geholt werden. Ihre Arbeit ist kostspielig, aber während man über den Krieg diskutieren kann, ist die Qualität ihrer Produkte über jeden Zweifel erhaben. Ihre Motive sind jedoch fragwürdig. Es scheint, die Kaminoaner erfüllten schlicht einen Geschäftsauftrag, aber ihre heimliche Verbindung zu Darth Tyranus offenbart ihre Rolle in einem finstereren Plan. Obwohl sie eng mit den Jedi arbeiten und einen Sitz im Senat der Republik erhalten, verraten sie nie den wahren Zweck der Inhibitorchips in jedem der Klone. Die Kaminoaner sind Komplizen bei der Order 66, was mit erklärt, weshalb der Planet mitsamt der Klonarmee so lange ein Geheimnis bleibt. Die Sith helfen aktiv nach, Kamino vor den Jedi zu verborgen, bis die Zeit reif ist. Nach Ausrufung des Imperiums werden die Klonanlagen bald geschlossen. ■

Tipoca-Stadt In den Klonkriegen starten die Separatisten einen gewagten Angriff auf Tipoca-Stadt. Dank hehrer Opfer können die Klone sie besiegen.

» Diese Kaminoaner bleiben gewöhnlich unter sich. Sie sind Kloner – und auch noch verdammt gute. «

Dexter Jettster

PRODUKTIVE INSEKTOIDE

DIE GEONOSIANER

HOLOCRON-DATEN

SPEZIES
Geonosianer

HEIMATWELT
Geonosis

ZUGEHÖRIGKEIT
Separatisten

STÄRKEN
Fabrikation

STATUS
Vom Imperium quasi ausgelöscht

Die Geonosianer bauen für sich selbst auch einzigartige Schallenergiewaffen und schnittige Sternenjäger, doch man kennt sie eher für die Fabrikation von Rüstungsgütern für andere. So produzieren die unterirdisch in Stöcken lebenden und arbeitenden Insektoiden Millionen Kampfdroiden für die Konföderation Unabhängiger Systeme. Geonosianische Arbeiter betreiben automatisierte Fertigungsanlagen – Wunderwerke mechanischer Effizienz. Belohnt werden ihre Mühen mit Gladiatorenkämpfen in der Petranaki-Arena. Die Spiele auf Leben und Tod, bei denen arme Wesen gegen importierte Bestien wie Acklays, Reeks und Nexus antreten müssen, versetzen die Drohnen geradezu in Ekstase.

» Mein Imperium ist für die Ewigkeit. «

Königin Karina die Große

Stockkolonien und Historie

Öffentlicher Anführer von Geonosis ist ein Erzherzog. In den Klonkriegen ist dies Poggle der Geringere, der alle auswärtigen Angelegenheiten regelt, während Königin Karina den Stock aus den Katakomben heraus anführt und Eier legt. Ihre Existenz ist geheim. Beschützt wird sie dabei von geflügelten Kriegern, während Arbeiterdrohnen für die Fabrikation Sorge tragen. Sind die Drohnen nicht genug beschäftigt, verfallen sie in bürgerkriegsartige Zustände und bekämpfen sich gegenseitig, um etwas zu tun zu haben.

Massenprodukt Die Kampfdroiden der Geonosianer sind mechanische Wunder, aber einzeln Klonsoldaten unterlegen.

Auf Geonosis kommt es zum Ausbruch der Klonkriege, als die Republik dort eine Droidenfabrik der Separatisten entdeckt. Nach dem Krieg sind geonosianische Drohnen anfangs am Bau des Todessterns beteiligt, wobei teils Rohstoffe aus den Asteroidenringen von Geonosis genutzt werden. Um die Existenz der Station geheim zu halten, als die Arbeit der Geonosianer getan ist, setzt das Imperium Giftgas ein, um das ganze Volk auszulöschen. Eine Drohne, die ein Königinnenei behütet, überlebt. Leider kann diese Königin später keine Eier legen. ■

WANDELNDE BETTVORLEGER

DIE WOOKIEES

HOLOCRON-DATEN

SPEZIES
Wookiee

HEIMATWELT
Kashyyyk

HAUPTSTADT
Kachirho

ZUGEHÖRIGKEIT
Republik, Rebellenallianz

SPRACHE
Shyriiwook

Die großen, starken und majestätischen Bäume von Kashyyyk haben mit den Wookiees, deren Lebensraum sie sind, viel gemein. Diese Welt voller Wunder, aber auch Gefahren bringt einmalige Lebensformen hervor – wobei Wookiees keine Ausnahme sind. Mit über zwei Metern Größe überragen sie viele andere Spezies, und die Körperkraft der haarigen, sich mit Brülllauten verständigenden Wookiees ist legendär. Sie sind aber auch für ihre Loyalität, ihr Mitgefühl und ihren Fleiß bekannt. In ihren kunstvollen Baumstädten verbinden sie Naturmaterialien nahtlos mit moderner Technik.

Den Wookiees ist eine besondere Beziehung zu den Wäldern ihrer Heimat eigen, deren Wroshyrbäume tiefe, spirituelle Bedeutung haben. Ein Beispiel ist der Ursprungsbaum, ein ausnehmend großes Exemplar, das über den Schattenlanden aufragt. Der dort heimische Shyyyo-Vogel ist derart selten, dass manch einer ihn für ein Fabelwesen hält. Den Ursprungsbaum zu erklimmen, gilt bei den Wookiees als Initiationsritus. In früheren Zeiten zieht eine sich auf Kashyyyk zeigende starke

Kachirho Die Küstenhauptstadt wird gegen Ende der Klonkriege zum wichtigen Kriegsschauplatz.

»Man schläft nie tiefer als zusammengerollt im Schoß eines Wookiees.«

Rio Durant

Häuptling Tarfful

Der Häuptling von Kashyyyks Hauptstadt Kachirho gehört zu den bekanntesten Wookiees des Planeten, nicht zuletzt wegen seiner Führungsrolle in den stürmischen Zeiten der Klonkriege und des Galaktischen Bürgerkriegs.

Als die Separatisten auf Kashyyyk einfallen, arbeitet Tarfful mit Jedi-Meister Yoda zusammen Kampfstrategien aus und führt seine Wookiee-Miliz von vorderster Front an.

Durch seine antiimperiale Haltung gilt er im Bürgerkrieg als gesuchter Krimineller, sodass er gezwungen ist, sich in den dicht bewaldeten Schattenlanden zu verstecken. Mit Saw Gerrera baut er einen Widerstand auf und entgeht knapp der Verhaftung, der sicher eine Hinrichtung als Verräter gefolgt wäre. Als Symbol für Freiheit und Stolz sind Gerüchte von seinem Überleben genug, damit die Wookiees ihren Aufstand beherzt fortführen.

Verbindung zur Macht die Zeffo an, ein mysteriöses fremdes Volk von Machtnutzern. In jüngerer Vergangenheit schafft es der Wookiee Gungi als seltener Vertreter seiner Spezies in den Jedi-Orden.

Die Hunderte von Jahren alt werdenden Wookiees haben den Aufstieg und Fall von Regierungen gesehen und waren dabei oft Opfer von Ungerechtigkeiten. Lange sind trandoshanische Sklavenhändler eine Plage für die Wookiees und jagen sie mitunter als Sport. Auch bringt Kashyyyk manch berühmten Wookiee hervor, wie Rebellenheld Chewbacca, den Kopfgeldjäger Black Krrsantan, Freiheitskämpfer Choyyssyk und den in den Klonkriegen mit dem Wookiee Alrrark kämpfenden König Grakchawwaa.

In den Klonkriegen wird Kashyyyk von den Separatisten angegriffen. Die Wookiees bleiben aufseiten der Republik und stellen sich mit den Jedi der Droideninvasion entgegen. Sie gewinnen die Schlacht zwar, doch auf den Kampf gegen den einen Unterdrücker folgt schnell der nächste. Kashyyyk ist noch nicht zur Ruhe gekommen, da wird die Order 66 erteilt. Doch die Wookiees bleiben den Jedi treu, helfen Meister Yoda, vom Planeten zu fliehen, sind alsbald allerdings Gejagte des neu ausgerufenen Imperiums. Dieses lässt eine Blockade um Kashyyyk errichten und zwingt die Wookiees in die Sklaverei.

Oevvaor-Katamarane Die an sich zum Fischen genutzten Katamarane dienen notfalls auch zu Verteidigungszwecken.

Neu erlassene imperiale Gesetze sorgen für unsägliches Leid, als man Wookiees ihren Familien entreißt und vom Planeten verschleppt, damit sie im Äußeren Rand harte Arbeit in den Minen von Kessel verrichten. Um die Ordnung aufrechtzuerhalten, setzen die Imperialen vielen der Wookiees Inhibitorchips ein. Das Imperium fällt etliche Wroshyre, um ihr legendär robustes Holz und den kostbaren Saft zu nutzen. Eine Zeit lang helfen Saw Gerrera und seine Partisanen dem Wookiee-Widerstand, ein Bündnis, das viele Wookiees befreit und die imperiale Saftraffinerie stilllegt. Doch selbst nach der Schlacht von Endor bleibt Kashyyyk unter imperialer Kontrolle. Großmoff Lozen Tolruck hält mithilfe von Propaganda und einer Blockade Palpatines offenbares Ableben geheim. Seine Herrschaft wankt, als Chewbacca und Han Solo einen Aufstand anführen, woraufhin der Großmoff stirbt und der Planet nach Jahrzehnten der imperialen Unterdrückung endlich frei ist. ■

SPIRITUELLE KRIEGER

DIE LASATS

HOLOCRON-DATEN

SPEZIES
Lasat

HEIMATWELT
Lasan, Lira San

ZUGEHÖRIGKEIT
Königsfamilie von Lasan

STÄRKEN
Kraft, Gewandtheit, Klettern

Die Geschichte der Lasats ist von Stolz, Tragödie und Erneuerung geprägt. Die Galaxis kennt sie als eine von Lasan stammende Spezies, einer Welt im Äußeren Rand, wo das Volk der Lasat schon Ewigkeiten gedieh. Besonders stolz sind sie auf ihre Krieger, deren physische Kraft und Furchtlosigkeit im Kampf legendär sind. Am angesehensten ist ihre Ehrenwache, die die Königsfamilie schützt. Doch die Lasats haben auch eine spirituelle Seite, glauben an die Kraft des – andernorts als die Macht bekannten – Ashla und berufen sich auf kryptische Prophezeiungen in uralten Texten.

Durch Unruhen auf Lasan zieht man den Zorn des Imperiums auf sich, was zur Belagerung von Lasan führt. Die Lasat-Krieger kämpfen tapfer, aber die Imperialen obsiegen mit brutalen T-7-Ionendisruptoren und einem verheerenden Schlag gegen den Königspalast. Das Volk wird dabei so weit dezimiert, dass die Lasat in der bekannten Galaxis fast ausgestorben sind.

Garazeb Orrelios hält sich für den letzten Überlebenden seiner Spezies und schließt sich einer Rebellenzelle an, um zurückzuschlagen. Umso überraschter ist er, als er mit Chava der Weisen und Gron zwei andere Lasats trifft. Die beiden berichten von einer Prophezeiung, die sie zum Planeten Lira San führen wird, der sagenumwobenen ursprünglichen Heimat der Lasat, aber es bedarf eines Rituals, um den Weg zu der neuen Welt zu offenbaren. Zebs traditionelles Bo-Gewehr ist der Schlüssel, der sie durch einen implodierenden Sternenhaufen in Wildem Raum führt, hinter dem der Planet liegt. Als sie dort eine ganze Lasat-Population vorfinden, führt Zeb weiter alle überlebenden Lasats zu ihrer neuen Heimat. ■

Verlorene Schlacht Als Captain der Ehrenwache fühlt Garazeb Orrelios sich verantwortlich für die Niederlage.

»Lasan wurde nicht zerstört. Es wurde umgewandelt zu einem Teil des zukünftigen Schicksals unseres Volkes.«

Gron

FREIHEITSKÄMPFER

DIE TWI'LEKS

HOLOCRON-DATEN

SPEZIES
Twi'lek

HEIMATWELT
Ryloth

ZUGEHÖRIGKEIT
Republik, Bewegung »Freiheit für Ryloth«

AUSGEWÄHLTE VERTRETER
Aayla Secura, Bib Fortuna, Cham Syndulla, Hera Syndulla

Die Twi'leks stammen vom Randplaneten Ryloth, aber man findet sie zuhauf in der ganzen Galaxis. Vor allem durch ihre Lekku genannten Kopftentakel unterscheiden sie sich deutlich von anderen Humanoiden. Viele denken bei Twi'leks an Tänzerinnen und ähnliche oft von ihnen ausgeübte Berufe, aber dieses bekannte Volk ist in weit mehr Bereichen zu Hause als nur der Unterhaltungskunst. Unter den Twi'leks finden sich Piloten, Schmuggler, Kopfgeldjäger, Gangster, Politiker, Jedi und nicht zuletzt Freiheitskämpfer.

In der Twi'lek-Kultur wird großer Wert auf die Familie gelegt. Ein Symbol der Twi'lek-Familie ist das Kalikori, ein handgefertigtes, über Generationen weitergereichtes Erbstück. Neue Familienmitglieder ergänzen es um einen Teil, der für etwas von persönlicher Bedeutung steht, sodass sich ein einzigartiges Kunstwerk ergibt, das gleichsam eine Familienchronik darstellt. Ein Kalikori spiegelt dabei oft das große Leid im Laufe der Geschichte wider.

In den Klonkriegen fallen die Separatisten über Ryloth her. Die Invasion mit ihren Bombenangriffen und Plünderungen verwüstet den Planeten, doch dank einer Allianz zwischen den Jedi und heimischen Freiheitskämpfern unter Führung von Cham Syndulla werden die Droiden zurückgedrängt. Für die eigene Regierung gilt Cham als Radikaler, aber auch im nächsten Krieg hat er eine Führungsrolle und gründet die Bewegung »Freiheit für Ryloth«, um die imperialen Besatzer zu vertreiben. Sie versuchen sogar, den Imperator und Vader zu töten.

Durch Jahrzehnte des Kampfes sind viele der Freiheitskämpfer hart im Nehmen, aber ihr Ruf als Krieger bewahrt sie nicht alle vor Schaden, und nicht wenige werden versklavt.

Jedi-Ritterin Aayla Secura ist eine der wenigen Jedi, die die Schlacht von Geonosis überleben. Sie leistet in den Klonkriegen herausragende Dienste.

Nach Jahren der Unterdrückung bleibt Ryloth unabhängig von der Neuen Republik, doch der Aufstieg der Ersten Ordnung lässt einige den Widerstand unterstützen. Der frühere Rebell Yendor gewährt Leia Organas Truppe nach der Schlacht von Crait Unterschlupf, zieht damit aber den Zorn der Ersten Ordnung auf sich. ■

PELZIGE VERBÜNDETE

DIE EWOKS

HOLOCRON-DATEN

SPEZIES
Ewok

HEIMATWELT
Waldmond Endor, IX3244-A

ZUGEHÖRIGKEIT
Rebellenallianz, Neue Republik

AUSGEWÄHLTE VERTRETER
Wicket, Häuptling Chirpa, Peekpa

SPRACHE
Ewokesisch

So klein, wie sie auch sind, die Ewoks sollte man nicht unterschätzen. Das Imperium begeht diesen Fehler auf dem Waldmond Endor, indem es sie nur für primitive Tiere hält. Doch diese kleinen, pelzigen Fremdweltler spielen eine wichtige Rolle beim Sturz des Imperiums, als sie an der Seite der Rebellen in der Schlacht von Endor kämpfen. Die Ewoks greifen zwar auf primitive Waffen wie Speere, Steine, Bogen und Katapulte zurück, aber durch ihren Überraschungsangriff wendet sich das Blatt. Mit ihren einfachen Fallen schalten sie imperiale Sturmtruppler ebenso wie Kampfläufer aus. Die Ewoks erweisen sich dabei auch als langfristige Verbündete der Allianz, wobei einige als emotionale Unterstützung für unter psychischen Folgen des Bürgerkriegs leidende Veteranen dienen.

Ewoks selbst finden spirituellen Frieden in der Natur. Schamanen bewahren und interpretieren ihre mündlich überlieferten Geschichten, die von Generation zu Generation weitergegeben werden. Sie leben in Baumdörfern, hoch über den am Waldboden lauernden Raubtieren. Gemeinhin sind Ewoks zufrieden mit ihrem einfachen Leben im Wald, doch durch Kontakt zur Außenwelt lassen einige ihre abgeschiedenen Dörfer hinter sich. Die technisch versierte Peekpa hilft den Rebellen Han Solo, Chewbacca und Lando Calrissian bei ihrer Mission, den irren Fyzen Gor davon abzuhalten, ein Droidenvirus zu verbreiten.

Endor ist außerdem Heimat der Wisties, einer winzigen Spezies, die auch als das Feuervolk bekannt ist. Sie beschützen den Wald und sind Freunde der Ewoks. Deren Krieger haben die wilden Winzlinge mitunter für Waffen genutzt, indem sie sie in Beutel gefüllt und zur Ablenkung auf Feinde geschleudert haben. ■

Baumhäuser Dank C-3PO kann der Stoßtrupp der Allianz sich mit den Ewoks von Hellerbaumdorf anfreunden.

»Na ja, kleine Helfer sind besser als keine Helfer, was, Chewie?«

Han Solo

VERTEIDIGER DES FRIEDENS

DIE MON CALAMARI

HOLOCRON-DATEN

SPEZIES
Mon Calamari

HEIMATWELT
Mon Cala

ZUGEHÖRIGKEIT
Republik, Rebellenallianz, Neue Republik

AUSGEWÄHLTE VERTRETER
Admiral Raddus, Admiral Gial Ackbar, Jedi-Ritter Nahdar Vebb

Ob tief in den Ozeanen ihrer Heimatwelt Mon Cala oder in den Weiten des Weltalls, die Mon Calamari kämpfen oft für den Frieden. Auf ihrer Meereswelt gibt es viele Unterwasserstädte, deren Gebäude durch Druckröhren verbunden sind, die eine schnelle Passage ermöglichen. Ein beliebter König herrscht über sie, unterstützt von Bürgermeistern und lokalen Bürokraten auf dem gesamten Planeten. Die Mon Calamari teilen sich ihre Heimatwelt mit den Quarren, eine Spezies, die im Laufe der Zeit mal Freund, mal Feind ist.

In den Klonkriegen führt der Tod von König Yos Kolina dazu, dass Prinz Lee-Char ihm auf dem Thron nachfolgt. Die Separatisten schüren Unzufriedenheit unter den Quarren, und ein Bürgerkrieg bricht aus. Mithilfe der Republik und des Captains der Garde, Gial Ackbar, führt Lee-Char die Verteidigung Mon Calas gegen die Separatisten an.

Zu Beginn der Herrschaft des Imperiums gewährt Lee-Char Jedi-Padawan Ferren Barr und seinen Anhängern Unterschlupf, was die Aufmerksamkeit der Imperialen auf Mon Cala lenkt. Diese vermuten eine Jedi-Präsenz und ergreifen die erste Gelegenheit zur Invasion. Als das Imperium Mon Cala besetzt, starten die Mon Calamari ihre raumtauglichen Unterwassergebäude ins All und rüsten sie mit Turbolasern, Ionenkanonen und Traktorstrahlprojektoren zu Kriegsschiffen auf. Diese werden zum wichtigen Teil der Flotte der Rebellenallianz, der sie unter Führung der Admiräle Raddus und Gial Ackbar als dringend benötigte Großkampfschiffe dienen.

»Das ist eine Falle!«

Admiral Ackbar

Jahrzehnte später unterstützen die Mon Calamari wieder eine Rebellengruppe, indem sie im Krieg gegen die Ersten Ordnung dem Widerstand Schiffe, Besatzung und Piloten zur Verfügung stellen, darunter Gials Sohn Aftab Ackbar. Durch folgende Vergeltungsakte seitens der Ersten Ordnung finden sich die Mon Calamari erneut im Visier von Invasoren wieder. ■

Schiffsdesign Mon-Calamari-Schiffe wirken organischer als ihre Pendants von Imperium und Erster Ordnung.

KLEINE SCHROTT-SAMMLER

DIE JAWAS

HOLOCRON-DATEN

SPEZIES
Jawa

HEIMATWELT
Tatooine

ZUGEHÖRIGKEIT
Neutral

BEKANNT FÜR
Schrottsammeln

Tatooines Jawas hegen viele Geheimnisse. Sie sind auf dem Planeten vielerorts anzutreffen, aber außerhalb ihrer Kreise wissen die allermeisten nicht einmal, wie sie unter ihren Kutten aussehen. Unter deren Kapuzen lugen leuchtende Augen hervor, und mit fiepsigen Stimmen verständigen sie sich in ihrer Sprache Jawasisch. Sie leben in riesigen Sandkriechern, Raupenfahrzeugen, die ihnen als Zuhause und mobiles Lager dienen. Darin reparieren sie Maschinen und Droiden, um sie an die heimischen Farmer zu verkaufen. Angehörige anderer Spezies können teils ihre Sprache lernen, doch da diese auch den Einsatz von Geruch erfordert, ist sie sehr schwer zu beherrschen. Die meisten verlegen sich so beim Abschluss von Geschäften auf das einfachere Jawa-Handelssprech.

Die Jawas scheinen völlig auf Technik versessen zu sein. Wo verirrte Droiden oder abgestürzte Raumschiffe sind, sind sie selten fern. Sie nutzen jede Gelegenheit, sich herrenlose Geräte anzueignen, schlachten alles von Wert aus und bereiten es zum Wiederverkauf auf. Mit selbst gebastelten Ionenwaffen versuchen sie, sich jeden Fund zu sichern, ohne ihn zu zerstören. Herumstreunende Droiden, die sich erwischen lassen, werden direkt zu Claneigentum. Dies erweist sich als schicksalhaft für die Droiden R2-D2 und C-3PO, deren Ergreifung durch die Jawas und Verkauf an Owen Lars Luke Skywalker auf seinen Weg führt, ein Jedi zu werden.

Obschon genaue Abläufe schwer zu rekonstruieren sind, glaubt man, dass es auf Tatooine Zwischenhalt einlegende Schiffe einigen Jawas ermöglicht haben, ihre Heimatwelt zu verlassen. So gibt es Kolonien auf Arvala-7, Nevarro und Vanqor, wo sie wie auf Tatooine leben und jedwede Technik sie anzieht – oft zum Verdruss ihrer Nachbarn. ■

» Die Jawas stehlen, sie zerstören nicht. «

Kuiil

Sandkriecher Diese Fahrzeuge sind unbewaffnet, ihre Panzerung schützt die Jawas aber vor den meisten Gefahren.

VOLK DER WÜSTE

DIE TUSKEN-RÄUBER

HOLOCRON-DATEN

SPEZIES
Tusken

HEIMATWELT
Tatooine

ZUGEHÖRIGKEIT
Neutral

WAFFEN
Gaderffii-Stöcke, Nachladergewehre

Ein Überleben in der Wüste Tatooines erfordert großes Wissen über die Landschaft und enorme physische Zähigkeit, was den Tusken-Räubern defintiv zu eigen ist. Die auch als Sandleute bekannten Tusken leben versprengt in der Wüste in primitiven Stämmen. Ihr Leben lang sind sie von Kopf bis Fuß verhüllt mit schlichtem Stoff und Gesichtsmasken, die ihnen ein grimmiges Aussehen verleihen und sie zugleich vor der gefährlichen Strahlung der Zwillingssonnen von Tatooine und heftigen Sandstürmen schützen. Wie Tusken unter ihren Gewändern aussehen, hat kaum ein Außenstehender je gesehen.

Das Überleben der Tusken hängt stark von den Banthas ab, die durch Tatooines Wüsten ziehen. Auf der Suche nach Wasser und um ihr Territorium zu verteidigen, reiten sie auf ihnen weite Strecken. Wer ihr Land durchquert, muss ihnen etwas anbieten, um sicher weiterreisen zu können, da sie ein unheimliches Talent dafür haben, Eindringlinge zu bemerken. Ihre Gebietsansprüche sorgen dafür, dass die Tusken oft mit Siedlern aneinandergeraten. Shmi Skywalker, Anakin Skywalkers Mutter, wird eins ihrer Opfer und von einem Clan gefangen gehalten. Anakin findet sie, aber er kommt zu spät, um ihr das Leben zu retten. In seinem Zorn schlachtet der junge Jedi den ganzen Stamm ab. Viele Jahre später kehrt er als Darth Vader nach Tatooine zurück und übt noch mehr Rache an den Tusken, indem er ein ganzes Dorf auslöscht. Nur einer überlebt und erzählt einem anderen Clan von dem Massaker, der die mächtige schwarze Gestalt daraufhin verehrt. ■

» Diese Tusken bewegen sich wie Menschen, aber sie sind bösartige, blutrünstige Monster. «

Cliegg Lars

Eingewickelt Selbst Tusken-Kinder sind vollständig verhüllt, um sich vor der rauen Umwelt auf Tatooine zu schützen.

GLOSSAR

Abgeordneter
Ein gewählter Regierungsvertreter, der im Senat für seine Welt spricht.

Abteilung für Hochleistungswaffenforschung
Eine imperiale Organisation für die Entwicklung fortschrittlicher Technik wie Waffen, Rüstungen, Droiden und den Superlaser des Todessterns.

Akademie von Arkanis
Ein gegen Ende des Imperiums von Brendol Hux geleitetes, imperiales Lehrinstitut auf dem Planeten Arkanis, wo Kadetten ausgebildet werden.

Alte Republik
Das galaxisweite Gemeinwesen, das der später ins Imperium übergegangenen Galaktischen Republik noch vorausging. Die Jedi dienten auch ihr bereits als Hüter des Friedens.

Bacta
Eine wertvolle Substanz mit Heilkräften, die in Form von Verbänden, Sprays oder als Bad verabreicht werden kann, um schnell leichte bis mittelschwere oberflächliche Wunden zu heilen.

Ballonsau
Ein kleines Tier, das auf das Dreifache seiner Größe anschwillt, wenn es Angst hat, und wertvolle Bodenschätze erschnüffeln kann.

Baron-Administrator
Titel, den Lando Calrissian als Leiter der Wolkenstadt trägt. Er betreibt die Minenanlage und kümmert sich ums Wohlergehen der Einwohner der schwebenden Station.

Beskar
Ein kostbares Metall, das besonders schusssicher ist. Die Mandalorianer schmieden daraus ihre Rüstungen.

Bunkerbrecher
Ein von der Corellianischen Ingenieursgesellschaft gebautes Kriegsschiff. Es wird vom Widerstand genutzt und kann starke Plasmabomben abwerfen.

Chiss
Eine hoch entwickelte Zivilisation aus den Unbekannten Regionen, die für ihre militärische Brillanz und Heimlichtuerei bekannt ist.

Coaxium
Seltener Brennstoff, der Raumschiffe schneller als das Licht fliegen lässt. Zur Zeit des Imperiums ist die Verfügbarkeit stark reglementiert, sodass die Preise auf dem Schwarzmarkt sehr hoch sind.

Death Watch
Eine mandalorianische Splittergruppe (»Totenwache«), die berüchtigt für ihre militaristische Ausprägung ist und sich Mandalores pazifistischer Anführerin, Herzogin Satine Kryze, entgegenstellt.

Droidenschmied
Ein Handwerker, der sich auf Bau, Reparatur und Modifizierung von Droiden spezialisiert hat.

Dyade
Extrem seltene Verbindung zwischen zwei Personen, die stark in der Macht sind. Kylo Ren und Rey bilden einen solchen »Zweiklang« und können die Macht auf einzigartige Weise nutzen.

Erster Senator
Ein Amt, das an die Stelle eines Kanzlers der Neuen Republik treten soll, um die in Zentristen und Populisten gespaltene Regierung zu einen.

Feuchtfarmer
Jemand, der speziell in extrem heißem Klima wie auf Tatooine mithilfe von Feuchtigskeitsevaporatoren Wasser für seine Arbeit aus der Luft gewinnt.

Galaktische Konkordanz
Eine Übereinkunft am Ende des Galaktischen Bürgerkriegs, die ein Ende der Kämpfe zwischen dem in Trümmern liegenden Imperium und der Neuen Republik besiegelt.

Garde
Gruppe von Wachen, die zumeist einen Herrscher beschützt. Solche Gardisten finden sich ebenso an Königshöfen wie auf Alderaan oder Naboo wie auch an der Seite von Imperator Palpatine und dem Obersten Anführer Snoke.

Gesetz zur Abrüstung des Militärs
Ein von Kanzlerin Mon Mothma am Ende des Galaktischen Bürgerkriegs eingebrachtes Gesetz, um die Größe des Militärs der Neuen Republik in Friedenszeiten deutlich zu reduzieren.

Gewürzschmuggler
Kriminelle, die illegal Spice *(siehe dort)* transportieren. Naturgemäß setzen sie auf große Schnelligkeit und Mobilität, um nicht von Strafverfolgungsbehörden oder Rivalen erwischt zu werden.

Ghorman-Massaker
Gräueltaten imperialer Truppen, die Senatorin Mon Mothma dazu brachten, öffentlich gegen die Verbrechen des Imperiums das Wort zu erheben.

Großmoff
Ein hochrangiger Militäroffizier des Galaktischen Imperiums, der für den Imperator als Gouverneur eines großen Territoriums dient.

Handelsföderation
Ein mächtiges, interstellaren Handel treibendes Konglomerat zur Zeit der Galaktischen Republik, das Waren quer durch die Galaxis transportiert. Die von Neimoidianern geleitete Föderation ist sehr reich und hat großen politischen Einfluss. Nach außen gibt sie sich zwar neutral, doch insgeheim unterstützt sie in den Klonkriegen ob der Aussicht auf freieren Handel die Separatisten.

Hohe Republik
Ära des relativen Wohlstands und der Expansion der Galaktischen Republik zur Hochzeit des Jedi-Ordens, etwa 200 Jahre vor den Klonkriegen.

Holocron
Ein Gerät, das Daten und Botschaften enthält, auf die man nur mithilfe der Macht zugreifen kann. Die Jedi und die Sith konstruieren beide Holocrons nach jeweils eigenem Design.

Holoprojektor
Ein Gerät, das dreidimensionale Bilder von Karten oder auch Botschaften übermittelnden Personen projiziert.

Imperator
Ein mächtiger, autokratischer Anführer eines Imperiums wie der tyrannische Palpatine, der die Kontrolle über die Galaktische Republik übernahm und sich selbst zum Imperator ausrief.

Imperialer Kommandant
Militäroffizier, der an einer Imperialen Akademie die Ausbildung der Soldaten verantwortet und dabei oft zu harten Strafen neigt.

Imperialer Senat
Nachfolger des Galaktischen Senats unter dem Imperium. Ein weitgehend machtloses Gremium, in dem Senatoren ihre Sternensysteme vertreten. Letztlich wird der Senat von Imperator Palpatine ganz aufgelöst.

Imperiales Sicherheitsbüro
Die für Sicherheit im Imperium zuständige Behörde. ISB-Offiziere gehen Berichten über Untreue unter Bürgern ebenso wie unter Militärs nach.

Inhibitorchip
Ein kleines Stück Technik, das den Klonsoldaten der Republik heimlich ins Gehirn eingepflanzt wird, damit diese blind vorprogrammierte Befehle wie die Order 66 ausführen.

Joopa
Große, räuberische Würmer, die im Boden des Planeten Seelos leben und ihre Beute am Stück verschlingen.

Kampfboa
Eine lange, lassoartige Waffe, die wie eine Peitsche genutzt, aber auch wie ein Schal getragen werden kann.

Kanzler
Der gewählte politische Anführer der

Galaktischen und der Neuen Republik, der dem Senat vorsitzt.

Kommandosoldat
Spezialisierte Soldaten, die oft in kleinen Teams tief in Feindgebiet vordringen.

Korvette
Ein Raumschiffstyp, der ebenso als Konsular- wie als leichtes Fracht- oder kleines Kriegsschiff eingesetzt wird.

Kreuzer
Ein Kriegsschiff, das in der Regel kleiner als ein Zerstörer oder Schlachtschiff ist.

Loyalistenkomitee
Ein politischer Ausschuss, der den Obersten Kanzler Palpatine während der Separatistenkrise berät.

Machtsensitiver
Jemand, der empfänglich für die Macht ist.

Mandalorianischer Unterschlupf
Ein verborgener Ort, wo Mandalorianer sich heimlich aufhalten können, um ihre Lebensart zu bewahren.

Midi-Chlorianer
Mikroskopisch kleine Lebensformen, die es Machtsensitiven erlauben, sich mit der Lebendigen Macht zu verbinden.

Moff
Titel eines Regionalgouverneurs zur Zeit des Imperiums. Die vom Imperator oder seinen Beratern eingesetzten Moffs haben Befehlsgewalt über Militär und Geheimdienst.

Nebel (Weltraum)
Eine interstellare Wolke aus Staub und Gas, die durch amorphe Farbflecken im All gekennzeichnet ist.

Oberkommando der Allianz
Ein Rat politischer und militärischer Führungskräfte, der die Allianz zur Wiederherstellung der Republik anführt.

Oberster Anführer
Selbst verliehener Titel des höchsten Machthabers der Ersten Ordnung. Snoke bekleidete dieses Amt, bis er von Kylo Ren ermordet wurde und dieser sich des Titels bemächtigte.

Oberster Kanzler
Gewählte Person innerhalb des Senats der Galaktischen Republik, der diesem Gremium vorsteht und die Regierung lenkt. In den Klonkriegen erhält der Kanzler weitere Vollmachten, um den Krieg besser führen zu können.

Orbak
Pferdeähnliche Kreatur, die domestiziert und als Reit- und Lasttier genutzt werden kann.

Pfadfinder
Eine Einheit der Spezialeinsatzkräfte der Rebellenallianz, die auf hochgefährliche und geheime Missionen spezialisiert ist.

Phönix-Staffel
Eine von Commander Jun Sato angeführte Rebellengruppe, die sich dem Imperium schon vor der Schlacht von Yavin entschieden entgegenstellt.

Populisten
Nach dem Galaktischen Bürgerkrieg von Senatorin Leia Organa gegründete politische Fraktion, die sich dafür ausspricht, dass die einzelnen Welten der Neuen Republik ihre Souveränität behalten und keine starke Zentralregierung mit schlagkräftigem Militär aufgebaut wird.

Psychometrie
Eine Machtfähigkeit, bei der der Machtnutzer ein unbelebtes Objekt berührt und dabei mehr über eine damit verbundene Person oder ein entsprechendes Ereignis erfährt.

Reste des Imperiums
Überreste des Imperiums an den Rändern der Galaxis, die sich nicht der Kapitulation gemäß der Galaktischen Konkordanz beugen wollen.

Schlachtschiff
Eine der größten, auch »Dreadnaught« genannten Kriegsschiffsklassen mit starken Geschützen und riesiger Crew.

Schmuggler
Ein unabhängiger Besitzer eines Raumschiffs, der mit dem Transport illegaler Waren Geld verdient. Nicht selten bauen Schmuggler auch illegale Extras in ihre Schiffe ein, damit sie schneller sind oder sich die Fracht besser verstecken lässt.

Senator
Ein politischer Abgeordneter, der eine Welt oder einen Sektor zur Zeit von Galaktischer Republik, Galaktischem Imperium und Neuer Republik im Senat vertritt. Auch einige Unternehmen sind so einflussreich, dass sie einen eigenen Vertreter im Senat haben.

Sentenz
Ein prägnant formulierter Sinnspruch, der eine Erkenntnis zusammenfasst. Die Jedi nutzen solche Sprüche zur Meditation, um Erleuchtung in der Macht zu finden.

Sith-Imperium
Die Herrschaft der Sith in früheren Zeiten, Tausende von Jahren vor der modernen Ära. Das Sith-Imperium herrschte über die Galaxis, bis interne Machtkämpfe und der Einsatz der Jedi-Ritter zu seinem Untergang führten.

Spice
Natürliche, auch »Gewürz« genannte Substanz, die entsprechend verarbeitet als Arznei- oder auch Betäubungsmittel dienen kann. Durch die hohe Nachfrage nach Spice und Regierungsversuche, den Handel zu beschränken, machen viele Kriminelle lukrative Geschäfte als Gewürzschmuggler.

Stoßtruppler
Soldaten für schnelle Angriffe auf hochrangige Ziele, die eine besondere Ausbildung und Ausrüstung haben. Stoßtruppen (umgangssprachlich auch »Schocktruppen«) gab es in der Großen Armee der Republik wie im imperialen Sturmtruppenkorps, und auch die Rebellenallianz hatte Einheiten spezialisierter Stoßtruppsoldaten.

Syndikat
Kriminelle Vereinigung, die in einem großen Gebiet der Galaxis operiert. In der Regel grenzen Syndikate sich durch das von ihnen beherrschte Territorium oder bevorzugt gehandelte Güter ab. Angeführt werden sie von Verbrecherbossen, unter denen Statthalter und geringeres Fußvolk dienen. Die fünf einflussreichsten Verbrechersyndikate sind die Crymorah, die Hutts, das Pyke-Syndikat, die Schwarze Sonne und Crimson Dawn.

Thermalgenerator
Eine Vorrichtung der Starkiller-Basis, die ein Eindämmungsfeld reguliert, damit der Planet sich nicht destabilisiert.

Transpondercode
Von legal betriebenen Raumschiffen gesendetes Signal, mit dem Basisdaten wie Schiffsname, Captain, Heimathafen, Bewaffnung und Ähnliches übertragen werden. Die Behörden können gesuchte Schiffe damit verfolgen.

Vergenz der Macht
Eine natürliche, ungewöhnlich starke Konzentration von Machtenergie in einem Ort, einem Gegenstand oder einer Person. In der Nähe einer Vergenz haben Machtsensitive oft Visionen.

vernunftbegabt
Kategorie für eine Lebensform, die zu einem gewissen Grad zu Selbstwahrnehmung, Abstraktion und höherem Denken fähig ist. Vernunftbegabte Wesen genießen besondere Rechte und Schutz, die jedoch von der jeweiligen Regierung abhängig sind.

VSW4/NSW4
Vor beziehungsweise nach *Star Wars:* Episode IV *Eine neue Hoffnung*. Dieses Datierungssystem zeigt an, wie viele Standardjahre ein Ereignis vor oder nach dem Film stattgefunden hat.

Wächter der Whills
Eine Gruppe ergebener Beschützer des Kybertempels auf Jedha, die zur Zeit des Imperiums aufgelöst wurde. Chirrut Îmwe und Baze Malbus gehörten dazu.

Wühlratte
Abwertende Bezeichnung für die diebischen Straßenkinder in den städtischen Slums auf Corellia. Eine Bande dieser »schäbigen Ratten« arbeitet für die Weißwürmer in der Hauptstadt Coronet.

Zentristen
Eine Gruppe von Mitgliedswelten der Neuen Republik, die eine starke Zentralregierung und Militärgewalt bevorzugen. Ihre Systeme spalten sich letztlich von der Neuen Republik ab und werden zum politischen Arm der Ersten Ordnung.

REGISTER

Haupteinträge sind **fett** hervorgehoben.

Q

R

S

T

U

V

W

X

Y

Z